教育部人文社会科学研究青年基金项目"跨国[
(17YJC820070) 的研[

法|学|研|究|文|丛
——— 刑法学 ———

网络刑法的争议问题研究

周 杰 ◉著

知识产权出版社
全国百佳图书出版单位
——北京——

图书在版编目（CIP）数据

网络刑法的争议问题研究／周杰著．—北京：知识产权出版社，2023.9
ISBN 978－7－5130－8862－6

Ⅰ.①网… Ⅱ.①周… Ⅲ.①计算机网络—犯罪—刑法—研究 Ⅳ.①D914.04

中国国家版本馆 CIP 数据核字（2023）第 148245 号

责任编辑：彭小华 责任校对：谷 洋
封面设计：智兴设计室 责任印制：孙婷婷

网络刑法的争议问题研究

周 杰 著

出版发行：**知识产权出版社** 有限责任公司 网 址：http：//www.ipph.cn

社 址：北京市海淀区气象路 50 号院 邮 编：100081

责编电话：010－82000860 转 8115 责编邮箱：huapxh@ sina.com

发行电话：010－82000860 转 8101/8102 发行传真：010－82000893/82005070/82000270

印 刷：北京中献拓方科技发展有限公司 经 销：新华书店、各大网上书店及相关专业书店

开 本：880mm×1230mm 1/32 印 张：9.125

版 次：2023 年 9 月第 1 版 印 次：2023 年 9 月第 1 次印刷

字 数：220 千字 定 价：68.00 元

ISBN 978－7－5130－8862－6

自　序

　　网络在很大程度上改变了人们的生活方式，完全有理由将之称为人类在 20 世纪最伟大的科技发明。自互联网进入商业化应用阶段之后，网络先后经历了 Web1.0 到 Web2.0 再到 Web3.0 的迭代更新，借助网络科技的发展，我们的生活、工作变得日益便捷。然而，网络空间的匿名性、无边界性等特征也为犯罪分子提供了藏身之所，各种传统犯罪活动正迅速"网络化"，对各国的国家安全，国民的人身、财产安全造成了严重威胁。在此背景下，各国普遍要求通过国际合作提升打击网络犯罪的力度。2001 年在欧洲理事会（Council of Europe）牵头之下，第一部《网络犯罪公约》在匈牙利首都布达佩斯签署，截至 2023 年 5 月 8 日已经有 68 个国家成为该公约的成员方。我国明确否认了加入该公约的意愿，而是主张在联合国层面上制定一部新的更具有代表性的网络犯罪公约。然而，只有在对我国打击网络犯罪的司法与立法经验进行总结提炼的基础上，才能真正提出具有中国智慧的国际立法方案。鉴于此，本书围绕近年来在我国司法与立法实践中有关网络犯罪的争议性问题展开系统研究。

具体来看，本书分成三个部分，分别研究与打击网络犯罪相关的法律适用论、立法论以及国际立法方面的问题。在第一部分，笔者重点关注有关"网络谣言""网络诽谤""网络宣扬恐怖主义""盗窃网络虚拟财产"的刑法适用问题。经过分析，本书认为我国司法机关在"网络谣言"与"网络诽谤"类案件中存在过度扩张寻衅滋事罪和诽谤罪刑罚处罚范围的嫌疑。而在"网络宣扬恐怖主义"类案件中又未能处理好"行刑界分"标准的问题。司法实践的情况显示，在网络犯罪日益猖獗的背景下我国司法机关存在较为明显的"刑法工具主义"倾向，在一定程度上与刑法的谦抑精神背道而驰。

在第二部分，本书着重分析了"大数据技术对刑法法益保护体系的冲击""网络时代隐私的刑法保护""网络平台不作为的刑事归责""信息网络企业的刑事合规义务"四个方面的立法与理论问题。对于我国刑法学界部分学者提倡的"数据法益"独立性的观点，笔者认为并不妥当。虽然数据负载着各种法益，但其本身还难以成为刑法独立保护的对象。隐私权是一项宪法位阶的基本权利，对隐私的保护不仅事关公民的人格尊严，而且还对民主社会的正常运行具有十分重要的价值。我国刑法目前对隐私的间接保护路径不足以应对万物互联条件下对隐私的侵害，在未来修法过程具有增设"侵犯隐私罪"的必要性和可行性。网络平台在我们的日常生活中扮演日益重要的角色，在法律上网络平台被赋予了法益保护的"守门人"角色，对网络平台的故意不作为完全可以进行刑事追责。信息网络企业应当在网络安全、数据安全和个人信息保护等重点领域加强内部合规机制的建设，但对其刑事归责应当符合"组织体责任论"的本质要求。

在第三部分，笔者首先对欧盟法院判决的"《电子通信数据留存指令》无效案"做了翻译与适当评析，进而重点探讨了"跨境电子取证国际立法"的实践与理论问题。从"《电子通信数据留存指令》无效案"中，我们可以在欧盟法运作的体系中清晰地观察到欧盟国家对于隐私权保护的重视。在跨境电子取证问题上，目前欧美与中俄还存在相当激烈的立场之争。为了合作打击跨国网络犯罪，必须对不同国家的立场进行协调。我国应当在坚持"数据主权"原则的基础上，通过"数据分类分级"的安排尽快提出跨境电子取证规则的类型化方案。

在本书的写作过程中，笔者充分感受到法律规则背后蕴藏着多元化的价值追求，几乎所有问题都会涉及国际公益、国家主权以及人权保护三个层面的价值冲突与协调。而任何一种理论都难以解决复杂问题，无论是法解释论中的"实质解释论"与"形式解释论"，还是法学研究方法上的"教义法学"与"社会法学"，任何一种单一的理论、方法、价值都难以支撑高品质的学术研究。也许哲学家奥古斯丁的一则小故事可以为化解极端的形而上学思维提供一个有趣的说明。相传，奥古斯丁在地中海沿岸踱步沉思时，见到一个小男孩不断用小手将海水掬起，捧到他在沙滩上挖好的小坑中。奥古斯丁深感困惑，问小男孩所做何为。小男孩说他要将整个大海装到小坑中！奥古斯丁大笑，小男孩却对他说，听说有一个叫奥古斯丁的哲学家，想要把人类一切的奥秘都用自己伟大的头脑写出来。奥古斯丁听后非常羞愧。❶

周 杰

2023 年 4 月 25 日

---

❶ 罗翔：《狂热的魔咒　理性的自负——〈自由·平等·博爱〉读后及对刑法学研究方法的反思》，载《政法论坛》2018 年第 5 期，第 171 页。

目录

CONTENTS

第一部分

网络犯罪的解释
与适用论争议问题研究

第一章

"网络谣言型" 寻衅滋事罪的法律适用*

一、引言

　　新冠疫情背景下，有关网络传谣行为的刑法治理问题再次引发我们的思考。一方面，相比于"线下"谣言，网络谣言具有更大的社会危害性；但另一方面网络作为思想交流的重要空间，对网络谣言打击力度过大又会侵害公民的言论自由权。因此，对通过刑法手段打击网络谣言必须采取更为审慎的态度，在法益保护与权利保障之间找到恰当的平衡点。最高人民法院和最高人民检察院在2013年出台的《关于办理利用信息网络实施诽谤等刑事案件适用法律若干问题的解释》（以下简称《解释》）的第五条第二款规定："编造虚假信息，或者明知是编

---

　　* 本部分已在《重庆邮电大学学报》（社会科学版）2022年第3期上发表过，在收入本书时又作了适当修订。

造的虚假信息，在信息网络上散布，或者组织、指使人员在信息网络上散布，起哄闹事，造成公共秩序严重混乱的，依照刑法第二百九十三条第一款第（四）项的规定，以寻衅滋事罪定罪处罚。"该《解释》的颁布，标志着我国刑法首次将网络谣言全面纳入其打击范围之中，学界和实务界通常将达到入罪标准的网络传谣行为称为"网络谣言型寻衅滋事罪"。然而，笔者发现该罪名在司法实践中出现入罪范围过宽的问题，甚至有成为打击网络谣言的兜底性罪名的趋势。比如，2020 年以来裁判文书网中公布的 65 份以此罪名定性的判决书显示，绝大多数的网络谣言行为只是引起了人们思想上的混乱，或者对政府工作人员的不满，并未引起社会生活秩序的混乱；从社会危害后果的角度上看，尚不能达到构成刑事犯罪的标准。鉴于这一观察，笔者认为在网络社会这一现代生活背景下，必须对网络谣言型寻衅滋事罪的构成要件重新作出更加贴合时代特征的解释，必须秉持既要强化法益保护，也要注意不能过于扩大本罪打击面从而造成新的社会对立的基本思想。

二、"虚假信息"应被解释为"与事实不符的信息"

在谣言型寻衅滋事罪的司法认定过程中，第一个棘手的问题就是如何判断"虚假信息"。比如在学界讨论较多的"于和玉案"中，于和玉将一起 10 人死亡的车祸说成 16 人死亡，能否认定他散布了虚假信息？该问题的解决首先需对"虚假信息"的规范内涵作出界定。对此，学界提出了"没有根据说"、"未经证实说"以及"与事实不符说"三种理论观点。

"没有根据说"的论者认为，不能根据字面含义理解虚假信息，而应将其解释为子虚乌有，"没有任何根据"的信息。❶ 因为其一，在网络谣言的法律规制上，《中华人民共和国刑法》（以下简称《刑法》）作为对《中华人民共和国治安管理处罚法》（以下简称《治安管理处罚法》）的补充，处于后置法的地位。具体而言，我国《治安管理处罚法》第二十五条规定，散布谣言，谎报险情、疫情、警情或者以其他方法故意扰乱公共秩序的，可以科处相应行政处罚。该论论者认为，该条中"谣言"的本质是"没有根据"的信息，有根据的假信息不是谣言，谣言的外延比虚假信息要窄。应当将"虚假信息"作与"谣言"的一致性解释，否则就会出现某一行为不违反《治安管理处罚法》反而违反《刑法》的错误结论。❷ 其二，将"没有根据"作为虚假信息规范内涵的本质，在刑事处罚上具有合理性。例如，在上述"于和玉案"中，于和玉散布的信息具有事实上的根据，只不过其所传播的信息不完全真实而已，将此类信息也认定为刑法中的虚假信息，将会不合理地扩大刑罚打击面。只有将虚假信息认定为所谓"没有根据"的信息，才能避免这种不当局面的产生。❸

由于"没有根据说"所具有的规范性、评价性特征，该说目前在我国刑法学界有流行化的趋势，但笔者认为该观点并不值得提倡。第一，如果认为"虚假信息"的本质是"没有根据"的信

---

❶ 孙万怀、卢恒飞：《刑法应当理性应对网络谣言——对网络造谣司法解释的实证评估》，载《法学》2013年第11期，第10页。持相同观点的论文还包括，苏青：《网络谣言的刑法规制：基于〈刑法修正案（九）〉的解读》，载《当代法学》2017年第1期，第17页；张申杰、李思远：《编造、散布虚假信息类网络寻衅滋事案件的司法认定》，载《人民检察》2018年第12期，第30页。

❷ 孙万怀、卢恒飞：《刑法应当理性应对网络谣言——对网络造谣司法解释的实证评估》，载《法学》2013年第11期，第9页。

❸ 孙万怀、卢恒飞：《刑法应当理性应对网络谣言——对网络造谣司法解释的实证评估》，载《法学》2013年第11期，第10页。

息，那么那些"虽没有根据但事实上为真"的信息也将被纳入刑法的打击范围之内，这显然不合理。正如刘艳红教授所言，除了煽动分裂国家罪、煽动颠覆国家政权罪等具有煽动性质的犯罪以外，信息"客观内容的真实"在刑法上具有绝对的违法阻却性能。❶ 即使将"没有根据"作为虚假信息的本质，也应对其作适当修正，将事实上为真的信息排除在打击范围之外。

第二，即使可以承认将"没有根据说"作为"谣言"的规范本质，我们也不认为必须根据"体系一致性"原理，在解释刑法中的"虚假信息"概念时也采纳该观点。因为，刑法以法益侵害为核心思想指导具体概念的解释，而行政法则以秩序维持的目的来解释条文用语；一般认为，除刑法中的法定犯以外，即使两者使用完全相同的用语，也无须作同一性解释。况且，我国《刑法》在多个条文中已经使用"虚假信息"这一更为客观化的概念。比如在"编造并传播证券、期货交易虚假信息罪"中，我们不可能将"虚假信息"理解为"没有根据"的信息，真正要规制的恰恰是有一定根据的假信息，完全没有根据的信息反而危害性不大。

第三，将"虚假信息"按照字面含义解释为"与事实不符"的信息，并不会出现论者所担忧的刑罚范围过度扩张的问题。因为在类似"于和玉案"的案例中，虽然可将其发布的信息认定为虚假信息，但若要认定其行为构成网络谣言型寻衅滋事罪，则还需要满足其他要件。如果于和玉散布的虚假信息不是自己编造的，而是道听途说或者在网上看到后转发的，实际上难以认定他对信息的虚假性具有主观上的"明知"。而如果他明知死亡 10 人或不知死亡几人，故意编造死亡 16 人的虚假信息在网络上散布，也不

---

❶ 刘艳红：《网络时代言论自由的刑法边界》，载《中国社会科学》2016 年第 10 期，第 137 页。

能说此类性质的行为完全没有违法性，只要虚假消息造成了公共场所秩序严重混乱的结果，也完全应当追究其法律责任。但在这个具体案件中，这种因果关系是不可能存在的。既然如此，我们也就没有必要根据含义本身也模糊不清的"没有根据性"排除信息的"虚假性"。

第四，按照"与事实不符说"解释与认定虚假信息，对于维护刑法概念的明确性、安定性而言具有重要意义。因为"没有根据性"是一个规范性程度较高的评价标准，对于"有无事实根据"的认定通常需要介入判断者的主观价值评价，实践中"谣言"认定争议颇多的原因也就在此。❶ 相比而言，"与事实不符"基本上是一个事实真假的判断，几乎不需要介入司法人员的主观评价，以此标准验证"虚假信息"更加符合刑法在语言与解释上的明确性、安定性的目标追求。虽然如此，我们也确实承认，记叙性与规范性构成要件要素之间的区别仅是相对的，但从实现自由保障的刑法机能这一点来看，并不值得提倡以规范性构成要件要素为中心来构建罪刑条文。❷ 笔者认为，《解释》在术语选择上，特意使用"虚假信息"而非"谣言"，其用意也即在此。在按字面含义进行解释不会出现不正义结果的前提下，我们不应进行过度的规范性解释。

---

❶ 实际上，在我国公安部门的执法实践中，对于"谣言"的认定，大致上也存在"没有事实根据""未经证实""与事实不符"三个标准。参见孟凡壮：《网络谣言扰乱公共秩序的认定——以我国〈治安管理处罚法〉第25条第1项的适用为中心》，载《政治与法律》2020年第4期，第73页。

❷ ［日］大塚仁：《刑法概说（总论）》（第三版），冯军译，中国人民大学出版社2003年版，第131页；［日］大谷实：《刑法讲义总论》（新版第2版），黎宏译，中国人民大学出版社2008年版，第121页。相比而言，在我国刑法学界，存在碰到一个刑法概念都要做一番实质解释的现象，不必要的实质解释随处可见，这一点值得引起我们的警惕。

综上，笔者不赞同将"没有根据"作为"虚假信息"的规范内涵，当然也不赞同作为判断"有无根据"具体标准的"未经验证说"，而认为采纳"与事实不符说"是更为明智的选择。在对"虚假信息"的规范本质进行思辨之余，笔者认为在虚假信息的具体认定上，还应注意将对事实性信息与价值评价性信息作出区分，后者无所谓真假，而只有对错。● 也应该将事实性信息与"犯意表示"区分开，后者也无所谓真假，因为可作对比验证的事实尚未发生。❷

三、不应将"实质恶意"纳入"主观明知"的判断标准

根据《解释》第五条第二款的规定，构成"网络谣言型"寻衅滋事，行为人必须对传播的虚假信息具有"主观明知"。最高人民法院、最高人民检察院在 2013 年 9 月发布《解释》时，新闻发言人孙军工曾经强调，对于一些不法分子利用网络"恶意"编造、散布虚假信息，引发社会公共秩序严重混乱，具有相当社会危害性的，应当以寻衅滋事罪追究刑事责任。❸ 自此，我国学界部分学者提出，应当引入美国法中的所谓"实质恶意"（actual malice）标准，作为判断"主观明知"的因素，❹ 进而将那些基于"良善动

---

❶ 薛美琴：《网络造谣犯罪的类案解析及刑法适用研究》，载《法律适用》2020 年第 8 期，第 48 页。

❷ 苏青：《网络谣言的刑法规制：基于〈刑法修正案（九）〉的解读》，载《当代法学》2017 年第 1 期，第 17 页。

❸ 徐隽：《两高发布司法解释 网上造谣扰乱秩序属寻衅滋事》，载人民网，http://media.people.com.cn/n/2013/0910/c40606‑22864330.html。

❹ 廖斌、何显兵：《论网络虚假信息的刑法规制》，载《法学论坛》2015 年第 3 期，第 41 页。相同观点还见于潘修平、赵维军：《网络型寻衅滋事罪的定性》，载《江西社会科学》2015 年第 8 期，第 183—184 页；孟凡壮：《网络谣言扰乱公共秩序的认定——以我国〈治安管理处罚法〉第 25 条第 1 项的适用为中心》，载《政治与法律》2020 年第 4 期，第 79 页；徐祖澜：《网络反腐的谣言困局与法治出路》，载《法制与社会发展》2015 年第 6 期，第 160 页。

机"的传谣行为从本罪的打击范围中排除出去。❶ 但是笔者认为这种观点有以下可商榷之处。

其一，将所谓"实质恶意"作为"明知"的判定标准，只会加大司法上认定"明知"的主观性与任意性。因为我国刑法分则中的"明知"指的是行为人对特定对象等客观要素的心理认识，然而"恶意"本身也是一种心理状态，主观心理状态都具有不确定性，用一种不确定要素推定另一种不确定要素，只会放大对"明知"认定的不确定性。正如孙万怀教授所言，"实质恶意说"表面上似乎要加大"明知"的证立难度，但在实际效果上却反而使得"明知"的判定更加主观化，甚至可能导致司法人员过于重视对主观"恶意"的判定，而有忽视其他客观证据的可能性。❷

其二，虽然对于"主观明知"的认定，一直都是我国刑事司法实践中的难点，但在我国最高司法机关出台的若干司法解释或规范性文件中，一直以来都强调以客观要素推定"明知"，而从未将主观性的"实质恶意"或者恶的动机、目的作为考量标准。例如，根据相关司法解释，在强奸幼女的认定中，如果幼女的年龄在 12 周岁以上 14 周岁以下，根据身体发育情况、言谈举止、衣着特征、生活作息规律等观察可能是幼女，行为人仍实施奸淫等性侵害行为的，应当认定行为人"明知"对方是幼女。❸ 在毒品犯罪中，应根据被告人实施毒品犯罪的过程、方式、毒品被查获时的情形等客观证据综合判断行为人对涉案毒品是否"明知"。如有

---

❶ 廖斌、何显兵：《论网络虚假信息的刑法规制》，载《法学论坛》2015 年第 3 期，第 41 页。

❷ 孙万怀、卢恒飞：《刑法应当理性应对网络谣言——对网络造谣司法解释的实证评估》，载《法学》2013 年第 11 期，第 18 页。

❸ 《最高人民法院、最高人民检察院、公安部、司法部关于依法惩治性侵害未成年人犯罪的意见》，法发〔2013〕12 号。

"在检查时逃跑或丢弃携带的物品,在体内藏匿毒品,获取高额报酬"等异常情形,即可推定行为人在主观上具有"明知"的故意。❶ 申言之,如果从外在客观情况看,行为人的行为表现出异常性,并且不能找到合理解释,一般即可推定行为人具有主观上的"明知"。在我国司法实践中,尚有许多其他类似要旨的司法解释、规范性文件可作例证。❷ 提出"实质恶意说"的学者可能并未充分考虑我国司法实践中"明知"的认定情况,满足于引入一个法治发达国家的看似合理的标准,完全未顾及各自的法律土壤,从而产生方枘圆凿的后果,这一点值得我们反思。❸

其三,不采纳所谓"实质恶意"标准,也不可能出现刑法打击面过大的问题。廖斌教授认为,在诸如"某石化项目发生重大环境污染"的谣言事件中,一般人本着"宁可信其有不可信其无"

---

❶ 参见《全国部分法院审理毒品犯罪案件工作座谈会纪要》,法〔2008〕324号。

❷ 比如:《最高人民法院、最高人民检察院、公安部、司法部关于办理恐怖获得和极端主义犯罪案件适用法律若干问题的意见》,高检会〔2018〕1号;《最高人民法院、最高人民检察院关于办理非法利用信息网络、帮助信息网络犯罪活动等刑事案件适用法律若干问题的解释》,法释〔2019〕15号;《最高人民法院、最高人民检察院、公安部、国家工商行政管理局关于依法查处盗窃、抢劫机动车案件的规定》,法释〔2018〕17号;《最高人民法院、最高人民检察院关于办理组织、强迫、引诱、容留、介绍卖淫刑事案件适用法律若干问题的解释》,法释〔2017〕13号;《最高人民法院、最高人民检察院关于办理利用互联网、移动通讯终端、声讯台制作、复制、出版、贩卖、传播淫秽电子信息刑事案件具体应用法律若干问题的解释(二)》,法释〔2004〕11号。

❸ "实质恶意"原则来源著名的"《纽约时报》诉沙利文案",美国联邦最高法院认为,对于政府官员的名誉侵权诉讼,仅有侵权行为还不够,作为原告的政府官员还需证明被告在发布相关虚假信息时具有事实上的恶意,即明知是虚假信息仍执意刊登,或对不知信息真假有重大过错。可见,该原则本是为了应对名誉侵权成立门槛过低的问题而产生的,并非为了刑法中主观"明知"的判断。我国学者主张引入这一原则,完全不顾体系上的差异,详细批评可参见孙万怀、卢恒飞:《刑法应当理性应对网络谣言——对网络造谣司法解释的实证评估》,载《法学》2013年第11期,第17—18页。

的心态转发相关信息的，不具有实质恶意，不应成为刑法打击的对象。❶ 这种观点看似合理，实际上假如行为人基于某种"善意"动机转发虚假信息，根本就不可能对虚假信息"明知"，假如行为人明知是虚假信息而仍然转发，也就不可能还说其没有恶意。司法人员完全可以从行为人传播信息前后的客观表现对"明知"作综合判断，而不需要借助所谓的"实质恶意"标准。比如，若行为人采取隐蔽身份、收取高额回报等异常方式大量转发相关信息的，就可以推定为"明知"。因此，论者在此方面的担忧并没有合理的事实基础。当然，对于如何从客观方面推定谣言型寻衅滋事的"明知"，还需要司法机关根据实践经验作进一步的总结。

四、"公共秩序"应被限缩解释为物理空间中的"公共场所秩序"

《解释》第五条第二款将谣言型寻衅滋事的结果要件规定为"公共秩序严重混乱"，这就与《刑法》第二百九十三条第一款第（四）项中的"公共场所秩序严重混乱"存在显著区别。《解释》对《刑法》的解释是否合法合理引起了学界的激烈争论，也给司法实践带来很大混乱，亟须在解释论上加以厘清。

（一）应将"公共秩序"还原解释为"公共场所秩序"

对于部分学者提出的，将"公共场所秩序"解释为"公共秩序"是尚且合理的刑法解释的观点，本书不予赞同。其一，将"公共场所秩序"解释为"公共秩序"并非"实质解释"。有学者认为，公共秩序与公共场所秩序虽不是同一概念，但基于实质解释的立场，当传谣行为在实质上危害到公共秩序，并与对公共场

---

❶ 廖斌、何显兵：《论网络虚假信息的刑法规制》，载《法学论坛》2015 年第 3 期，第 41 页。

所秩序的侵害没有差异时，完全可根据实质解释将之认定为寻衅滋事。❶ 但是，这种观点已然不是实质解释。

张明楷教授指出："实质解释论并不是可以进行类推解释，而是在符合罪刑法定原则的前提下进行实质解释。"❷ 在本书看来，将《刑法》第二百九十三条中的"公共场所秩序"解释为"公共秩序"已经不再是扩大解释，而可被认为是违法的类推解释了。一方面，公共秩序是公共场所秩序的上位概念，正如"人"是"妇女"的上位概念一样，不能将下位概念解释为上位概念，否则就是违反罪刑法定原则的类推解释。❸ 另一方面，一般国民的"预测可能性"在判断是否构成类推解释时，具有更加重要的实质意义。❹ 显然将公共场所秩序解释为公共秩序并不符合一般人的客观预测，因为"公共秩序"是一个更为抽象的概念，包括交通秩序、市场秩序、生活秩序等抽象性秩序，也包括某个或某些特定公共场所的秩序。况且，我国《刑法》中也存在将"公共场所秩序"与"交通秩序"加以并列规定的明文例证。❺ 在某些情形下，我们也很难将公共场所秩序与公共秩序等同，比如在"沈某某寻衅滋

❶ 卢勤忠、钟菁：《网络公共场所的教义学分析》，载《法学》2018年第12期，第101页。

❷ 张明楷：《刑法学》（上），法律出版社2016年版，第8页。

❸ 持此种立场的研究成果有，张明楷：《简评近年来的刑事司法解释》，载《清华法学》2014年第1期，第17页；李晓明：《刑法："虚拟世界"与"现实世界"的博弈与抉择——从两高"网络诽谤"司法解释说开去》，载《法律科学》2015年第2期，第128页；姜子倩：《网络造谣行为刑法规制的实证分析》，载《法学论坛》2015年第6期，第104页。

❹ ［日］西田典之：《刑法学》，刘明祥、王昭武译，中国人民大学出版社2007年版，第40页。

❺ 比如，《刑法》第二百九十一条规定，聚众扰乱车站、码头、民用航空站、商场、公园、影剧院、展览会、运动场或者其他公共场所秩序，聚众堵塞交通或破坏交通秩序，抗拒、阻碍国家治安管理工作人员依法执行职务，情节严重的，对首要分子，处五年以下有期徒刑、拘役或者管制。

事案"中，沈某某的行为破坏了房地产交易秩序，但是我们绝不会想到他破坏的是公共场所秩序；❶ 在曾经备受关注的"广元蛆橘事件"中，我们也只会说相关行为破坏了市场秩序，而非公共场所秩序。❷ 据此，我们完全可以说，将"公共场所秩序"解释为"公共秩序"已经构成逾越文义边界的类推解释。

其二，不能以符合目的解释的理由，将"公共场所秩序"解释为"公共秩序"。即使我们赞同目的解释在法解释中具有决定性的作用，但不可否认文义解释同样也具有决定性。正如张明楷教授所言，这两种解释方法都具有一定意义上的决定性，但二者的功能不同，由于罪刑法定原则的要求，我们只能将目的解释的决定性理解为，在条文用语的可能含义的范围内，客观目的论解释才具有最终的决定性作用。❸ 有些学者认为，在"核污染抢盐风波""响水爆炸谣言""广元蛆橘事件"等事例中，传谣行为明显严重扰乱了国民的生产、生活秩序，但将此类事实后果含摄在"公共场所秩序"的概念之下又不贴切，完全有必要将"公共场所秩序"扩大解释为"公共秩序"。❹ 还有学者认为，网络传谣行为

---

❶ 沈某某寻衅滋事案，上海市浦东新区人民法院刑事判决书（2017）沪 0115 刑初字 183 号。本案中行为人将相关信息转发给其客户，并指使手下工作人员转发。该条信息短时间内在网络上被大量转发、评论，引起数十家媒体的报道，导致 2016 年 8 月份上海房地产市场出现非理性购房，造成上海市政府启动重大舆情处置方案的严重后果。

❷ 在"广元蛆橘事件"中，有人编造短信称"告诉家人、同学、朋友暂时别吃橘子！今年广元的橘子在剥了皮后的白须上发现小蛆状的病虫。四川埋了一大批，还撒了石灰"。该信息迅速被转发，引起社会恐慌，据估计仅湖北省果农的经济损失就可达 15 亿元。

❸ 张明楷：《刑法分则的解释原理（上）》，中国人民大学出版社 2011 年版，第 45—50 页。

❹ 林涛、李晓、吴小军：《利用信息网络实施诽谤、寻衅滋事犯罪的区分认定》，载《人民司法》2014 年第 18 期，第 19 页。

的危害结果与传谣行为之间往往存在时间差，出于危害预防的考虑，也有必要将公共场所秩序解释为公共秩序。❶ 尽管笔者也认为，无论从现实法益损害的重大性角度，还是从预防重大法益发生的必要性角度，都有理由认为对上述事件中的行为人有必要科以刑事处罚，然而我们绝不能以目的正当性排斥罪刑法定的铁律。总之，将"公共场所秩序"解释为"公共秩序"是类推解释，目的解释不能成为其正当化的理由。

其实上述条文规定与社会现实之间的紧张关系已经在 2015 年《刑法修正案（九）》通过后，部分得到缓解。《刑法修正案（九）》增加了"编造、故意传播虚假信息罪"，将编造、传播虚假"险情、疫情、灾情、警情"信息的行为列入了刑法打击范围。然而，该款的打击"广度"还不充分，❷ 像上述"沈某某寻衅滋事案"中的"房产新政"以及事关食品安全的"猪肉铅超标"等信息还不能被解释为"险情、疫情、灾情、警情"信息。但这个问题的解决绝不能由司法机关通过类推解释来实现，而应在刑法修正中加以解决。综上，笔者坚持认为应将《解释》第五条第二款中的"公共秩序"还原解释为"公共场所秩序"。❸

（二）"公共场所秩序"在逻辑上可以包含"网络空间秩序"

在谣言型寻衅滋事罪的司法实践中，最突出的一个问题是：

❶ 潘修平、赵维军：《网络型寻衅滋事罪的定性》，载《江西社会科学》2015 年第 8 期，第 182 页。

❷ 刘宪权教授也持相同观点，参见刘宪权：《网络造谣、传谣行为刑法规制体系的构建与完善》，载《法学家》2016 年第 6 期，第 119 页。

❸ 明确提出这种观点的还有：廖斌、何显兵：《论网络虚假信息的刑法规制》，载《法律适用》2015 年第 3 期；姜子倩：《网络造谣行为刑法规制的实证分析》，载《法学论坛》2015 年第 6 期。

能否将"网络空间秩序"的严重混乱解释为"公共秩序"的严重混乱？既然我们认为公共秩序应被还原解释为公共场所秩序，那么该问题也就相应转换为："网络空间秩序"能否被认定为"公共场所秩序"？

否定论者认为，公共场所秩序不包括网络空间秩序。因为，其一，"公共场所"的一般语义是指具有长宽高特征的物理空间，不特定人的身体能够自由进入。❶ 其二，我国《刑法》中的"公共场所"指的都是诸如车站、码头、公园、剧院等物理性质的场所，如果将第二百九十三条第一款中的公共场所解释为可包括网络空间的场所，将会产生体系上的不协调。❷ 其三，第二百九十三条第一款第（四）项中有前后两个"公共场所"，这表明起哄闹事的行为场所与结果场所应具有时空上的一致性，不可能说起哄地点在网上，而秩序混乱的结果发生在物理空间。❸ 但是更多的学者认为，"公共场所"可以被扩张解释为包括"网络空间"的概念，❹"公共场所秩序"在逻辑上当然也就可以包含"网络空间秩序"。

---

❶ 张明楷：《简评近年来的刑事司法解释》，载《清华法学》2014 年第 1 期，第 16—17 页。

❷ 张明楷：《简评近年来的刑事司法解释》，载《清华法学》2014 年第 1 期，第 17 页；孙万怀、卢恒飞：《刑法应当理性应对网络谣言》，载《法学》2013 年第 11 期，第 15 页；李晓明：《刑法："虚拟世界"与"现实世界"的博弈与抉择——从两高"网络诽谤"司法解释说开去》，载《法律科学》2015 年第 2 期，第 130 页。

❸ 张明楷：《简评近年来的刑事司法解释》，载《清华法学》2014 年第 1 期，第 16 页；陈兴良：《寻衅滋事罪的法教义学形象：以起哄闹事为中心展开》，载《中国法学》2015 年第 3 期，第 282 页。

❹ 持"肯定论"立场的论文主要有，储槐植、李梦：《网络谣言的刑法规制探究》，载《山东警察学院学报》2019 年第 1 期；李睿懿：《网络造谣法律规制问题》，载《法律适用》2016 年第 9 期；卢勤忠、钟菁：《网络公共场所的教义学分析》，载《法学》2018 年第 12 期；薛美琴：《网络造谣犯罪的类案解析及刑法适用研究》，载《法律适用》2020 年第 8 期。

本书认为"肯定论"的主张更为合理。因为，其一，将"公共场所"的范围扩张到"网络空间"不会违反文义解释的可能性。在信息网络时代，公共场所的核心特征不应再局限于长宽高等物理特征，而应转向作为功能的"公共性"。[1] 对于社会公众而言，网络早已成为学习、交流，甚至开会、上课的场所，将"网络空间"解释为"公共场所"绝不会违背一般人的预测可能性。其二，虽然"公共场所"在传统上是一个物理空间中的概念，但在信息网络时代，对之进行规范性理解的必要性越来越充分。由于网络在信息传递与交流方面的便捷性、规模性与不受时空限制性等特征，越来越多的犯罪行为正在网络化，一味地将"公共场所"限制在物理空间的范围内，只会导致明显的刑法漏洞。现实中，在网上起哄闹事，发生物理空间中公共场所秩序严重混乱的案例并不少见，比如在"马金龙案"中，行为人在微信群中编造、传播谣言，煽动公众在线下聚集，造成当地某商业广场停业一天半的严重后果。[2] 传统上认为起哄闹事的行为地点与结果地点必须具有一致性的观点已经不符客观实际。其三，不能以《刑法》第二百九十一条中的公共场所明确限于物理空间，而否认其他条文中的公共场所可扩及网络空间。因为虽然刑法中相同概念的含义一般要保持一致性，但每个条文的含义都必须以法益保护为指导进行解释，这就决定了不可能要求相同概念在内涵与外延上的绝对一致性。其实，第二百九十一条"聚众扰乱公共场所秩序罪"中的公共场所之所以限于物理空间的原因在于，网络中的聚众不会产生

---

❶ 储槐植、李梦：《网络谣言的刑法规制探究》，载《山东警察学院学报》2019 年第 1 期，第 23 页。

❷ 马金龙、李松寻衅滋事案，湖北省广水市人民法院刑事判决书（2019）鄂 1381 刑初字 187 号。

公共场所秩序严重扰乱的法益侵害；而在我国司法实践中，《刑法》第二百三十七条"强制猥亵罪"中的"公共场所"已经被扩张至网络空间。❶

　　因此，我们认为《刑法》第二百九十三条第一款第（四）项中的"公共场所"可以包括"网络空间"，"公共场所秩序"在逻辑上当然可以包括"网络空间秩序"。但是正如部分学界已经指出的，网络空间也可进一步被区分为公共网络空间和私人网络空间，诸如电子邮箱、私人网盘等不能被认为是公共场所。❷

　　（三）"公共场所秩序"不包括所谓的"信息秩序"或"心理秩序"

　　虽然从逻辑上而言，公共场所秩序可以包括网络空间秩序，但是"网络空间秩序"的内涵是什么？这个问题也困扰着我国刑法理论界与司法实务部门。

　　有人认为，网络天生就是一片乱哄哄、众说纷纭的景象，没有什么"秩序"可言。但是，正如一句古罗马格言所揭示的那样，"有社会就有法"，只要有人类活动的地方，就有规则、秩序的存在。况且在网络时代，人类的各种活动都被逐渐转移到网络空间，网络犯罪也随之急剧增加，加强网络空间的法律监管已然成为全球趋势。这种认为网络空间"无秩序"的观点显然不合理。然而问题的关键并非网络空间有没有秩序，而是通过什么方式控制网络空间的秩序。

　　还有人认为，网络空间秩序是一种"信息秩序"，也就是"真

---

❶　薛美琴：《网络造谣犯罪的类案解析及刑法适用研究》，载《法律适用》2020 年第 8 期，第 45 页。

❷　为行文简洁，如无特别说明本书中的网络空间仅指公共网络空间。

实信息的自由、高效流动与获得"的秩序，并且认为这种所谓的"信息秩序"在信息网络时代日益重要，应该将之上升为一项独立的刑法法益。笔者也承认确实有"信息秩序"的存在，该秩序也正在成为日益重要的法益，但是否应将之升格为一项独立的刑法法益独立加以保护，似应作进一步分析。

第一，将"信息秩序"刑法法益化，可能与刑法的补充性原理不符。正如德国刑法学家罗克辛所言"刑罚是社会政策的最后手段"，● 我们在将"信息秩序"视为一项独立的刑法法益之前，必须考虑现有的行政处罚手段与技术手段是否足以对该法益进行充分的保护。虽然我们也认为信息的真实、高效流动具有重要价值，但是就目前而言，对于一般内容的网络虚假信息，通过删帖、过滤、权限禁止等技术手段，以及通过《治安管理处罚法》、《中华人民共和国电子商务法》（以下简称《电子商务法》）等行政法规，已经足以将虚假信息的危害控制在一个相对合理的、社会能够容忍的范围之内。况且，在我国刑法中即使对于危害性特别重大的传播虚假"恐怖信息"、虚假的"疫情、灾情、险情、警情"信息的行为，也只有在相关行为产生"严重扰乱社会秩序"后果时，才被规定为犯罪行为，并未对所谓的"信息秩序"法益本身独立进行保护。可见，在我国立法者看来，目前也未到将"信息秩序"法益独立保护的时候。就此而言，司法实践中存在的，仅仅以虚假信息被传播、阅读达到一定次数就认定为犯罪的做法也是笔者所不能认可的。

第二，将"信息秩序"刑法法益化，存在一定程度的违宪风险。因为《中华人民共和国宪法》（以下简称《宪法》）第三十五

● ［德］罗克辛：《德国刑法学总论》（第 1 卷），王世洲译，法律出版社 2005 年版，第 23 页。

条规定，中华人民共和国公民有言论自由，且在人权体系中言论自由是一项基本性权利，地位十分崇高，任何可能对言论自由产生限制效果的法律措施都应当慎之又慎。将"信息秩序"上升为刑法法益加以保护必然会对言论自由产生压制效果，这一点毫无疑问，然而问题的关键在于言论自由权的行使也并非没有边界，"信息秩序"的刑法法益化是否会过度压制言论自由呢？笔者认为，包括使用刑罚在内的任何公法措施都应遵循"比例原则"，也即必须对一项措施可能产生的收益与危害进行衡量，如果危害大于收益，即使措施的目的具有正当性，也不应采取该措施。❶ 即使这种衡量时常并不精确，但我们认为受到充分保护的公民言论自由权在促进公共理性的形成，创造一个国家的政治文明与精神文明方面具有不可替代的作用，❷ 很难讲以刑法方式保护一般性的"信息秩序"给社会带来的价值会大于其对社会的伤害。

在法益保护与公民言论自由形成冲突时，也许美国宪法实践中业已形成的"明显且即刻危险"标准，可以为我们提供一定的借鉴。根据该标准，国家限制言论自由的措施，必须满足三个条件，即自由表达的行为在最近期间内可能高度盖然性地引起实质危害的发生；可能的实质危害极其重大且发生的时间极其紧迫；所要采取的限制措施对于避免危害发生必不可少。❸ 笔者认为，对于一般内容的虚假信息，即使其在网络上被转发和阅读的数量很大，也不存在此种明显且即刻的危险，我国政府完全可以通过公

---

❶ 胡建淼：《行政法学》，法律出版社 2015 年版，第 54 页。

❷ 林来梵：《宪法学讲义》，清华大学出版社 2018 年版，第 395—399 页；［日］芦部信喜《宪法》（第 6 版），高桥和之补订，林来梵、凌维慈、龙绚丽译，清华大学出版社 2018 年版，第 138 页。

❸ ［日］芦部信喜《宪法》（第 6 版），高桥和之补订，林来梵、凌维慈、龙绚丽译，清华大学出版社 2018 年版，第 162 页。

开辟谣的方式防止实质危害结果的发生，那么将"信息秩序"视为一种独立的刑法法益就不能符合这一标准，从而具有危险的高度可能性。

还有人提出，网络空间秩序可以认为是一种"心理秩序"，只要网络造谣、传谣行为造成社会公众的心理失衡，就产生了扰乱网络空间秩序的后果。❶ 但是所谓"心理秩序"是非常不确定的概念，是否存在以及如何证明心理秩序的混乱都存在极大的问题。

此外，还有一种观点认为，网络空间秩序指的是网络系统的"功能性秩序"，即计算机系统正常运行的秩序。❷ 我们认为网络系统的"功能性秩序"只是网络空间秩序的一种类型，不能否认，在信息网络时代"信息秩序"的价值将越来越大，因此可以将两者都看作网络空间秩序的内涵。但对于网络空间中的"功能性秩序"，我国《刑法》的第二百八十六条"破坏计算机信息系统罪"已经对其作出了专门保护，因此也就没有必要将其纳入网络谣言型寻衅滋事罪的保护范围之中了。

综上所述，本书认为，虽然在逻辑上《刑法》第二百九十三条中的"公共场所秩序"可以包括"网络空间秩序"，但在目前的社会生活条件下尚不应将所谓的"信息秩序"作为独立的刑法法益加以保护；网络空间的"功能性秩序"也已有了专门保护，那么，我们就应将"公共场所秩序"进一步限缩解释为"物理空间中的公共场所秩序"。

---

❶ 持此观点者有卢勤忠、钟菁：《网络公共场所的教义学分析》，载《法学》2018年第12期，第101—102页；薛美琴：《网络造谣犯罪的类案解析及刑法适用研究》，载《法律适用》2020年第8期，第52页。
❷ 张明楷：《言论自由与刑事犯罪》，载《清华法学》2016年第1期，第68页。

五、结论

网络谣言型寻衅滋事罪在司法实践中出现了一定程度的打击偏差，本书认为利用刑法打击网络谣言既要注重法益保护，也要考虑保障公民的言论自由权，必须在二者之间取得更加妥当的平衡。基于这一理念，本书对网络谣言型寻衅滋事罪的构成要件重新作了更加符合时代需求的解释论研究。笔者认为，一方面不能将"虚假信息"的本质视为"没有根据的信息"，也不能将行为人的"实质恶意"视为"主观明知"的判断标准，否则可能会导致刑法对网络谣言打击力度的不当弱化。另一方面，应当将"公共秩序严重混乱"限制解释为物理意义上的"公共场所秩序的严重混乱"，只有这样才能体现我国刑法对公民言论自由权的充分保障，不至于激化部分民众与政府之间的对抗情绪。与此同时，对"公共秩序"作限制解释还能防止政府对运用刑罚手段治理网络谣言的过分迷恋，有利于激励政府尽快构建起多元主体共同参与的网络治理机制。❶

通过解释论的分析，笔者还发现，在目前的刑法及司法解释的体系框架下，还无法对在网络中散布有关"房产政策""食品安全"等危害性特别大的虚假信息的行为进行更为合理的罪名定性和打击。比较好的做法是，在我国《刑法》第二百九十一条之一的"险情、疫情、灾情、警情"后加一个"等"字，通过扩大该条的处罚范围的方式弥补此漏洞。❷ 此外，虽然通过对网络谣言型

---

❶ 李伟、李菁菁：《新冠疫情背景下网络谣言的法治化治理路径探析》，载《重庆邮电大学学报》（社会科学版）2021 年第 2 期，第 69—70 页。

❷ 刘宪权教授也持这一观点，参见刘宪权：《网络造谣、传谣行为刑法规制体系的构建与完善》，载《法学家》2016 年第 6 期，第 119 页。

寻衅滋事罪构成要件的重新解释，能够更加合理地划定本罪的打击范围，但通过司法解释继续扩大寻衅滋事罪处罚范围的方式并不妥当。更加合理的做法应该是，在将来立法修正时将在网络中编造、传播谣言，造成公共场所秩序严重混乱的行为，明确规定为一个和"编造、故意传播虚假信息罪"并列的轻罪罪名。

第二章

宣扬恐怖主义罪
"行刑界分"难题之解决[*]

一、引言

　　宣扬恐怖主义罪是抽象危险犯的典型代表罪名，对该罪名司法适用状况的观察与研究具有重要的理论价值。大量实践案例显示，该罪名在实践过程中出现了较为严重的行刑衔接不畅的问题。在类似案例中，有的宣扬恐怖主义的行为被定性为行政违法，而另一些则被定性为刑事犯罪。❶ 这种现象的出现具

---

　　* 本部分在《山西警察学院学报》2022 年第 3 期上发表过，收入本书时又作了适当修改。

❶ 比如，在"徐卫平宣扬恐怖主义案"中，行为人在"琅琊徐村交流群"（群成员 134 人）中转发了一段 3 分 25 秒的暴力恐怖视频，被当地公安机关处以行政拘留 10 日，罚款 5 000 元的行政处罚。然而，在情节基本类似的"姚建功宣扬恐怖主义罪案"中，被告人在"五顶坡村宣传微信群"（群成员 135 人）中转发了一段 3 分 27 秒的暴恐视频，被法院认定为宣扬恐怖主义罪，判处其拘役 5 个月，罚金 2 000 元的刑罚。在"张秉耀宣扬恐怖主义罪案"中，被告人将一段 3 分 19 秒的暴恐视频在

有一定程度的必然性，一方面以抽象危险犯模式立法的该罪罪状缺乏罪量要素，这就导致实施该罪构成要件的行为在违反《中华人民共和国反恐怖主义法》（以下简称《反恐怖主义法》）的同时，也在表面上齐备该罪的构成要件，司法人员缺乏明确的标准将两者区分开。❶另一方面，我国刑法理论界尚未提出针对抽象危险犯的有效出罪机制，司法人员在碰到疑难问题时不能寻求到理论的有效支持。鉴于此，本书试图根据学界已经提出的几种抽象危险犯的出罪思路，对宣扬恐怖主义罪的司法适用进行具体分析，以此寻求解决本罪"行刑界分"难题的可能方法，同时也对不同的抽象危险犯出罪路径的有效性进行反思。

二、抽象危险的实质认定难以解决宣扬恐怖主义罪的"行刑界分"难题

在解决抽象危险犯行刑界分困难的问题上，我国刑法学界有人提出应当将抽象危险视为抽象危险犯的不成文构成要件要素，并对抽象危险进行实质化认定，以此将刑事犯罪与一般行政违法

（接上注）"相亲相爱一家人"（群成员29人）的家庭群中转发，也被认定构成宣扬恐怖主义罪，判处其有期徒刑6个月，缓刑1年，罚金1 000元的刑罚。这种"同案不同判"的现象已经广泛存在。分别参见浙江省金华市婺城区公安局行政处罚决定书（2018）12059号；河南省郑州市中级人民法院刑事判决书（2018）豫01刑初145号；山西省太原市中级人民法院刑事判决书（2019）晋01刑初29号。

❶ 我国《刑法》第一百二十条之三规定："以制作、散发宣扬恐怖主义的图书、音频视频资料或者其他物品，或者通过讲授、发布信息等方式宣扬恐怖主义的，处五年以下有期徒刑……"而我国《反恐怖主义法》第八十条也规定，宣扬恐怖主义，制作、传播恐怖主义物品的行为，情节轻微不构成犯罪的，由公安机关处以15日以下行政拘留，可以并处一万元以下罚款。从条文表述上看，两条规定的违法行为完全一致，在缺乏罪量要素时，司法人员必然难以将两者区分开。

区分开。❶ 但是，是否能够将抽象危险视为不成文的结果要件还存在理论争议；❷ 而且这种路径在解决抽象危险犯行刑交叉问题上的有效性也还需要作进一步分析。

（一）应当将抽象危险作为抽象危险犯的不成文构成要件要素

第一，将抽象危险作为抽象危险犯不成文的构成要件要素与法益保护的基本原理相符。近现代刑法学将"没有法益侵害就没有犯罪"视为犯罪论第一原理，以此限制刑罚权的恣意滥用。❸ 根据这一原理，国家机关在刑事立法与司法的过程中，都必须将有无法益侵害视为相关行为能否被犯罪化的根本准则。在现代风险社会的背景之下，虽然各国刑事立法都表现出打击犯罪的早期化趋势，法益概念也随之呈现出过于抽象化与稀薄化的问题，但我们不能就此放弃法益侵害说的基本原理，相反应当更加重视这一原理的人权保障机能的发挥。对于以抽象危险犯模式立法的罪名而言，应当通过将抽象危险视为犯罪成立的必要条件的方式来贯彻这一原理。其实，这种观点在国外刑法学界也逐渐得到认可。比如日本学者松原芳博教授即指出，"目前的有力观点已经认为，即便是抽象危险犯，仍然要求存在某种危险，处罚那些既没有造成法益侵害也没有造成法益侵害危险的行为，有违法益保护主义"❹。前

---

❶ 黎宏：《论抽象危险犯危险判断的经验法则之构建与适用——以抽象危险犯立法模式与传统法益侵害说的平衡和协调为目标》，载《政治与法律》2013年第8期，第2页。

❷ 比如，周光权教授就认为抽象危险不是抽象危险犯的结果要件。周光权：《刑法总论》，中国人民大学出版社2016年版，第121页。

❸ ［德］弗兰茨·冯·李斯特：《德国刑法教科书》，徐久生译，法律出版社2000年版，第5页。

❹ ［日］松原芳博：《刑法总论重要问题》，王昭武译，中国政法大学出版社2014年版，第44页。松原芳博教授指出，日本学界通常认为《日本刑法》第108条"对现住建筑物放火罪"是抽象危险犯，但在行为人确认建筑物内无人存在后，向并无燃烧漫延可能性的旷野中的独栋住宅放火的情形下，就应否定该罪的成立。

田雅英教授也指出，如果只是将抽象危险犯中的危险视为立法拟制的危险，那么抽象危险犯就可能演变为纯粹的形式犯，这与犯罪的本质是法益侵害的基本原理相悖。❶

第二，将抽象危险解释为抽象危险犯的必要构成要件，并不一定会过分降低刑事诉讼的效率。在很长一段时间内，抽象危险不是构成要件要素的观点都在学界占据相对主流的位置。❷ 其中一个重要的原因即是在诉讼效率方面的担忧。比如有学者指出，立法机关采用拟制的方式规定抽象危险犯，就是为了避免诉讼证明的困难，司法过程中认定事实的成本是立法者不得不加以考虑的现实问题。❸ 西田典之教授也指出，一部分抽象危险犯，比如毁损名誉罪，当行为人实施了构成要件的行为后，被害人的名誉是否会出现实际降低基本上是无法确定的，对于这一类抽象危险犯而言，不可能要求将抽象危险当作成立犯罪的构成要件要素。❹ 但是笔者认为这种观点并不一定妥当。因为将抽象危险视为成立犯罪的实体要件与在刑事诉讼上对之如何证明是两个层面的问题。刑法学界的一种观点认为，抽象危险犯的危险不是立法拟制的危险而是立法推定的危险，一方面承认抽象危险是抽象危险犯成立必

---

❶ ［日］前田雅英：《刑法总论讲义》（第 6 版），曾文科译，北京大学出版社 2017 年版，第 61 页。

❷ ［德］罗克辛：《德国刑法学总论》（第 1 卷），王世洲译，法律出版社 2005 年版，第 278 页。

❸ 陈京春：《抽象危险犯的概念诠释与风险防控》，载《法律科学》2014 年第 3 期，第 120 页。

❹ ［日］西田典之：《日本刑法总论》，刘明祥、王昭武译，中国人民大学出版社 2007 年版，第 63 页。应当注意的是，西田典之教授将抽象危险犯进一步划分为拟制的抽象危险犯与准抽象危险犯；前者无须在诉讼过程中证明抽象危险的存在，后者也应对抽象危险加以具体证明。但笔者仍然认为，即使是拟制的抽象危险犯也应将抽象危险视为犯罪成立的要素，对其是否直接加以证明是另一层面的问题。

不可少的结果要件，另一方面又认为无须对抽象危险是否存在加以积极证明。亦即，只要能够证明行为人实施了构成要件的实行行为，即可推定存在抽象危险的法益损害结果。❶ 如果我们在理论上进一步区分上述"危险的拟制说"与"危险的推定说"并采纳后者的话，当然就不会出现严重影响刑事诉讼进程的问题。

第三，承认抽象危险是抽象危险犯的不成文构成要件要素，能够为抽象危险犯入罪范围合理划定提供更为精细的理论基础。随着刑事立法的活跃化，刑法对社会法益的保护防线不断前移，刑法与行政法的交叉地带不断扩大，在此立法背景之下，如果不从实质上追问抽象危险犯的罪责本质，就难以将刑事犯罪与行政违法区分开。❷ 对于早已习惯通过"罪量"因素区分刑事犯罪与行政违法的我国司法人员而言，这一理念更加值得强调。刑法学界有学者认为，我国《刑法》第十三条的"但书"规定已经为一切犯罪规定了罪量要素，即使该罪罪状中未明确规定情节严重等要素，司法人员也需要对犯罪构成进行定量分析；在司法适用的过程中如果能够积极运用第十三条"但书"的规定，也能够在一定程度上实现抽象危险犯的合理出罪。❸ 笔者认为这种观点虽具有一定的合理性，但是，第十三条"但书"规定的"情节显著轻微危害不大不认为是犯罪"十分抽象，难以为司法人员提供具体可靠的判断标准；更为重要的是，尽管第十三条"但书"条款具有较大的实践意义，但该条并不能为罪与非罪提供更为深入的理论说

---

❶ 陈京春：《抽象危险犯的概念诠释与风险防控》，载《法律科学》2014 年第 3 期，第 120—121 页。

❷ 姜涛：《抽象危险犯中刑、行交叉难题的破解——路径转换与立法创新》，载《法商研究》2019 年第 3 期，第 78 页。

❸ 杜小丽：《抽象危险犯形态法定犯的出罪机制——以生产销售假药罪和生产销售有毒有害食品罪为切入》，载《政治与法律》2016 年第 12 期，第 47—48 页。

明，倘若我们仅仅满足于该款的表面规定，就永远不可能为犯罪成立寻找到具有融贯性的理论根据。

（二）抽象危险的实质认定不能解决本罪"行刑界分"难题的具体原因

虽然在理论上应当承认抽象危险是抽象危险犯成立的必要条件，但是该路径是否能够有效化解包括本罪在内的抽象危险犯行刑界分混乱的难题，则需要进一步检视。通过对司法实践的考察，笔者认为，仅仅通过该路径就希望解决抽象危险犯行刑交叉难题的设想并不切实际。

首先，刑法理论上还未产生如何判断抽象危险的可靠标准。就抽象危险的判断标准而言，理论上主要围绕具体危险与抽象危险的区别而展开。一种观点认为，相比于具体危险犯，抽象危险是程度上较为缓和的危险，而具体危险是现实紧迫的危险，这两种危险都需要在诉讼过程中加以证明，两者之间仅仅存在程度上的差别。❶ 该观点由日本学者山口厚教授所提倡，但何谓程度上"缓和的危险"，在实践中根本无法被司法人员具体把握，可以认为该学说在指导实践的层面上意义有限。还有一种观点认为，抽象危险与具体危险主要体现为判断方法上的区别，具体的危险需要司法人员在具体案件中根据案件事实进行具体判断，而抽象的危险只要求司法人员根据一般生活经验，对实行行为是否会导致法益侵害的可能性进行判断。❷ 张明楷教授和黎宏教授都采纳这种观点，但何谓"一般生活经验"同样是极其抽象且模糊的判断标

---

❶ ［日］山口厚：《刑法总论》（第 3 版），付立庆译，中国人民大学出版社 2018 年版，第 46 页。

❷ 张明楷：《刑法学（上）》，法律出版社 2016 年版，第 167 页。

准，对于解决抽象危险犯行刑界分混乱难题的意义非常有限。

有人可能认为，现代刑法学已经从 19 世纪的自然主义的窠臼中走出，犯罪论的各领域都出现了规范化的倾向，因此"一般人生活经验"的标准也不是不能接受。❶ 但是笔者认为，我国刑法学的理论构建应当尽量明确化，这在法治发展起步不久的我国更具有现实意义。

其次，虽然我们应承认抽象危险是抽象危险犯的构成要件要素，但对抽象危险的实质化认定的方法与对其他构成要件的认定方法并不相同。如同前文所述，笔者赞同将抽象危险视为立法推定的学说，只要行为人实施了构成要件行为，司法人员一般即可推定抽象危险存在。有学者提出，应当允许被告人反证抽象危险不存在而出罪。❷ 笔者赞同这种观点，因为一方面只有允许被告人反证出罪，才能使抽象危险作为犯罪成立要素产生实质功效；另一方面，允许反证而非要求公诉机关主动证明，有利于兼顾诉讼效率的价值，较为符合抽象危险犯的立法特点。至于有观点认为，让被告方承担证明责任有违刑事诉讼中的证明责任原理，亦即应当完全由控方举证证明犯罪构成要件的成立，否则就应由控方承担不利后果。❸ 但我们认为，允许被告人反证出罪毕竟给其多了一条出罪的路径，从效果上对被告人有利，所以不违反刑事诉讼的基本原理。况且，在刑事诉讼中也不是在任何情况下都由公诉方

---

❶ 黎宏:《论抽象危险犯危险判断的经验法则之构建与适用——以抽象危险犯立法模式与传统法益侵害说的平衡和协调为目标》，载《政治与法律》2013 年第 8 期，第 5—6 页。

❷ 付立庆:《应否允许抽象危险犯反证问题研究》，载《法商研究》2013 年第 6 期，第 76 页。

❸ 杜小丽:《抽象危险犯形态法定犯的出罪机制——以生产销售假药罪和生产销售有毒有害食品罪为切入》，载《政治与法律》2016 年第 12 期，第 51 页。

承担举证责任。即使我们接纳"反证出罪说",对于绝大多数抽象危险犯来说,基本上也不可能通过这种方式实现出罪。如在宣扬恐怖主义罪的适用过程中,被告方基本不可能反证证明抽象危险没有发生,这是由该罪名的特点决定的。

三、恐怖主义物品的独立认定也不能解决宣扬恐怖主义罪的"行刑界分"难题

还有学者提出,在抽象危险犯司法适用的过程中应当强调刑法评价相对于前置法评价的独立性。[1] 在实践中,我国司法机关也确实存在过于依赖民事、行政认定的问题。但是能否通过强调这一点,就能够有效解决包括本罪在内的绝大多数抽象危险犯"行刑界分"混乱的问题,则还需要进一步检验。

(一)司法人员对"恐怖主义物品"进行独立化认定具有正当性基础

第一,司法人员对"恐怖主义物品"进行独立化认定并不违反法秩序统一性的原理。法定犯时代到来后,刑法概念与其前置法中相同概念之间的关系日益引起理论界的关注。过去的"严格一元论"认为,虽然各个法域的立法目的与性质不同,但在对某个行为的合法还是违法的评价上必须一致,只有这样才能建立单一性的整体法秩序,从而发挥对国民的行为规范功能。[2] 但是"严格的一元论"存在以下缺点。其一,该理论忽视刑法在质与量上的独特性。比如,通奸行为在民法上属违法行为,是离婚诉讼中损害赔偿的理由,但在绝大多数国家的刑法中通奸行为并不违法。

---

[1] 杜小丽:《抽象危险犯形态法定犯的出罪机制——以生产销售假药罪和生产销售有毒有害食品罪为切入》,载《政治与法律》2016 年第 12 期,第 43—44 页。

[2] 林山田:《刑法各罪论(上册)》,北京大学出版社 2012 年版,第 191—192 页。

再如，盗窃一张纸的行为，虽然具有民事与行政法上的违法性，但不宜认为这种行为也具有刑事违法性。其二，严格的一元论与刑法的谦抑性可能发生抵触。民事或行政违法的行为，并不一定在刑法上也要认定具有违法性。其三，严格一元论忽视行政法与刑法的不同立法目的。笔者认为，行政法的立法目的重在维持社会管理秩序，只要是违反行政管理秩序的行为，一般都具有行政法上的可罚性；但刑法的根本目的是法益保护，没有实质法益侵害就不应认定为犯罪。比如在著名的"陆勇代购案"中，我们可以说陆勇违反了《中华人民共和国药品管理法》（以下简称《药品管理法》），但如果认定其构成刑事犯罪的话则显然不合理。❶ 因此，严格的违法一元论已经逐渐被刑法学界抛弃，目前主要是缓和的一元论与违法多元论之间的争议，但无论哪种学说都认为对刑法概念可以作独立性评价，只不过独立的程度不同而已。❷

第二，就程序法原理来讲，司法机关也应加强对"恐怖主义物品"的独立化认定。目前，在宣扬恐怖主义罪的司法实践中，侦查机关通常根据在其内部设立的网安部门出具的审读意见，❸ 或者根据新闻出版机构出具的鉴定意见认定涉案物品是否构成恐怖主义物品。❹ 审查起诉部门与审判部门确实存在对审读意见或鉴定

---

❶ 陆勇在未获得我国进口药品销售许可的情况下，为白血病病友从印度代购抗癌药品，被检察机关以销售假药罪提起公诉，但患者在服用了陆勇代购的药品后不但节省了巨额药费，而且病情得到控制并好转。那些受到过陆勇帮助的患者成立了"救助陆勇全国爱心联盟群"，要求司法机关释放陆勇，最终检察机关撤回了起诉。参见湖南省沅江市人民检察院不起诉决定书，沅检公刑不诉〔2015〕1 号。

❷ 简爱：《从分野到融合：刑事违法判断的相对独立性》，载《中外法学》2019 年第 2 期，第 433 页。

❸ "王滔宣扬恐怖主义案"，湖南省邵阳市中级人民法院一审刑事判决书（2020）湘 05 刑初 122 号。

❹ "陈华宣扬恐怖主义案"，安徽省池州市中级人民法院刑事判决书（2019）皖 17 刑初 1 号。

意见简单认定的现象。这种现象虽在我国司法实践中已长期存在，但司法部门应当着力攻克这一顽疾。❶ 因为一方面，鉴定人员在鉴定的过程中本身会发生错误，甚至也会出现鉴定人在被收买后弄虚作假的问题；另一方面，目前的鉴定标准也并不一定完全客观明确，许多时候不同鉴定机构对同一鉴定事项可能出具完全相反的鉴定意见。❷ 正是因为这一点，我国立法机关在 2012 年修改《中华人民共和国刑事诉讼法》（以下简称《刑事诉讼法》）时，将证据种类中的鉴定结论修改为鉴定意见，意在克服司法人员对专业鉴定意见的盲从现象。因此，只有加强司法机关对鉴定意见的独立化认定，才能避免司法认定权异化为行政认定权。

（二）这一出罪路径对解决本罪"行刑界分"难题的效果十分有限

虽然司法机关对《刑法》第一百二十条之三中"恐怖主义物品"的独立认定，具有实体法与程序法的双重理论基础，但是按照这一路径恐怕并不能有效解决本罪行刑交叉带来的问题。

其一，就"恐怖主义物品"的内涵而言，难以形成与《反恐怖主义法》中的定义相区别的独立刑法概念。因为一旦行为人实施了制作、散布恐怖主义物品，或者讲授、发布恐怖主义信息的行为，就很难说这样的恐怖主义物品或信息只具有行政违法性而不具有刑事违法性。这一点和生产销售假药罪中认定"假药"的情形并不完全相似。按照《药品管理法》，假药包括实质上的假药以及"以假药论"的药品，其中就包括应当经过批准进口而未经

---

❶ 张军、姜伟、田文昌：《新控辩审三人谈》，北京大学出版社 2014 年版，第 78 页。
❷ 张军、姜伟、田文昌：《新控辩审三人谈》，北京大学出版社 2014 年版，第 80 页。

批准销售的药物。● 在生产销售假药罪的司法过程中，我们完全应当将那些虽未经批准进口，但对人体健康有益无害的"以假药论"的药品排除在外，这一点已经在前述"陆勇代购案"中加以说明。然而，我们之所以能够将《刑法》中的假药与行政管理法中的假药区分开，一个重要原因是我们可以根据科学法则判断某个药物是否可能对法益造成潜在损害。但是，对于"恐怖主义物品"而言，其对保护法益的损害是否会出现，没有一个客观明确的科学判断标准，因此在对待类似《刑法》概念时，强调其相对于行政法的独立性，基本上没有实践价值。

其二，在刑事诉讼程序中加强对恐怖主义物品的质证与独立认定，仅能在少部分案件中排除犯罪的成立，对于目前实践中出现行刑界分困难的绝大多数案件没有实效。如在引起热议的"杨志祥宣扬恐怖主义"案中，行为人在微信群中发布一条"跟我信伊斯兰，加入 ISIS"的信息，被认定为宣扬恐怖主义罪。● 但根据报道，行为人之所以会发这条信息，原因在于当他使用本·拉登的头像在微信群中聊天时，有人说"看，大人物来了"，其就顺着说"跟我加入 ISIS"；其他人继续聊天并未继续这一话题。● 公安机关认定这句话构成恐怖主义信息，公诉与审判机关对此予以认可。显然，如果司法机关加强对公安机关认定结果的独立审查，

● 应当注意的是，我国《药品管理法》在 2019 年修改时，已经删除了原来第九十八条第二款中"以假药论"的规定。我国《刑法修正案（十一）》中也删除了第一百四十一条第二款的规定，即"本条所称假药，是指按照《中华人民共和国药品管理法》的规定属于假药和按假药处理的药品、非药品"。
● "杨志祥宣扬恐怖主义案"，北京市第一中级人民法院一审刑事判决书（2017）京 01 刑初 45 号。
● 《农民工微信发"跟我加入 ISIS"获刑 9 个月》，载搜狐网 https：//www.sohu.com/a/193777065_495442，访问日期：2023 年 5 月 8 日。

可能会避免这一错误。因为这一句话有其对话的语境，如果结合行为人平时的其他言行，确无涉恐言论，那么基本可以认定这句话只是玩笑话。司法机关将这一句话从其语境中拿出来，就容易出现错误认定。对于此类涉及恐怖主义信息的案件来说，笔者认为加强诉讼程序中的独立化认定，具有一定的实践意义。但是，对于实践中出现概率最多的因转发恐怖主义视频而入罪的案件而言，该路径并不能有效解决行刑界分困难的问题。因为一段暴恐视频已经具有独立的含义，即使配有其他批判性说明文字，也不能否认它构成恐怖主义物品的实施，这一点与语言类信息不同。比如，有学者认为，如果大学教授在课堂上播放 ISIS 的宣传视频，同时在课件中对该视频进行专业分析与政治批判，那么该视频就不应被认定为恐怖主义物品。❶ 但是笔者认为，该视频是恐怖主义物品的事实不会由于该教授的批判而改变，事实上，该教授的行为也已经造成了恐怖主义物品的对外流通。当然，该教授的行为是否构成犯罪则是另一回事。

四、将宣扬恐怖主义罪解释为"目的犯"是解决"行刑界分"难题的有效路径

上述两种思考路径不能有效化解本罪行刑衔接不畅的问题，我们有必要转换解决问题的路径。通过对裁判文书网相关案例的考察，笔者发现行为人转发恐怖主义音视频或者发布恐怖主义信息的主观目的可分为四种：分别是恐怖主义目的、牟利目的、提升流量目的以及吓唬他人的目的。其中又以后两种情形居多。如果能将危害性最为严重的恐怖主义目的解释为该罪名成立的必要

---

❶ 姜敏：《刑法反恐立法的边界研究》，载《政法论坛》2017 年第 5 期，第91 页。

条件，那么显然会快速解决本罪行刑界分混乱的现状。❶ 然而，在理论上是否能够将恐怖主义目的解释为本罪的主观构成要素还需要进一步论证。同时为了方便司法实践，还有必要对何谓"恐怖主义目的"作清晰的界定。

（一）在刑法上应当承认"恐怖主义"的政治目的性

由于"恐怖主义"本身即指一种目的性的主张，因此对"恐怖主义目的"的探讨实际上就包含在对"恐怖主义"概念的探讨之中。学术界对此概念的研究已经持续了很长时间，但至今未能形成统一的答案。刑法学界关心的问题主要是，能否将政治性目的作为"恐怖主义"概念的内涵？有的学者认为，作为刑法上的概念，对"恐怖主义"的认定应当去政治化，从而避免刑事司法中受到政治因素的不当干扰，同时也为国际反恐合作（特别是在引渡的问题上）扫清障碍。❷ 但笔者认为这种观点并不妥当。

其一，如果不承认恐怖主义犯罪的政治性特征，就无法将之与危害公共安全的普通犯罪区分开，并可能造成打击恐怖主义的过度化。一方面，较之普通危害公共安全的犯罪，恐怖主义犯罪具有更为严重的社会危害性，在定罪量刑上必须对其作出更为严厉的反应。另一方面，在针对恐怖主义犯罪的刑事诉讼程序中，被告人的辩护权将受到更多的限制，❸ 我国司法机关也将付出更多

---

❶ 尽管对恐怖主义目的的证明会有一定困难，但这并不是司法实务部门不能解决的问题。

❷ 王志祥：《网络恐怖主义犯罪及其法律规制》，载《国家检察官学院学报》2016年第5期，第15页。

❸ 比如，对于恐怖主义犯罪的嫌疑人，辩护律师在侦查期间会见在押的犯罪嫌疑人，应当经侦查机关许可；公安机关在拘留涉恐犯罪嫌疑人后，可以不在拘留后24小时内通知被拘留人的家属。

的司法资源。❶ 因此，只有通过恐怖主义犯罪的政治目的性特征将其与其他犯罪区分开，才能在刑法中实现对恐怖主义犯罪的精准打击，防止刑事反恐的过度化。❷

其二，即使承认恐怖主义的政治目的性，也未必会造成国际反恐合作的困难。虽然"政治犯不引渡"是现代国际法的一条基本原则，但是承认恐怖主义概念中的政治因素，并不等于将恐怖主义犯罪等同于政治犯。因为恐怖主义犯罪在客观方面的主要特征是犯罪对象的不特定性以及犯罪手段的暴力性，比如在 2013 年 10 月 28 日发生的"金水桥恐怖袭击"事件中，恐怖分子驾驶吉普车驶入长安街，高速冲撞沿途行人，最终撞向天安门前的金水桥并点火燃烧，造成 5 人死亡、40 人受伤的严重后果。❸ 不能认为行为人具有极端主义的政治目的，就将之等同于国际法上的政治犯，从而推论此类犯罪分子不能引渡。实际上，国际法中并没有对"政治犯"的统一定义，一般由被请求引渡国自行判断是否是政治犯；而且为了防止该原则被滥用，近年来的许多国际公约已经将恐怖主义犯罪排除在该原则的适用之外。❹

（二）"恐怖主义目的"的具体内涵

我们已经证明恐怖主义的内涵中应当具有政治性目的，但就这一目的的具体内容而言，学界也存在不同看法。我国《反恐怖主义法》第三条将恐怖主义界定为：通过暴力、破坏、恐吓等手

❶ 比如，我国将中级人民法院作为管辖恐怖主义犯罪的第一审法院；公安机关对恐怖活动犯罪可以采取技术侦查措施。
❷ 参见谢望原：《谨防刑法过分工具主义化》，载《法学家》2019 年第 1 期，第 87 页。
❸ 《吉普车撞金水桥系暴力恐怖袭击》，载人民网，cpc. people. com. cn/n/2013/1031/c87228-23381574. html，访问日期：2023 年 5 月 8 日。
❹ 王铁崖主编：《国际法》，法律出版社 1995 年版，第 135 页。

段，制造社会恐慌、危害公共安全、侵犯人身财产，或者胁迫国家机关、国际组织，以实现其政治或意识形态等目的的主张和行为。根据该条，学界普遍认为恐怖主义的概念中具有两个递进的目的，直接目的是制造社会恐慌、危害公共安全、侵犯人身财产或者胁迫国家机关或国际组织，而根本目的是实现政治意识形态的目的。❶ 但是笔者认为，制造社会恐慌、危害公共安全以及侵犯人身财产只是手段而非目的；胁迫国家机关或国际组织以及实现政治意识形态两个方面都是目的，后者具有最终性。

就刑法层面而言，我们认为只能将胁迫国家或国际组织改变某种政策作为恐怖主义犯罪目的的内容。一方面，将作为直接目的的"胁迫国家或国际组织改变某种政策"作为本罪目的的内容，具有诉讼证明上清晰明确的优势。因为若将"政治或意识形态"的目的作为本罪目的的内容，司法人员必然需要对行为人的目的是否属于一种政治或意识形态进行具体判断，而所谓"政治"或"意识形态"的概念缺乏法律定义，作为犯罪构成要件的内容非常不合适。另一方面，恐怖主义概念虽然离不开政治属性，但我们也需要一定程度的去政治化。将直接目的作为犯罪目的既承认了这种政治属性，并以此将之与普通犯罪区分开来，同时又能避免对最终目的的实质内容的判断，避免加剧民族、宗教间的冲突，具有更好的政治效果。

（三）将"恐怖主义目的"解释为本罪构成要件要素的必要性与可行性

有学者认为，恐怖主义目的只能作为宣扬恐怖主义罪的量刑

---

❶ 贾宇、李恒：《恐怖活动组织与人员认定标准研究——从恐怖主义再界定谈起》，载《西北大学学报（哲学社会科学版）》2017 年第 3 期，第 48 页。胡江：《刑法修正案（九）恐怖主义犯罪规定的解读与思考》，载《理论月刊》2016 年第 7 期，第 93—94 页。

因素而非定罪因素。● 但本书认为，将恐怖主义解释为本罪的主观要素不仅能够产生积极的实践效果，而且在理论上也有如此解释的必要性与可行性。

1. 将本罪解释为恐怖主义性质的目的犯具有必要性

第一，只有将本罪解释为具有恐怖主义目的的犯罪，才能将本罪实行行为的不法性提升至值得刑罚处罚的程度。宣扬恐怖主义的行为在本质上可以被看作实施恐怖活动犯罪的预备或帮助行为，宣扬恐怖主义罪也即所谓的实质预备犯或实质帮助犯。这种预备或帮助行为距离法益实际侵害的距离较远，难以为人们所感知。只有当某种预备或帮助行为具有对重大法益侵害的可能性，并且在一定程度上能够为社会公众所感知时，将这种行为犯罪化才能具有理论上的正当性。笔者认为，如果行为人在恐怖主义目的驱使下散布恐怖主义物品、信息，其危害性将远远超出一般目的的散布行为。正如有学者所指出的，一旦行为人具有恐怖主义目的，其在转发恐怖主义物品时，就会在传播途径与对象上作出刻意选择，使其恐怖主义思想得到有效传播。● 那么，具有恐怖主义目的的宣扬行为的不法程度将立即被提升至值得刑罚处罚的程度。

第二，只有将本罪解释为具有恐怖主义目的的目的犯，才能与刑法谦抑性的原则相符。因为在常见四种目的的宣扬恐怖主义的行为中，具有恐怖主义目的宣扬行为带有信仰犯的特征，必须

● 梅传强、臧金磊：《网络宣扬恐怖主义、极端主义案件的制裁思路——对当前 20 个样本案例的考察》，载《重庆大学学报》（社会科学版）2019 年第 5 期，第 163 页。

● 敬力嘉：《实质预备犯语境下宣扬恐怖主义、极端主义罪的教义学重述》，载《当代法学》2019 年第 4 期，第 138 页。

通过刑事处罚的威慑才能在一定程度上予以压制；而诸如牟利目的、提升流量目的以及恶作剧目的的宣扬行为，通过行政处罚已经能够起到足够的遏制作用。那么，根据刑法谦抑性原则的要求，能够用行政处罚手段遏制违法行为的，就不应动用副作用更大的刑罚，否则就只能使个人与社会两受其害。有人可能认为，基于牟利目的的宣扬恐怖主义的行为，也应纳入刑罚打击的范围，因为基于牟利目的的传播淫秽物品的行为尚且被犯罪化，传播社会危害性更加严重的恐怖主义物品当然也应被犯罪化。但是笔者认为，从实践经验来看，现实中通过贩卖恐怖主义物品牟利的获利空间非常小，[1] 相比而言根据我国《反恐怖主义法》可以施加的行政罚款的数额却可高达一万元，同时也可以施以行政拘留。[2] 在我们看来，和微薄的可能获益相比，通过行政处罚手段已经完全可以打击基于牟利目的的转发、贩卖恐怖主义物品的行为，能够起到立法机关要求的切断恐怖主义思想传播的效果。[3] 而对于最后两种目的的宣扬恐怖主义的行为，通过行政处罚就可以起到相应的预防效果。

2. 将本罪解释为恐怖主义性质的目的犯具有可行性

虽然在理解上将恐怖主义目的解释为本罪的目的要素具有必要性，但在解释论上是否可行也需要分析。笔者认为，其一，从

---

[1] 比如在"夏靖卓宣扬恐怖主义案"中，夏靖卓在购买两部恐怖主义短视频后，先后向 20 余人贩卖，但收益不过 100 余元。参见江西省上饶市信州区人民法院一审刑事判决书（2020）赣 1102 刑初 254 号。

[2] 《反恐怖主义法》第八十条规定，宣扬恐怖主义；制作、传播、非法持有宣扬恐怖主义物品的；情节轻微，尚不构成犯罪的，由公安机关处 10 日以上 15 日以下拘留，可以并处 10 000 元以下罚款。

[3] 全国人大常委会法制工作委员会刑法室编：《中华人民共和国刑法修正案（九）条文说明、立法理由及相关规定》，北京大学出版社 2016 年版，第 46—47 页。

文义上来看，"宣扬"一词虽然在权威字典中被解释为"广泛宣传，使大家知道"❶，但在符合立法目的的情况下，将"宣扬"的含义缩小解释为基于恐怖主义目的的广泛宣传，在解释技巧上完全可行。而且如此解释可能更加符合社会公众对"宣扬"一词字面含义的理解。其二，从"宣扬"一词在法概念体系中的位置来看，我国《刑法》明确将宣扬与传播区分开，我国《反恐怖主义法》也将宣扬与传播区分开，实际上就是为宣扬一词赋予了主观内涵。其三，将恐怖主义目的当作本罪的不成文主观目的要素，能够为我国司法人员所接纳。不仅在理论上我们早已肯定了不成文构成要件要素理论，在实践中，我国刑法分则也广泛存在未将目的要素明文规定出来的情况。❷诸多财产犯罪即为例证。我国司法人员也一直将"非法占有目的"作为这些财产犯罪的不成文构成要件要素，因此将恐怖主义目的解释为本罪的目的要素，不会出现我国司法人员难以接受的情况。

五、结论

大量案例显示宣扬恐怖主义罪在司法实践中已经出现严重的"行刑界分"混乱的问题，该问题的解决迫切需要我们对抽象危险犯的出罪机制进行理论反思。笔者在参阅裁判文书网已公开案例的基础上，对刑法学界已经提出的几种出罪路径的观点进行优劣剖析。通过论证，本书指出，第一，抽象危险应当被视为抽象危险犯的必要构成要件要素，以此将抽象危险犯与形式意义上的行为犯概念区分开；但由于抽象危险的判断标准模糊不清，难以通

---

❶ 中国社会科学院语言研究所词典编辑室编：《现代汉语词典》（第 7 版），商务印书馆 2016 年版，第 1483 页。

❷ 张明楷：《刑法学（上）》，法律出版社 2016 年版，第 113 页。

过抽象危险犯实质化认定的路径解决包括本罪在内的绝大多数抽象危险犯行刑衔接不畅的问题。第二，在理论上，《刑法》中的"恐怖主义物品"应当具有不同于《反恐怖主义法》定义的独立内涵，但既无必要也不可能实现这种界限的清晰划分。虽然在刑事诉讼程序中，司法机关应当加强对"恐怖主义物品"的质证与独立认定，但通过这一路径基本也不能解决本罪名在司法实践中的行刑交叉问题。第三，应当将恐怖主义目的解释为本罪成立的构成要件要素，该方法能够为本罪行刑界分困难的问题提供高效的解决方案；而且这种解释路径具有理论上的必要性与可行性。

宣扬恐怖主义罪是我国目前刑事立法中抽象危险犯的典型代表，此类犯罪在司法实践中入罪范围的大小，不仅能够体现我国司法机关对待刑法的态度（工具主义还是谦抑主义），而且还能直接反映我国刑法教义学研究对司法实践的影响程度。该罪名的司法适用状况值得司法学术界予以进一步持续关注。

第三章

网络时代"诽谤罪"规制范围的调适

一、问题的提出

近年来,随着信息网络技术的迅速普及,司法实践中的网络诽谤类案件持续增多。2020 年 12 月 25 日发生在杭州的一起"女子取快递遭诽谤案"再次引起全社会的广泛关注。最高人民检察院在 2022 年 2 月 21 日公布的第三十四批指导性案例中将该案纳入其中。该案基本案情为:2020 年 7 月的一天,谷女士到小区快递点取快递,被附近便利店店主郎某偷拍了视频。郎某随后与朋友何某"开玩笑",编造"女子出轨快递小哥"等聊天内容,发送至微信群。随后该谣言经过转发、加工,在网络上不断发酵。谷女士为此不仅丢了工作,找新工作被拒,还患上抑郁症。2020 年 8 月 13 日,杭州市公安局余杭区分局发布警情通报,依据相关法律规定,公安机关对郎某、何某分别作出行政拘留 9 日的处罚。同年 10

月 26 日，谷女士又向杭州市余杭区法院提起刑事自诉，余杭区法院于 12 月 14 日决定立案，并依法要求杭州市公安局余杭区分局提供协助。在此期间，当地检察机关认为，相关视频材料在网络上迅速传播、发酵，该案情势已经发生了变化，郎某、何某的行为不仅损害了被害人人格权，而且严重扰乱了网络社会公共秩序，给广大公众造成不安全感，应当依据《刑法》第二百四十六条第二款之规定按公诉程序提起追诉。该案又由刑事自诉转为公诉。2020 年 12 月 25 日，根据杭州市余杭区人民检察院建议，杭州市公安局余杭区分局对郎某、何某涉嫌诽谤案立案侦查。2021 年 4 月 30 日，浙江省杭州市余杭区法院公开开庭审理该案，分别以诽谤罪判处郎某、何某有期徒刑一年，缓刑二年。❶

　　虽然该案已被最高人民检察院选为指导性案例，但该案却凸显出网络时代诽谤罪在构成要件解释与适用的过程中尚存在较大的理论争议。我国《刑法》第二百四十六条对诽谤罪的罪状表述为："以暴力或者其他方法公然侮辱他人或者捏造事实诽谤他人，情节严重的，处三年以下有期徒刑、拘役、管制或者剥夺政治权利。"同时该条第二款还规定："前款罪，告诉的才处理，但是严重危害社会秩序和国家利益的除外。"然而在该案中，在受害人谷女士已经提起刑事自诉的情况下，检察机关主动将自诉案件转为公诉案件的操作是否符合该条有关自诉转公诉的条件呢？进一步而言，我国《刑法》第二百四十六条第二款中的"严重危害社会秩序"应当如何理解？与此同时，该案的出现又让我们联想到前

---

❶ 最高人民检察院网站：《2020 年度十大法律监督案例》，https：//www. spp. gov. cn/spp/zdgz/202101/t20210124_507272. shtml，访问日期：2023 年 4 月 23 日。

几年发生的曾轰动全国的河南"灵宝王某案"❶、重庆"彭水诗案"❷ 等网络诽谤官员案件。在这些案件中，诽谤罪的入罪标准成为司法实践的争议焦点。最高人民法院、最高人民检察院在 2013 年曾联合发布《关于办理利用信息网络实施诽谤等刑事案件适用法律若干问题的解释》（以下简称《网络诽谤案件的司法解释》），❸ 但该解释也未能有效回应网络时代诽谤罪司法实践中遇到的疑难问题。其一，诽谤罪的实行行为是单一的"散布行为"还是复合的"捏造＋散布"虚假信息的行为？其二，"党政领导干部"是否属于诽谤罪的行为对象？其三，"点击、浏览 5 000 次""转发 500 次"是否属于构成诽谤罪的"情节严重"？其四，如何理解诽谤罪自诉转公诉的条件，即《刑法》第二百四十六条第二款中的"严重危害社会秩序和国家利益"该如何解释？为了改变司法实践中诽谤罪在罪与非罪以及自诉转公诉的标准不统一的问题，我们有必要对

---

❶ 本案基本案情为，河南灵宝地方政府为了建设五帝工业聚集区，以每年 1000 元/亩的价格，"租"用大王镇农地 28 平方公里 30 年。但村民们发现"以租代征"是国家正在严厉打击的违法行为，先后在三门峡、郑州上访。王某的老家在大王镇，他感觉政府所为明显违法，就上三门峡土地局、河南省国土厅网站查批文，并通过网络在线信访，多次向河南省国土厅递交举报信，但一直没有结果。迫于无奈和义愤，其通过网络发了一个标题为"河南灵宝老农的抗旱绝招"的帖子。该帖上网后很快走红，多家门户网站将之放在首页转载。灵宝警方以涉嫌"诽谤罪"为由将其刑事拘留，但事后查明灵宝政府确实存在未批先占的违法问题。灵宝地方司法机关不得不释放王某并给予国家赔偿，河南省公安厅也公开对王某表示道歉。参见王俊秀：《一篇帖子换来被囚八日》，载《中国青年报》2009 年 4 月 8 日，第 6 版。

❷ 本案的基本案情为：重庆市彭水县教育局借调干部秦某飞出于对地方社会状况的不满，写了一首《沁园春·彭水》的诗，反映彭水的负面现象。彭水检察机关以"诽谤罪"为由将其逮捕。但该诗并未对具体领导干部侮辱、诽谤，只涉及部分领导的姓氏。该事实经由网民在网上发帖引起全国舆论关注，秦某飞被违法关押 29 天后释放，检察院主动提出为其申请国家赔偿，赔偿款隔天兑现。

❸ 最高人民法院、最高人民检察院：《关于办理利用信息网络实施诽谤等刑事案件适用法律若干问题的解释》，法释〔2013〕21 号。

上述问题作出更为细致的解释论研究。

二、诽谤罪的实行行为："单一性"抑或"复合性"

对于诽谤罪的实行行为，亦即《刑法》第二百四十六条中的"捏造事实诽谤"的内涵，我国学界存在不同的观点。传统观点认为，"捏造事实诽谤他人"是指无中生有、凭空捏造虚假的，败坏他人名誉的事实，进而加以散布的行为。❶ 然而，随着诽谤行为的网络化，其对国民名誉权的侵害程度日益加重。部分学者就此对传统观点展开了批判。张明楷教授即认为，诽谤罪的实行行为并非"捏造事实＋公开散布"的复合行为，而是单一行为，单纯"散布虚假事实"的行为就足以构成该罪的实行行为。2013《网络诽谤案件的司法解释》第一条第二款规定，明知是捏造的损害他人名誉的事实，在信息网络上散布，情节恶劣的，以"捏造事实诽谤他人"论。❷ 从文义上来看，似乎我国最高司法机关也赞同张明楷教授提出的"单行为说"，只不过在入罪的罪量要素上相比于普通诽谤行为提出了更高的要求。但笔者认为，在网络时代背景下，有关诽谤罪实行行为的"复行为说"仍然不能被轻易替代。

第一，"单一行为说"存在突破刑法条文表述的语义射程，进而违反罪刑法定原则的嫌疑。张明楷教授认为，"捏造事实诽谤他人"可以被解释为"以捏造的事实诽谤他人"，进而该罪的实行行为就可以包括"捏造并散布"的行为以及"明知他人捏造的事实而散布"的行为，那么，即使从文义解释的角度来讲，将该罪理

---

❶ 高铭暄、马克昌主编：《刑法学》，北京大学出版社、高等教育出版社 2017 年版，第 479 页；张军主编：《刑法罪名精释》，人民法院出版社 2013 年版，第 573 页。

❷ 最高人民法院、最高人民检察院：《关于办理利用信息网络实施诽谤等刑事案件适用法律若干问题的解释》，法释〔2013〕21 号。

解为单一行为犯，也并未突破法律条文的限制，不能将之视为类推解释。❶ 但笔者认为这种解释并不妥当。其一，从我国《刑法》第二百四十六条对诽谤罪的罪状表述上来看，该条在"诽谤"之前加上"捏造事实"，显然是立法机关对"诽谤"行为的进一步限定，即应当纳入刑法评价的是"以捏造事实的方式诽谤他人"的行为，而非单纯地散布损害他人名誉信息的行为。而且，"诽谤"本身就包含以虚假事实败坏他人名誉的意思，将"捏造事实诽谤他人"解释为"以捏造的事实诽谤他人"只会造成语义和表达上的重复，❷ 人为地缩减了一个构成要件要素。❸ 其二，张明楷教授认为，将"捏造事实诽谤他人"解释为"以捏造的事实诽谤他人"，在我国《刑法》中也可以找到相似的例证。即使刑法条文明确将实行行为规定为复数行为，当不存在全部复数行为时也存在构成犯罪的情况。❹ 比如，强奸罪的条文中将实行行为规定为"以暴力手段强奸妇女"，其中的"暴力强奸"通常被理解为"以暴力的手段强奸"。但在司法实践中，对于与患有精神病的妇女性交或者乘妇女熟睡之机奸污妇女的行为，也一概被认定成立强奸罪。然而，这个例证本身并不恰当。我国《刑法》第二百三十六条将强奸罪的罪状表述为，"以暴力、胁迫或者其他手段强奸妇女"。显然，成立强奸罪并不必须存在暴力手段，也可能以与暴力手段

---

❶ 张明楷：《网络诽谤的争议问题探究》，载《中国法学》2015 年第 3 期，第 63 页。

❷ 张明楷教授也注意到这一点。并将出现这种情况的原因解释为，《刑法》第二百四十六条使用"捏造事实诽谤他人"这种看似重复的表述，实际上只是为了防止将误以为是真实事实而散布的行为认定为犯罪，亦即是为了防止处罚没有犯罪故意的行为，而不意味着诽谤罪必须是由复数行为构成。参见张明楷：《网络诽谤的争议问题探究》，载《中国法学》2015 年第 3 期，第 64 页。

❸ 段启俊、郑洋：《网络诽谤犯罪若干问题研究》，载《湖南大学学报》（社会科学版）2016 年第 5 期，第 140 页。

❹ 张明楷：《网络诽谤的争议问题探究》，载《中国法学》2015 年第 3 期，第 63 页。

具有相似性的其他手段强奸。在与患精神病妇女性交或者乘妇女熟睡之机强奸的情况下，行为人即利用了被害妇女无法反抗时实施了奸淫行为，符合该罪罪状中规定的"其他手段"。亦即，我国立法已经明文规定强奸罪在实行行为上存在复数行为和单一行为两种形式。但在诽谤罪的条文中并无"其他手段诽谤"的表述。其三，正如高铭暄先生等所指出的，《网络诽谤刑事案件的司法解释》第一条并未将"散布行为"与"捏造并散布""篡改并散布"的行为并列，而是将单独的"散布行为"拟制为"以捏造事实诽谤他人论"，并非直接等同于"捏造事实诽谤他人"。❶

第二，即使从实质解释的角度来考察，将"捏造事实诽谤他人"解释为"以捏造的事实诽谤他人"也不具有实质合理性。其一，刑法的目的是保护法益，犯罪的实质是侵害法益，不产生法益侵害的行为就不可能成为犯罪的构成要件要素。张明楷教授在这一基本刑法学原理的层面上指出，"捏造事实"对于诽谤罪的成立没有实质意义，对他人名誉法益产生侵害的是散布行为而非捏造事实的行为，因此我们在解释该罪实行行为的内涵时可以忽略"捏造"这个要素，将之视为没有实质意义的重复表达，或者只是具有提示性作用的表达。❷ 但笔者认为，"捏造事实"的行为对于法益侵害而言并非是可有可无的要素。从法益侵害的因果流程来看，正是捏造败坏他人名誉事实的行为创造了法益侵害的危险源，捏造事实是法益侵害的前提，没有捏造事实的行为就不可能产生法益侵害。当行为人具有损害他人名誉的目的时，行为人在捏造事实的同时就已经准备实施进一步地散布虚假事实的行为，不可

❶ 高铭暄、张海梅：《网络诽谤构成诽谤罪之要件——兼评"两高"关于利用信息网络诽谤的解释》，载《国家检察官学院学报》2015 年第 4 期，第 120 页。

❷ 张明楷：《网络诽谤的争议问题探究》，载《中国法学》2015 年第 3 期，第 62 页。

能将这样的捏造行为视为实质上没有法益侵害性的行为。而且，与"捏造并散布"的行为相比，对于单纯"散布行为"一般预防的必要性更低。从司法实践的情况来看，单纯散布虚假信息的行为人可能是基于引人眼球、增加流量等不良动机加以散布，还可能是存在行为人对虚假信息信以为真以至于在善意动机的驱使下加以散布、转发。对这类行为往往施加一定程度的民事或行政制裁，即可实现一般预防的目的。从刑法谦抑性的角度来看，将"单纯散布"虚假信息的行为上升为诽谤罪的实行行为也难言妥当。

其二，还有观点认为，将诽谤罪的实行行为认定为"捏造 + 散布"败坏他人名誉的虚假信息，不足以在网络时代保护国民的名誉法益。张明楷教授指出，如果只有最先捏造事实的行为人才能成立犯罪，而其他人利用已经存在的虚假事实诽谤他人，并不成立诽谤罪的话，那么在捏造人没有散布虚假事实的情形中，就会出现没有任何人承担刑事责任的结果，这显然不利于对名誉权的保护。❶ 笔者认为这一观点也不妥当。首先，在此情形下，没有人承担刑事责任并不表示国民的名誉权就得不到法律保护。对于名誉权保护而言，受害人看重的不仅仅是对侵权人的刑事惩罚，更重要的是其名誉是否能够得到恢复，在侵权人承担民事责任，比如在知名报刊中公开向被害人道歉，即可使其名誉得到恢复的情况下，自然也就无须刑法的介入。那么从法益恢复的角度来讲，对于仅仅散布而没有捏造损害他人信息的人在民事上加以处罚，一般而言也能够保护被害人的名誉权，动用刑罚惩处散布信息的人也不一定能够获得理想的案件效果。其次，有学者提出，在网

---

❶ 张明楷：《网络诽谤的争议问题探究》，载《中国法学》2015 年第 3 期，第 66 页。

络犯罪日益猖獗的背景下，有意败坏他人名誉的行为人，利用网络空间的匿名性实施诽谤行为时，侦查人员经常无法寻找到虚假事实的捏造者，而只能查出散布者，倘若无法查到捏造者就不能对任何虚假信息的转发者定罪的话，显然也不利于法益保护。然而，对于转发者虽然不能构成诽谤罪，但如果其明知他人利用信息网络实施犯罪行为而仍然提供帮助，则可能将其转发行为定性为《刑法》第二百八十七条之二帮助信息网络犯罪活动罪。

第三，从比较法的角度来看，德日等大陆法系国家对于诽谤罪的构成要件也未规定必须有一个在先的捏造行为，但是我们也不能以此为理由来论证诽谤罪属于单行为犯的正当性。《德国刑法典》第 187 条规定："明知为不真实的事实而故意加以断言或散布，因而使他人受到公众蔑视或贬低或有损其声誉的，处 2 年以下自由刑或罚金刑。"❶《日本刑法典》第 230 条规定："公然指摘事实，毁损他人名誉的，不问有无该事实，处三年以下惩役、监禁或者五十万元以下罚金"。❷ 可见，德国、日本等大陆法系国家，毁损名誉罪只是要求通过披露、散布事实贬低他人名誉，而不需要有在先的捏造行为。张明楷教授就此认为，参考大陆法系国家的刑法规定，我们也不应将我国《刑法》中诽谤罪的实行行为解释为复数行为。❸ 但是，我国与德国、日本在违法行为的制裁模式上存在明显的区别，我国在《治安管理处罚法》中已经将很大部分在德、日视为刑事犯罪的行为纳入行政处罚的范围之中。那么，我们对刑法罪名的解释就应当考虑《治安管理处罚法》与《刑法》的协调。笔者认为，在该法第四十二条第（二）项已经将单纯散

❶ 《德国刑法典》，徐久生译，北京大学出版社 2019 年版。

❷ 《日本刑法典》，张明楷译，法律出版社 1998 年版。

❸ 张明楷：《网络诽谤的争议问题探究》，载《中国法学》2015 年第 3 期，第 64 页。

布损害他人名誉虚假信息的行为纳入行政处罚范围的前提下，《刑法》只将"捏造＋散布"这一更为严重的法益侵害行为纳入诽谤罪刑罚处罚的范围，更能体现刑法的谦抑性精神。

三、诽谤罪的行为对象："他人"含义的限缩

除了上文所述有关诽谤罪实行行为的争议，在网络诽谤案件日渐增多的背景下，对于该罪条文中的"他人"应当如何解释的问题也已在学界和实务界引起争议。尽管在 2013 年最高人民法院、最高人民检察院出台的《网络诽谤案件的司法解释》中未对此问题作进一步明确，但我国最高司法机关已经开始关注该问题。最高人民检察院法律政策研究室专门撰文指出，随着国家民主法治建设的不断推进，人民群众的法治意识和政治参与意识不断增强，一些群众从不同角度提出批评、建议，是行使民主权利的表现。部分群众对一些社会消极现象发牢骚、吐怨气，甚至发表一些偏激言论，也在所难免。如果将群众的批评、牢骚以及一些偏激言论一概视作侮辱、诽谤，使用刑罚或治安处罚的方式加以解决，不仅于法无据，而且可能进一步激化矛盾。司法机关和办案人员在办案过程中应当认真研究和正确区分正当批评与侵犯名誉权、批评失实与恶意诽谤之间的法律界限，严格区分罪与非罪的界限；尤其应当强调的是，不能将群众对个别领导干部工作能力、工作绩效的批评、指责甚至过激言论认定为诽谤犯罪，应依法保护公民的言论自由和批评建议权。❶ 可见我国最高司法机关已经在研究维持言论自由与保护名誉之间的平衡问题，尤其是对于实践中大量出现的"诽官"案件，最高司法机关倾向于对《刑法》第二百

---

❶ 最高人民检察院法律政策研究室：《〈关于办理利用信息网络实施诽谤等刑事案件适用法律若干问题的解释〉解读》，载《人民检察》2013 年第 23 期，第 24 页。

四十六条中的"他人"作限制性解释。

我国刑法理论一般认为，诽谤罪条款中的"他人"是指特定的人，虽然不一定非得指名道姓，但也要能够从诽谤的具体内容上合理推知到具体的人。❶ 而且，由于本罪的保护法益是公民的人格名誉权，诽谤的对象不能是法人、团体或组织等单位。❷ 但是，高铭暄先生提出，由于网络犯罪的成本低，隐蔽性与便捷性等特征，在网络上诽谤官员、名人的案件日渐增多，同时我国党政机关也确实存在利用司法弹压百姓言论的现象，值得引起学界关注。❸ 张明楷教授认为，在解释论上没有必要将"公众人物"从本罪中"他人"的范围中排除出去，但我们确实应当对诽谤罪的对象在刑法评价上作进一步的类型化区分。对公众人物的批评，即使存在一些虚假事实，一般也可以阻却违法性。❹ 然而，还有一种观点认为，诽谤公众人物产生的社会危害性更大，不仅不应阻却违法性，反而应当视为情节严重的类型，在刑罚上予以加重。❺ 笔者认为，将"公众人物"完全从诽谤罪的保护对象中排除出去的观点并不正确，我国《宪法》第三十八条规定："中华人民共和国公民的人格尊严不受侵犯。禁止用任何方法对公民进行侮辱、诽谤和诬告陷害。"那么，"公众人物"与普通公民的名誉权都应当得到刑法保护，但笔者也不赞同对"公众人物"的诽谤与对一般人的诽谤应在同等意义上甚至在更为严格的意义上进行刑法

---

❶ 马克昌主编：《百罪通论（上卷）》，北京大学出版社 2014 年版，第 627 页。

❷ 马克昌主编：《百罪通论（上卷）》，北京大学出版社 2014 年版，第 628 页。

❸ 高铭暄、张海梅：《网络诽谤构成诽谤罪之要件——兼评"两高"关于利用信息网络诽谤的解释》，载《国家检察官学院学报》2015 年第 4 期，第 120 页。

❹ 张明楷：《网络诽谤的争议问题探究》，载《中国法学》2015 年第 3 期，第 69 页。

❺ 刘文燕、张天衣：《网络诽谤行为刑法规制的问题与对策》，载《学术交流》2018 年第 10 期，第 96 页。

评价。

其一，在公共政治性话题的讨论过程中，不可避免地要涉及党和政府的各级领导干部，而一般国民在话题展开的过程中不可能保证所阐述的内容在事实上都是完全正确的，法律也不能作这样的要求，否则任何民主商谈都将无法进行。我国《宪法》第四十一条规定："中华人民共和国公民对于任何国家机关和国家工作人员，有提出批评和建议的权利；对于任何国家机关和国家工作人员的违法失职行为，有向有关国家机关提出申诉、控告或检举的权利，但是不得捏造或者歪曲事实进行诬告陷害。"正如有学者所指出的，宪法赋予公民对国家工作人员的批评建议权，在行使的过程中，不可避免地会出现一些表述失实之处，如果等到完全把事实调查清楚才允许公民发言，那么公民的言论自由权和批评建议权就只能沦为法律上的摆设。

其二，从法益衡量的角度来讲，对于公众人物的诽谤也会由于其具有促进民主体制健康发展的积极方面而降低行为的违法性程度。虽然公民的名誉权是一项基本人格权，失去名誉将会给个人乃至家庭带来巨大的痛苦，但是为了保证国家民主体制的正常运行，法律上必须要加大力度保护国民的言论自由权以及对政治人物的批评权。笔者认为，只要不是故意捏造并散布败坏党政工作人员名誉的虚假事实，就不应当动用刑罚。在当今网络社会，一方面网络诽谤官员的案件大量发生，地方政府为了减少此类信息对招商引资、社会维稳等方面的负面影响，不得不调用一定的政府资源应对此类信息；但是也应看到，通过网络曝光官员腐败、不作为等违法违纪的行为，对于反腐倡廉、提高政府工作效率发挥了巨大作用。许多大案要案也往往首先经由网络发酵才引起有关部门的注意。那么，至少对于单纯在网络上散布、转发相关不实信息的行为人而言，不应将之纳入刑事处罚的范围。而对于捏造官员腐败的虚假信息并散布的行为，也应认为其违法性程度低于对一般公民的诽谤，在司法上应当对此类行为人减轻刑事处罚的力度。

其三，公众人物往往掌握着较为丰富的社会资源，与一般人相比，其更有能力在事后实现法益的恢复，亦即通过适当手段消除虚假信息带来的负面影响，为自己恢复名誉。各级党政领导干部显然也具有这方面的能力。正如张明楷教授所言，党政领导干部掌握着一个社会的关键资源，可以较为轻松地为自己正名，当其名誉遭受侵害后能够快速动用各种资源对之予以恢复。❶ 那么，刑法对公众人物名誉的保护必要性就大为降低了。

此外，还应当加以仔细考虑的是，何谓理论上讨论"公众人物"？这个概念本身也存在含糊不清之处。为了给予司法实践更大的明确性，还有必要对其内涵在解释论上作进一步的厘清。不容否认的是，"公众人物"在动用社会资源恢复其名誉的能力上存在差别。如果说党政领导干部在此方面的能力值处于一个极端的话，那么因为偶然事件而成为公众人物的人就处于另一个极端。必须根据法益衡量原理，对"公众人物"的规范本质加以提炼。有学者认为，"公共人物"是指深入参与重要公共问题的解决过程的人，或者由于其名望而能够在公共事件中具有影响的人，前者因其所拥有的权力和影响力而在任何情况下都能被视为"公共人物"，而后者只能在具体案件中考察其是否属于"公共人物"。❷ 还有学者认为，应当对公众人物的范围作出类型化限定：一类是对公务行为或特定利益事项具有决定权或重要影响力的人物；另一

---

❶　张明楷：《网络诽谤的争议问题探究》，载《中国法学》2015 年第 3 期，第 70 页。
❷　张明楷：《网络诽谤的争议问题探究》，载《中国法学》2015 年第 3 期，第 69 页。

类是具有一定社会影响力的人物。❶ 但是这两种观点都未提炼出清晰的区分标准，对于司法实践的帮助作用有限。笔者认为，与诽谤罪的认定相关的"公众人物"必须是与民主政治制度相关的人物，只有与政治公共人物相关的言论才能促进民主政治的完善，即使出现对此类公共人物的诽谤，但由于这类信息对于一个开放的民主社会具有重大政治价值，其不法程度能够被抵销。而与影视、体育明星相关的信息，一般而言并不具有促进社会民主进步的正面价值，因此对此类公共人物诽谤的构罪标准，在《刑法》上应当与对一般人的诽谤作同等的评价。例如，在"朱某遭遇网络诽谤案"中，❷ 作为体育明星的朱某并没有特别多的资源维护自己的名誉，在不得已的情况下向法院提起了刑事自诉，没有必要对犯罪行为人给予刑法上优待的必要。

四、诽谤罪"情节严重"的再解释

"情节严重"是诽谤罪的罪量要件，最高人民法院、最高人民检察院在 2013 年的《网络诽谤案件的司法解释》中对之作了解释。该解释第二条规定，利用信息网络诽谤他人，具有下列情形之一的，应当认定为《刑法》第二百四十六条第一款规定的"情节严重"：（1）同一诽谤信息实际被点击、浏览次数达到五千次以上，或者被转发次数达到五百次以上的；（2）造成被害人或者其

---

❶ 刘文燕、张天衣：《网络诽谤行为刑法规制的问题与对策》，载《学术交流》2018 年第 10 期，第 96 页。

❷ 在东京奥运会上，中国女排整体表现不佳，最终位列小组第五无缘出线，未能跻身八强。这是中国女排自 1984 年洛杉矶奥运会以来的奥运最差战绩。赛后，一些自媒体将矛头指向了中国女排队长朱某，捏造其"私接商业代言，国家队阻拦，朱某罢训"等虚假内容并在网络上散布。参见新浪网：《朱某打官司：严重诽谤他人，得坐牢》，http://k.sina.com.cn/article_7517400647_1c0126e47059026pgn.html，访问日期：2023 年 4 月 21 日。

近亲属精神失常、自残、自杀等严重后果的；（3）2 年内曾因诽谤受过行政处罚，又诽谤他人的；（4）其他情节严重的情形。虽然该解释对诽谤罪"情节严重"的情形作了具体列举，对于统一司法尺度，区分罪与非罪能够在一定程度上起到明确指引的作用，但是自该解释颁布以来，我国刑法学界对该条解释就存在广泛异议。尤其对于"同一诽谤信息实际被点击、浏览次数达到五千次以上，或者被转发次数达到五百次以上"的规定，更是形成了"肯定论"和"否定论"两派之争。高铭暄先生认为，"点击浏览五千次或者转发五百次"的规定基本上是合理的。❶ 而李晓明教授则认为，该项规定有"他人助罪"进而违反责任主义原理的嫌疑。张明楷老师虽然也在"否定论"的阵营中，但却认为该条不仅没有扩大诽谤罪的处罚范围，反而不当缩小了该罪的处罚范围。对这几种代表性观点，有必要加以进一步辨析。

（一）"转发五百次"的解释属于"他人助罪"的观点并不妥当

李晓明教授认为，如果一个人是否构成犯罪由他人或第三方的行为来决定，就不符合我国《刑法》所确立的罪责相当、罪责自负和主客观相统一的原则，也与犯罪构成的基本原理相抵触。按照《网络诽谤的司法解释》第二条第（一）项的规定，同一诽谤信息实际被点击、浏览次数达到五千次以上，或者被转发次数达到五百次以上就成为诽谤罪入罪的标准，但可能出现的问题是，行为人是否达到诽谤罪的入罪标准并不完全由其自己的行为来决定，而可能由其他人的行为推动，甚至最终构罪主要是看他人实

---

❶ 高铭暄、张海梅：《网络诽谤构成诽谤罪之要件——兼评"两高"关于利用信息网络诽谤的解释》，载《国家检察官学院学报》2015 年第 4 期，第 122—123 页。

际点击或转发的次数。倘若有人想陷害最初发布网络诽谤信息的人的话，只要恶意地拼命点击或转发就可以了，这就出现所谓"他人助罪"的问题。❶ 但笔者认为这种观点并不完全正确。

其一，"转发五百次"构成"情节严重"的解释并不违反"自己责任"的刑法原则。李晓明教授认为，行为人在散布诽谤言论之后再由他人恶意转发五百次，被害人名誉受到严重侵害的结果部分是由他人行为所导致的，如果将这种结果全部归属于最初捏造并散布诽谤信息的行为人，则明显违反自己责任原则。但笔者认为，在网络应用高度普及的当今社会，行为人将相关败坏他人名誉的虚假信息发布到网络上之后，广大网民进行点击浏览或转发都属于正常现象，尤其是这些信息往往涉及个人隐私性信息，具有较高的信息敏感性，在网络信息市场中本来就具有比一般信息更大的"博眼球"效果。那么，完全可以认为任何网民的转发、点击使得被害人名誉被进一步侵害的结果，实际上都可以认为是最初散布诽谤信息行为的自然结果。从刑法因果关系理论的角度来看，最初散布诽谤信息行为与被害人名誉经由网络发酵被迅速损害的结果之间具有刑法上的因果关系，其他人的转发、点击行为并不具有可阻断因果流程的"异常性"。这与出租车司机将一个醉酒的乘客独自扔在车流量较大的路口，该醉酒乘客被后面来车撞死的情形类似，虽然死亡结果并非出租车司机的行为直接导致，但是死亡的结果也应归属于该司机。在此类情形中，并不存在所谓"他人助罪"进而违反"自己责任"原则的问题。❷

---

❶ 李晓明：《诽谤行为是否构罪不应由他人的行为来决定——评"网络诽谤"司法解释》，载《政法论坛》2014 年第 1 期，第 186 页。

❷ 相同观点参见杨柳：《"诽谤信息转发 500 次入刑"的法教义学分析——对"网络诽谤"司法解释质疑者的回应》，载《法学》2016 年第 7 期，第 140 页。

　　至于有人可能故意陷害最初散布人，进而疯狂点击让其入罪的否定论观点，笔者认为明显是对该解释的误读。该解释第二条第（一）项要求的是，诽谤信息被实际点击和浏览的次数。如果仅仅一个人在短时间内疯狂点击陷害最初的散布信息人，司法机关完全可以认为这种行为不属于"实际点击"，从而避免不合理定罪结果的出现。将那些恶意多次点击，而实际法益侵害性没有那么大的情况排除出去，也是坚持实质性刑法侵害原理的当然要求。❶

　　其二，"转发五百次"的解释也并不违背主客观相统一的刑法原理。李晓明教授认为，"转发五百次"构成诽谤罪"情节严重"的解释不仅属于"他人助罪"，而且也违反了责任主义中的主观责任原则。刑法理论一般认为，主观原则是指任何人构成犯罪都只能对自己认识到或者能够认识到的犯罪行为承担刑事责任，否则，法益侵害结果只能归属于无人需负刑事责任的意外事件。据此，该论论者认为，当行为人散布了诽谤他人的信息之后，其不可能认识到该信息会被转发五百次或被实际点击五千次以上，那么将这种情节认定为入罪要件，显然属于违反主客观相统一的客观归罪。但笔者认为，"主观责任"原则并非要求行为人对于构成犯罪的客观要素具有完全清晰的认知，而只需具有"认识可能性"即可。例如，在行为人偷窃他人钱包的场合，该钱包里的现金可能达到入罪标准要求的数额，也有可能未达到该数额，但是只要行为人认识到可能达到入罪的标准，对其定罪就不违反主观责任原则。张明楷教授甚至认为，我国《刑法》中的"情节严重""数额较大"等属于"客观超过要素"，根本不需要行为人对之具有主观

---

❶　吴波：《法教义学视角下网络诽谤犯罪的司法认定》，载《华东政法大学学报》2021 年第 3 期，第 185 页。

认识。❶ 正如前文所述，在信息网络已经普及的今天，行为人在捏造并散布诽谤他人的信息时，完全具有认识到该信息可能被网民大量点击浏览或转发的可能性，因此，让行为人为此结果承担刑事责任就不会违反主观责任的原理。

（二）"转发五百次"的规定不当限缩诽谤罪处罚范围的观点也不妥当

张明楷教授也认为最高人民法院、最高人民检察院 2013 年《网络诽谤的司法解释》中有关"转发五百次"构成诽谤罪"情节严重"的解释并不恰当，但其并不认为该解释过度扩大了诽谤罪的刑事处罚范围，相反却认为这一解释未能准确把握网络诽谤的法益侵害性，存在不当限缩诽谤罪打击范围的问题。笔者认为这一观点也不正确。

传统物理空间中的诽谤行为与网络诽谤具有不同的法益侵害特征，我们应当根据其各自的特征单独考量其法益侵害程度的大小，而不应以同样的标准来判断两者的法益侵害性。张明楷教授认为，与现实物理空间中的普通诽谤相比，网络诽谤的法益侵害性更大，如果构成普通诽谤罪没有"转发五百次"的数量要求，对于网络诽谤的入罪而言，就更不应规定这一数量要件。❷ 但是这种观点对于物理空间中的诽谤行为与网络诽谤特征的考量并不恰当。首先，对于传统物理空间中的诽谤而言，即使只是向不特定人较少次数地散布了诽谤他人的信息，与在网络上诽谤他人相比，其法益侵害性也不见得就更轻。例如，当着受害人亲友的面多次捏造受害人卖淫的虚假信息，对受害人名誉的损害显然要远高于

---

❶ 张明楷：《刑法学（第 6 版）（上）》，法律出版社 2021 年版，第 161 页。
❷ 张明楷：《网络诽谤的争议问题探究》，载《中国法学》2015 年第 3 期，第 73 页。

同样次数在网络上的诽谤行为。❶ 在考量名誉法益的侵害程度大小时，我们不仅应将散布次数、人数的因素考虑进来，还应当将诽谤信息散布的对象这一重要因素纳入考量范围。有学者就指出，构成诽谤罪不仅仅考虑的是相关信息被转发的数量，更应从实质上考虑其法益侵害程度。❷ 相比于物理空间中的诽谤而言，在网络空间中转发相关虚假信息时，通常是在陌生人的环境中进行的，其法益侵害性的程度很少会因传播对象是熟人这一要素而在更深层次上被扩大。所以，不能认为传统物理空间中的诽谤行为在入罪标准上无须达到"转发五百次"的数量标准，就当然认为网络诽谤也不应以转发的数量作为构罪标准。也应注意的是，在网络空间散布的诽谤信息也并非一定需要达到相关数量要求，才能对行为人定罪。例如，在同学群、亲友群或者本地熟人群等公共群组、论坛中多次散布诽谤他人的信息的，也可达到该罪的入罪标准。❸

综上所述，最高人民法院、最高人民检察院颁布的《网络诽谤的司法解释》中有关"情节严重"的规定，基本上符合网络时代诽谤行为在法益侵害性上的新特征，能够对相关案件的司法认定起到明确入罪标准的作用。而受到学界广泛批判的"转发五百次"的规定，并不违反刑法的基本原理。尽管如此，司法人员在办理网络诽谤案件的过程中，也不能将考察眼光机械地放在数量

---

❶ 比如，在"合肥艾滋女案"中，因为行为人的诽谤行为发生在网络中，并未在受害人的亲友群等熟人网络传播，点击和转发次数也较低，行为人只被处以行政拘留的处罚。

❷ 段启俊、郑洋：《网络诽谤犯罪若干问题研究》，载《湖南大学学报》（社会科学版）2016 年第 5 期，第 139 页。

❸ 相同观点也可参见刘文燕、张天衣：《网络诽谤行为刑法规制的问题与对策》，载《学术交流》2018 年第 10 期，第 95 页。

标准上，还要在具体案件中对其他一些影响法益侵害性大小的因素加以考量，综合认定是否具有动用刑事处罚的必要性。

五、诽谤案件"自诉转公诉"的条件

《刑法》第二百四十六条第二款还规定："前款罪，告诉的才处理，但是严重危害社会秩序和国家利益的除外。"对于该款中的"告诉才处理"该如何理解，在理论与司法实践中也存在争议。在我国的司法实践中，存在司法机关以诽谤罪属于自诉案件为由拒绝对之进行调查、立案的问题。然而该款中的"告诉的才处理"，并不一定意味着只有受害人向人民法院起诉，才能进入刑事司法程序。易延友教授也认为，告诉才处理并不意味着只有向法院告诉才处理，告诉才处理的案件既可以是自诉案件也可以是公诉案件，如果被害人向公安机关告诉的，公安机关就应当立案侦查，达到移送起诉标准的，应当移交给检察院审查起诉。❶ 笔者赞同这种解释论观点，这样理解"告诉才处理"，能够在一定程度上解决"告诉才处理"罪名的案件中自诉人利益保护不周的问题。

司法实践中争议更大的问题还在于如何理解该款中的"严重危害社会秩序和国家利益的除外"。司法实践中经常出现地方官员以该款为据，要求检察机关对诽谤官员的行为人提起刑事诉讼程序的现象。赋予检察机关在"告诉才处理"的案件中主动提起公诉权的目的在于，这类案件同时侵害了社会公共利益。即使自诉人不提起刑事诉讼，检察机关基于维护社会公共利益的目的也应当主动提起刑事公诉程序。问题的关键在于检察机关积极履行职能维护公益的同时又该如何防止其滥用这一权力。《网络诽谤的司

---

❶ 易延友：《刑事诉讼法》，法律出版社 2019 年版，第 518 页。

法解释》第三条规定对此也作了进一步明确，即利用信息网络诽谤他人，具有下列情形之一的，应当认定为《刑法》第二百四十六第二款规定的"严重危害社会秩序和国家利益"：（一）引发群体性事件的；（二）引发公共秩序混乱的；（三）引发民主、宗教冲突的；（四）诽谤多人，造成恶劣社会影响的；（五）损害国家形象、严重危害国家利益的；　（六）造成恶劣国际影响的；（七）其他严重危害社会秩序和国家利益的情形。但是该解释仍然没有能够对实践中的一些争议激烈的问题作出有效回应。金鸿浩博士即指出："严重危害社会秩序和国家利益"的司法解释本身缺乏解释力和可操作性，部分规定存在同义反复或近义解释的问题。例如，在解释"危害国家利益"时，将"损害国家形象，严重危害国家利益"单独列举为一种情形，这种解释几乎就是没有解释的套套逻辑。[1] 而在解释"严重危害社会秩序"时，将之解释为"造成恶劣社会影响"和"引发公共秩序混乱的"，这又等于是在司法解释上用一个不明晰的概念解释了另一个不明晰的概念，无法真正起到统一法律适用的功能。[2]

（一）诽谤导致被害人自杀的情形

我国刑法传统理论一般认为，因诽谤行为导致被害人自杀的情形，属于诽谤罪条文中的"严重危害社会秩序"。马克昌先生即指出，如因诽谤引起被害人死亡；引起当地群众公愤；诽谤外国人影响国际关系等，属于"严重危害社会秩序和国家利益"，如果

---

[1] 金鸿浩：《论互联网时代诽谤罪的公诉范围》，载《政治与法律》2021 年第 3 期，第 151 页。

[2] 金鸿浩：《论互联网时代诽谤罪的公诉范围》，载《政治与法律》2021 年第 3 期，第 151 页。

受害人不告诉或不能告诉,人民检察院应提起公诉。❶ 张明楷教授也认为,"因侮辱、诽谤行为引起被害人自杀身亡或者精神失常等后果,被害人丧失自诉能力的,应归入严重危害社会秩序的情形。"❷ 但是在司法实践中,被害人自杀身亡后,相关诽谤案件并未被提起公诉的情况较为普遍。比如,从 2015 年至 2019 年裁判文书网上公开的 188 个诽谤案件来看,对多数诽谤导致受害人自杀死亡的案件并未采取公诉方式。❸ 一个重要的原因可能是,2013 年《网络诽谤的司法解释》并未将"导致被害人死亡"明确列举为"严重危害社会秩序"的情形。笔者认为,对于因诽谤行为引起被害人自杀的情形,不能一概认为应当从自诉程序转为公诉程序,司法机关应当在具体案件中根据法益平衡的原理作出裁量。

其一,我国《刑法》第九十八条规定:"本法所称告诉才处理,是指被害人告诉才处理。如果被害人因受强制、威吓无法告诉的,人民检察院和被害人的近亲属也可以告诉。"既然对于被害人因受到行为人的强制、威吓无法告诉的情形,都可以转为公诉案件,那么当出现被害人死亡结果时,被害人已经事实上无法告诉,根据当然解释的原理,当然可以由人民检察院提起公诉。从保护受害人的角度来讲,公安、检察机关在证据收集与保全、刑事诉讼程序的掌控等方面,拥有自然人无法比拟的专业能力,这就使得将自诉案件转为公诉案件,公权力部门的介入将会明显提升对受害人的保护程度,有助于正义的尽快恢复。在诽谤行为已经导致被害人死亡的结果时,诽谤行为不仅侵害被害人的个人法

---

❶ 马克昌主编:《百罪通论(上卷)》,北京大学出版社 2014 年版,第 630 页。
❷ 张明楷,张明楷:《刑法学(第 6 版)(下)》,法律出版社 2021 年版,第 1199 页。
❸ 金鸿浩:《论互联网时代诽谤罪的公诉范围》,载《政治与法律》2021 年第 3 期,第 156 页。

益，如果没有公权力部门提取公诉，整体社会的利益都将受损。在被害人的近亲属不主动提起告诉的情形下，司法机关不应坐视不管，而应主动查明被害人近亲属不主动提起刑事程序的原因，如果其不能提出令人信服的理由，检察机关就应积极介入并提起刑事公诉程序。

其二，尽管在通常情况下，"诽谤行为致使被害人自杀"应当被认定为"严重危害社会秩序"的情形，但司法机关也不能直接将之认定为公诉案件，否则就不能体现诽谤罪是"告诉才处理"案件的特征。在我国《刑法》中，立法者将侮辱罪、诽谤罪、虐待罪、暴力干涉婚姻自由罪以及侵占罪规定为"告诉乃论之罪"，其立法目的在于，此类案件中的行为人与受害人之间往往具有密切的社会生活关系，如果一概地直接由检察机关提起公诉，尽管从事件本身的性质来看可能实现了正义，但是从案件后续效果上看可能并不能实现"案结事了"、促进社会关系的真正恢复，有时甚至会导致受害人的生活境况进一步恶化。所以即使在造成"被害人自杀"这种极端情况下，司法机关也不能直接提起刑事诉讼，而应当从实质上考察司法权介入的必要性。从我国《刑法》第九十八条的规定来看，也只是说在被害人因受强制、威吓无法告诉的情形下检察机关可以提起告诉，而非应当告诉。笔者认为该规定具有实质意义上的合理性，赋予了检察机关在具体案件中的自由裁量权。司法机关在查明被害人近亲属不提起诉讼的具体原因后，如果该原因并不是出于保护法益的目的，比如为了防止受害人的名誉被进一步侵害等，检察机关才可以提起公诉。换言之，对于此类案件并不是一概地可以从自诉转为公诉，司法机关仍然应当将受害人及其近亲属的告诉权放在更为优先的地位上。

（二）诽谤党政领导干部的情形

近年来，"网络诽谤官员案"大量出现，在一些案件中，地方司法机关存在明显滥用刑事处罚权的现象，在一定程度上损害了司法公信力。此类案件经常成为社会舆论的焦点，但可惜的是，2013 年的《网络诽谤的司法解释》回避了这一敏感问题。司法人员可能延续一直以来的审判逻辑，即将"国家利益"理解为国家管理的权威和国家机关的形象，而党政领导干部是国家机关的代表，因此侵犯党政领导干部名誉权就是对国家机关形象的抹黑，进而认定为"严重危害国家利益"。[1] 在前文中，笔者已经论证"党政领导干部"应当被排除在诽谤罪对象的范围之中，在解释论上不认为其属于本罪条文中的"他人"，按照这种观点，"诽官案件"根本就不具有刑事不法性，而不会继续讨论此类案件是"告诉乃论"还是可以转为公诉案件的问题。但即使在解释论上并未将"党政官员"从"他人"的范围中排除出去，笔者认为也不应将"诽谤党政领导干部"的情形认定为"严重危害社会秩序和国家利益"，进而可以将该类案件转为公诉案件。

其一，在我国当前的地方政治生态中，党政领导干部干预司法的现象时有发生，这种现象已经给司法公信力带来严重损害。在"严重危害社会秩序和国家利益"的规范内涵并不十分确定的情况下，党政官员拥有很大能力左右司法机关对该条文的解释与具体适用。倘若进一步允许党政官员滥用刑罚权维护自身的名誉，必然会进一步损害司法公信力，加剧普通百姓的"仇官"心理。

其二，国民在参与公共话题的讨论过程中，不可避免地会涉

---

[1] 金鸿浩：《论互联网时代诽谤罪的公诉范围》，载《政治与法律》2021 年第 3 期，第 152 页。

及党政领导干部，在相关虚假言论损害党政领导干部名誉时，不应当将之视为"严重危害社会秩序和国家利益"的信息，否则就与宪法上鼓励国民批评、检举政治人物不当行为的民主价值观念相冲突。正是在此意义上，有学者甚至认为，如果有司法机关将此类言论认为是"危害社会秩序和国家利益"的言论，司法机关的行为应被认定为违宪行为。❶

其三，从诽官行为的后果上来看，国民在网络上通过对官员行为的批评、检举往往成为反腐线索的来源，对构建有效的反腐倡廉机制具有正面价值。而且考虑到党政领导干部具有广泛的社会资源为自己恢复名誉，各级官员在面对网络批评甚至侮辱、诽谤的言论时，也要比普通国民具有更高的忍耐度。

（三）对"引发公共秩序混乱"的理解

在"杭州取快递女子被造谣出轨案"中，检察机关认为，相关视频材料在网络上传播、发酵，案件情势发生了变化，郎某、何某的行为不仅损害了被害人的人格权，而且经网络空间这个特定社会领域得以迅速传播，严重扰乱了网络社会的公共秩序，给广大公众造成不安全感，属于我国《刑法》第二百四十六条第二款规定的"严重危害社会秩序"的情形，应当按照公诉程序予以追诉。❷ 然而，是否在网络上诽谤他人，就一定属于《网络诽谤的司法解释》中第三条第二项规定的"引发公共秩序混乱"的情形呢？这个问题值得在理论上予以进一步分析。

其一，《网络诽谤的司法解释》第三条第（二）项中规定的

❶ 郑海平：《网络诽谤刑法规制的合宪性调适——以 2014—2018 年间的 151 份裁判文书为样本》，载《华东政法大学学报》2019 年第 3 期，第 66 页。

❷ 最高人民检察院网站：《2020 年度十大法律监督案例》，https：//www. spp. gov. cn/spp/zdgz/202101/t20210124_507272. shtml，访问日期：2023 年 4 月 23 日。

"引发公共秩序混乱"指的是引起物理空间中生产生活秩序混乱的情形，而不应包括网络空间的公共秩序混乱。❶ 网络空间的秩序具有无形性，实际上很难说网络空间中的秩序是否混乱，在一些极端自由派学者看来，网络空间本来就没有秩序可言。笔者虽然不赞同这种观点，但也不认为在网络上发布违法言论，会造成网络空间公共秩序的混乱。因为在网络中发布违法信息虽然属于违法行为，但是网络本来就是一个虚拟的言论场所，各种错误乃至虚假信息在其中传播属于正常状态，虽然其也具有社会危害性，但我们只能说其侵害的是现实空间中的法益，而不是网络空间的公共秩序。换言之，将网络空间的言论秩序视为"公共秩序"，并不符合网络作为言论空间的特性。如果相关言论侵害了刑法法益，司法机关完全可以利用传统罪名加以规制。而将"网络空间公共秩序的混乱"认定为"引发公共秩序混乱"，显然是司法机关在具体案件中对诽谤罪"自诉转公诉"案件范围的再一次扩张。

其二，司法机关将"破坏公众安全感"作为认定"严重扰乱社会秩序"的因素，显然也不科学。"杭州取快递女子被造谣出轨案"发生后，有实务专家即指出，如今网络已经融入人们生活的方方面面，网络诽谤信息涉及面广、浏览量大，一旦扩散，往往造成较大社会影响。与传统的发生在熟人之间、社区之内传播的诽谤案件不同，通过网络诽谤他人，诽谤信息经由网络广泛传播，严重损害被害人人格权，如果破坏了公序良俗和公众安全感，严重扰乱网络社会公共秩序的，应当认定为《解释》第三条第（七）项规定的"其他严重危害社会秩序和国家利益的情形"，进而由国

---

❶ 相同观点参见段启俊、郑洋：《网络诽谤犯罪若干问题研究》，载《湖南大学学报（社会科学版）》2016 年第 5 期，第 139 页。

家公权力机关行使诉权。❶ 然而，从我国《刑法》分则侵犯社会秩序类犯罪的具体规定来看，社会秩序一般包括交通秩序、生产秩序、教学秩序等现实物理空间中的生产、生活秩序。例如，《刑法》第二百九十条规定，聚众扰乱社会秩序，情节严重，致使工作、生产、营业和教学、科研、医疗无法进行，造成严重损失的，对首要分子，处三年以上七年以下有期徒刑。实际上，我国《刑法》中规定的社会秩序，都是能够由客观事实表征的秩序，如果其受到破坏，国民的社会生活将立即陷入混乱。但是所谓"内心的安全感"受到破坏属于纯粹主观的内在要素，不仅难以证明，而且与我国《刑法》中对社会秩序的传统认定方式不符。在"杭州取快递女子被造谣出轨案"中，即使该案符合"自诉转公诉"的条件，也不能以相关行为对"公众安全感"的影响作为判断标准。

六、结论

信息网络时代，诽谤犯罪和其他犯罪一样出现了迅速"网络化"的趋势，这就使得我国司法机关在法律适用的过程中有必要对诽谤罪条款作出符合时代的新解释。然而在2013年最高人民法院、最高人民检察院出台《网络诽谤刑事案件的解释》后，相关解释却引起了学界的激烈争议。因此有必要从理论上对该解释引起的争议问题作进一步的分析与澄清。在对现有研究进行梳理的基础上，笔者提出了以下几点解释论观点：①从刑法谦抑性以及我国治安处罚与刑事处罚相结合的双层制裁体系的现状来看，仍然应将诽谤罪的实行行为认定为"捏造＋散布"的复合行为，而

❶ 陈国庆：《利用信息网络侵犯公民人格权行为的刑法规制》，载《中国刑事法杂志》2022年第2期，第11页。

非单纯的"散布"行为。②由于"公众人物"具有比普通公众更广泛的社会资源为自己恢复名誉，因此在刑法评价上要进行区分。对"党政官员"的诽谤予以容忍在一定程度上具有促进民主政治进步的正面价值，一般不应将"党政官员"纳入诽谤罪的行为对象。但诸如影视、体育明星等各领域中的"公众人物"，虽然也具有更强的能力为自己恢复名誉，对此类人的诽谤不具有在民主政治方面的积极意义，因此不应绝对地将之从诽谤罪的行为对象中排除。③2013 年最高人民法院、最高人民检察院《网络诽谤刑事案件的解释》中将"转发五百次"列为诽谤罪构罪的数量要件具有妥当性。部分学者认为该规定具有"他人助罪"性质的观点错误理解了《刑法》中的"自己责任"，只要行为人散布诽谤信息与被转发五百次之间具有刑法意义上的因果关系，就应当对此后果负责。同时，由于网络诽谤一般发生在陌生人环境之中，与物理空间中的诽谤行为相比，少量的点击、转发很难达到需要科以刑事处罚的不法程度，因此也不能认为该规定会不当限制刑法规制网络诽谤的范围。④应当严格限制适用本罪"自诉转公诉"的程序，原则上不应将诽谤党政领导干部的情形纳入公诉案件范围；也不应将"公众安全感"的降低作为网络诽谤类案件"自诉转公诉"的实质判断标准。

第四章

网络虚拟财产的刑法保护
路径研究

一、问题的提出

随着网络虚拟财产的价值日益增大，非法窃取网络虚拟财产的案件开始大量出现。但是，我国刑法学界对于此类行为的定性，还存在很大争议。目前，"网络虚拟财产"这一概念，在法律上还没有一个统一的定义。广义上，将虚拟货币、游戏装备和网络账号，都视为网络虚拟财产。❶ 本书赞同，具有价值性以及管理与交易可能性的网络空间虚拟物，都可以被称为网络虚拟财产。本书正是在此意义上，使用这一概念。

2009 年我国《刑法修正案（七）》颁布前，司法实务界对窃取网络虚拟财产行为的定性情况非常

---

❶ 狭义上的网络虚拟财产，仅指虚拟货币和游戏装备等"物品类"的虚拟物；而"账号类"的虚拟物被排除在外。

混乱，而在该修正案出台后，司法实务界以及刑法学界对此类案件的定性分歧聚焦于应定盗窃罪，还是定非法获取计算机信息系统数据罪的问题。2013 年，最高人民法院表态，认为在目前情况下，对此类案件按照非法获取计算机信息系统数据罪定性更为合适。❶ 从此之后，在我国司法实务中，坚持以财产犯罪的盗窃罪定性的非法获取网络虚拟财产的案件开始明显减少，大部分案件中，法官都倾向于采用非法获取计算机信息系统数据罪来定性。与实务界的情况相反，我国刑法学界对此问题的争议，非但未因这次最高司法机关的"准官方"表态而停息，反而更趋激烈。直至目前，仍然难见理论对立的缓和。

以刘明祥教授为代表的一方，认为网络虚拟财产的本质是"电磁数据"，而非"财物"，对此类案件应定性为非法获取计算机信息系统数据罪。❷ 但是，如此定性的话，我国《刑法》中"财物"概念的内涵将趋于分裂。以张明楷教授为代表的另一方，认为对此类案件，应以传统财产犯罪中的盗窃罪定性。❸ 但是，若如此处理，又会产生刑罚处罚过重的问题。比如在学界已多次讨论的"岳某伟案"中，岳某伟通过购买他人游戏账号和密码的方式，非法侵入他人游戏账号，窃取其中的游戏币 7.9 亿个，销售牟利逾 72 万元。❹ 如果按盗窃罪定性，根据目前的量刑标准，其将至少被判处 10 年以上有期徒刑。毋庸置疑，这一结果显得过于严苛。陈

---

❶ 胡云腾、周家海、周海洋：《〈关于办理盗窃刑事案件适用法律若干问题的解释〉的理解与适用》，载《人民司法》2014 年第 15 期，第 25 页。

❷ 刘明祥：《窃取网络虚拟财产行为定性探究》，载《法学》2016 年第 1 期。

❸ 张明楷：《非法窃取虚拟财产的行为性质》，载《法学》2015 年第 3 期。

❹ 岳某伟等人非法获取计算机信息系统数据案，(2014) 宿中刑终字第 0055 号。

兴良教授认为，这两个罪名应成立想象竞合关系。❶ 即使按照想象竞合的处罚原理，仍然会出现刑罚过于严苛的局面。在分析不同观点后，本书提出，对于窃取网络虚拟财产的案件，应以盗窃罪和非法获取计算机信息系统数据罪的法条竞合来定性。如此处理，不仅能够避免我国《刑法》中"财物"概念内涵的分裂，而且也能够实现刑罚处罚上的妥当性。鉴于此，本书将在第一部分和第二部分中，对否定成立盗窃罪，以及否定成立非法获取计算机信息系统数据罪的核心观点进行反驳；第三部分对本书提出的两罪之间应构成法条竞合的观点进行论证。最后，给出简短的结论。

二、否定成立盗窃罪观点之反驳

（一）"网络虚拟财产"应当被解释为盗窃罪条款中的"财物"

刘明祥教授认为，网络虚拟财产的本质属性是"电磁数据"，其与金钱财物等有体物，电力燃气等无体物均存在显著差别，不能被解释为我国财产犯罪条文中的"财物"。❷ 若扩大盗窃罪"财物"的范围，将网络虚拟财产解释进来，则会进一步加剧我国《刑法》中"财物"概念的模糊化，与罪刑法定的原则相悖。❸ 本

---

❶ 陈兴良：《虚拟财产的刑法属性及其保护路径》，载《中国法学》2017 年第 2 期，第 162 页。

❷ 刘明祥：《窃取网络虚拟财产行为定性探究》，载《法学》2016 年第 1 期，第156—157 页。亦参见胡云腾、周家海、周海洋：《〈关于办理盗窃刑事案件适用法律若干问题的解释〉的理解与适用》，载《人民司法》2014 年第 15 期，第25 页。

❸ 刘明祥：《窃取网络虚拟财产行为定性探究》，载《法学》2016 年第 1 期，第156—158 页。

书认为，在《刑法》解释中，基于罪刑法定原则的要求，确实应当持守严格解释的立场，但是，严格解释并不等于禁止解释，为刑法所不允许的是类推解释而非扩大解释。相反，在社会生活发生变迁时，根据刑法目的，积极地作出扩大解释非常必要。就网络虚拟财产是否可以被解释为盗窃罪条文中的"财物"概念而言，应当从这一解释的可行性与必要性两方面分析。

第一，将网络虚拟财产解释进我国《刑法》"财物"的概念，并不会突破扩大解释的界限，而违反罪刑法定原则。刑法学通说认为，在区分扩张解释与类推解释时，"法条用语的可能含义"和"一般国民的预测可能性"是两条判断标准。❶ 首先，就"法条用语的可能含义"而言，中文中的"财物"，是指具有财产性的物，至于物的范围，从文义上来看，并未作出限定。亦即，既可包括有形物，也可包括无形物。在我国司法实务中，一直以来都将电力、煤气、天然气等无形物作为盗窃罪的对象看待。因此，在我国《刑法》中，财物的范围从未被限定为有体物。那么，具有财产价值的网络虚拟财产，被视为我国《刑法》中的"财物"，在文义上不存在任何障碍。其次，就"一般国民的预测可能性"而言，我国社会已经进入信息网络时代，一般国民对网络虚拟财产的认可度逐年提高。在日常生活中，普通公民不仅将虚拟货币、游戏装备等称为虚拟财产，而且社会公众对虚拟财产的争夺也日趋激烈。在此社会背景下，将网络虚拟财产解释为我国《刑法》财产犯罪对象的"财物"，不会与一般公众的预测可能性相悖。基于此，对盗窃罪条文中的"财物"概念予以扩大解释，就不应被认为是类推解释，而具有解释上的可行性。

---

❶ 欧阳本祺：《论网络时代刑法解释的限度》，载《中国法学》2017 年第 3 期，第 172 页。

应予说明的是，反对上述扩大解释论的学者，经常从比较法的角度提出疑问。比如，在德国，为了解决处罚窃取电力行为必要性的问题，在《刑法典》中专门增设一款"盗用电力罪"。❶ 在日本，同样为解决处罚窃取无体物必要性的问题，在盗窃罪一章中，增设一条法律拟制条款，规定电气也视为财物。❷ 意大利采取了与日本相同的立法例。❸ 可见，大陆法系国家的刑法理论，都坚持"财物"的有体性原则。因此，在解释我国盗窃罪中的财物概念时，也应采取严格解释的立场。应当说，德日的立法例，虽然采取的具体方式不同，但无疑，都是为了将"财物"限定在明确的有体物范围内，与罪刑法定的精神相一致。但是，在我国目前不具有德日立法例的情况下，仍坚持和他们一致的解释立场，将显得不切实际。如上提及的，我国司法实践中，也从未坚持对财物的有体物解释原则。因此，正如陈兴良教授所强调的，刑法解释必须在本国的语言环境和法律环境的基础上展开。❹

第二，随着侵犯网络虚拟财产案件的增多以及类型的多样化，将网络虚拟财产解释为我国刑法财产犯罪的"财物"，不仅具有可行性，而且具有必要性。目前，不仅出现大量窃取他人账号中虚拟财产的案件，而且出现了为数不少的侵占他人虚拟财产的案件，甚至也已经出现抢劫他人网络虚拟财产的情况。❺ 如果我们不承认

---

❶ 《德国刑法》第 248 条 C。徐久生、庄敬华译：《德国刑法典》（2002 年修订），中国方正出版社 2004 年版。

❷ 《日本刑法》第 245 条。张明楷译：《日本刑法典》（第 2 版），法律出版社 2006 年版。

❸ 《意大利刑法》第 624 条第 2 款，黄风译：《最新意大利刑法典》，法律出版社 2007 年版。

❹ 陈兴良：《虚拟财产的刑法属性及其保护路径》，载《中国法学》2017 年第 2 期，第 149 页。

❺ 霍仕明、张国强：《虚拟财产遭遇真实抢劫的量刑困惑》，载《法制日报》2009 年 6 月 4 日，第 9 版。

虚拟财产的财物属性，对这些具有处罚必要性的行为，将出现无法利用刑法罪名定罪处罚的情形。此外，有人可能提出，在出现侵占、抢劫虚拟案件的情况时，我们可以将虚拟案件认定为财物，而在盗窃虚拟案件，我们完全可以不将其认定为财物，因为，在我国刑法理论中，也有观点认为，财产性利益不能被盗窃，但是可以被侵占和抢劫的情形。[1] 但是，笔者并不赞成这种做法。因为，如果我们一方面承认虚拟财产是侵占罪和抢劫罪中的财物，另一方面又不承认其是盗窃罪中的财物，这样做，将无异于人为造成我国《刑法》中的同一概念在解释上被分裂的状态。总之，本书认为，网络虚拟财产应当被解释为我国刑法财产犯罪对象的财物。

（二）窃取网络虚拟财产的行为并非"观念性"的财产占有与转移

还有学者提出，窃取网络虚拟财产的行为之所以不能以盗窃罪定性，其原因不在于网络虚拟财产不可以被解释为财物，而是由于窃取网络虚拟财产的行为本身，不符合盗窃罪的客观行为要件。[2] 按照盗窃罪的刑法教义学，盗窃罪的客观行为要件表现为现实性的财产的占有与转移，亦即行为人必须打破一项占有，并建立一项新的占有。但是，徐凌波研究员认为，在窃取网络虚拟财产的情形中，财物的占有与转移都是观念性的，基于特定物理时空关系的现实性财产占有与转移并未发生。[3] 那么，此类行为就不

---

[1] 我国刑法学界对于财产性利益能否成为盗窃对象的争论，参见黎宏：《论盗窃财产性利益》，载《清华法学》2013 年第 6 期。

[2] 徐凌波：《虚拟财产犯罪的教义学展开》，载《法学家》2017 年第 4 期，第 53 页。

[3] 徐凌波：《虚拟财产犯罪的教义学展开》，载《法学家》2017 年第 4 期，第 53 页。

能以盗窃罪定性。

　　窃取网络虚拟财产的行为，究竟是否可被归类为观念性的财产占有与转移的行为，我们应当首先对所谓观念性占有与转移的概念予以明确。众所周知，"观念性占有"本是民法中的概念，有"观念占有"就会相应地产生"观念转移"。所谓"观念性占有"，是指不对占有物进行实际控制的占有，包括间接占有、辅助占有等具体形态。❶ 目前，大陆法系的许多国家都在其民法典中规定了间接占有、辅助占有等占有形态。据此，王利明教授指出，占有人对财物现实占有的"占有客观说"已不能成立，民法中的占有概念已经彻底观念化了。❷ 然而，观念性占有的概念在引入刑法时，出现了很大的阻碍。比如，如果承认间接占有也是刑法上的占有，那么直接占有人侵占占有物的案件，也可能被定性为直接占有人对间接占有人之物的盗窃。这就会出现车浩教授指出的结果，亦即，如果在刑法教义学中承认观念性占有，将意味着只要存在一个权益损害的后果，就能从观念占有中得出一个"占有被打破"的结论，那么，盗窃罪即有成为其他财产犯罪之兜底性条款的危险。❸

　　但是，首先应指出的是，窃取网络虚拟财产的行为，是否为民法中所讲的观念性的财产占有与转移呢？笔者持否定态度。事实上，网络用户对其虚拟财产的占有，与间接占有或占有辅助存在根本性的差异。在间接占有或占有辅助的情形中，强调的是财

---

❶　王利明：《物权法研究（下卷）》，中国人民大学出版社 2016 年版，第 1472—1477 页。

❷　王利明：《物权法研究（下卷）》，中国人民大学出版社 2016 年版，第 1472—1477 页。

❸　车浩：《占有概念的二重性：事实与规范》，载《中外法学》2014 年第 5 期，第 1216 页。

物所有人和现实占有人之间的双重占有，以此实现对财物所有人的进一步法律上的保护。但是，网络用户并不与其他用户分享对财物的占有与控制权，相对于其他用户而言，其通过为其账号设置密码的方式，能够实现对其中虚拟财产的独占。并且这种占有，是其他用户所不能打破的。因此，不能认为网络用户对其虚拟财产的占有，是刑法所难以接受的民法中的观念性占有，那么，自然也就不存在观念性转移的问题了。

其次，也不能仅仅因为窃取网络虚拟财产的行为发生在虚拟的网络空间中，就将其等同于观念性的财产占有与转移。徐凌波研究员认为，"虽然虚拟财产在不同账户之间的控制转换，在日常语言中表达为'转移'，但实际上发生的，仅仅是一方账户虚拟财产的增加，与另一方账户虚拟财产的减少，一个以时空关系为基础的占有转移并未发生。"❶ 就此，其认为窃取网络虚拟财产的行为，只发生观念上的财产占有与转移。可是，发生在网络空间中的财产占有与转移，也是在特定时空关系中发生的。我们知道，网络虚拟财产都存储于网络服务提供商提供的特定物理磁盘空间中，当虚拟财产被转移时，其物理上的存储位置也一定发生变化，我们不能因为其未发生在传统空间，不能为我们的肉眼所察觉，就否定其转移的现实性。正如有学者所指出，我们将网络空间称为虚拟空间，并非因为其真的是虚拟的、不存在的，而只是为了将虚拟空间与传统空间区别开来而已。再者，一项财产占有与转移，是否具有现实性，也不应当仅以"时空关系"为判断标准，而是应该根据刑法教义学所形成的理论来判明。众所周知，在刑法教义学中，盗窃罪中的"占有"，指的并非是对占有物的"现实

---

❶ 徐凌波：《虚拟财产犯罪的教义学展开》，载《法学家》2017 年第 4 期，第 53 页。

持有或握有",而是指对占有物在"事实上的支配"。❶ 正如上文所述,网络用户为其账户设置密码,完全能够排除其他网络用户的干扰,实现对其中虚拟财产的排他性占有、使用与交易,实质上已经符合刑法上对占有物具有"管理可能性"的要求。当不法行为人入侵某账号,并将其中的虚拟财产窃走时,一项旧的占有被打破,一项新的占有已然被建立起来。有人可能提出,此时,被窃取的虚拟财产仍然在网络服务商提供的系统之中,没有被转移出去。但是,站在被害网络用户的立场上来看,其对相关虚拟财产的独占性已经被现实性地破坏了。因此,也可以说,窃取行为既遂。总之,本书认为,窃取网络虚拟财产的行为,在客观上符合盗窃罪的行为模式,并不是所谓的观念性财产占有与转移。

三、否定成立非法获取计算机信息系统数据罪观点之反驳

与否定成立盗窃罪的观点相比,学界还存在另一种与之对立的、否定成立非法获取计算机信息系统数据罪的观点。尽管这种观点在实务界不受欢迎,但在刑法学界得到了较多的支持。比如,张明楷教授认为,窃取网络虚拟财产的行为应以盗窃罪定性。令人费解的是,张明楷教授虽然同时承认网络虚拟财产的财物属性与计算机信息系统数据属性,但是却未解释,窃取网络虚拟财产的行为,为何不能定性为非法获取计算机信息系统数据罪。❷ 杨志琼博士则提出了一种较有影响的观点,通过对 2009 年以来,实践中发生的以非法获取计算机信息系统数据罪定罪的案件进行统计

---

❶ [日] 前田雅英:《日本刑法各论》,董璠兴译,五南图书出版公司 2001 年版,第 175 页。亦参见张明楷:《刑法学(第 5 版)》,法律出版社 2016 年版,第 945 页。

❷ 张明楷:《非法窃取虚拟财产的行为性质》,载《法学》2015 年第 3 期,第14 页。

分析，她提出，在我国目前的司法实务中已经出现了非法获取计算机信息系统数据罪"口袋化"的严重倾向。❶据此，她提出，应根据法益保护原则，将侵犯传统法益的犯罪从该罪的适用范围中剥离出去，即应对非法获取计算机信息系统数据罪中的"数据"进行限制解释，将表征传统法益的虚拟财产、个人信息等数据排除在外。❷姚万勤博士也指出，非法获取计算机信息系统数据罪保护的是公共秩序法益，窃取网络虚拟财产的行为侵犯的是私人财产法益，用保护公法益的罪名惩处侵犯私法益的行为，显然不合适。❸可是，是否能根据本罪保护法益的性质，将虚拟财产从该罪的适用范围中排除呢？本书持怀疑态度。

首先，刑罚条文虽然在法益思想的指导下制定，但在立法完成后，各个条文的保护法益也是解释的结果。❹姚万勤博士认为，非法获取计算机信息系统数据罪被规定在我国《刑法》分则的第六章，即"妨害社会管理秩序罪"一章中，那么，该罪名保护的法益就应是公共秩序性质的。❺这一解释得到大多数学者的赞同。我们一般也认为该罪的保护法益是计算机信息系统安全法益。但是即使如此，也不能排除将该罪名的法益解释为复合性法益的可能性。因为，首先，在我国的立法体例中，许多被规定在公共秩

---

❶ 杨志琼：《非法获取计算机信息系统数据罪"口袋化"的实证分析及其处理路径》，载《法学评论》2018 年第 6 期，第 168 页。

❷ 杨志琼：《非法获取计算机信息系统数据罪"口袋化"的实证分析及其处理路径》，载《法学评论》2018 年第 6 期，第 168 页。

❸ 姚万勤：《盗窃网络虚拟财产行为定性的教义学分析——兼与刘明祥教授商榷》，载《当代法学》2017 年第 4 期，第 78 页。

❹ [德] 卡尔·拉伦茨：《法学方法论》，陈爱娥译，商务印书馆 2003 年版，第 211—212 页。

❺ 姚万勤：《盗窃网络虚拟财产行为定性的教义学分析——兼与刘明祥教授商榷》，载《当代法学》2017 年第 4 期，第 78 页。

序罪章之下的罪名，都被认为保护的是复合法益。比如，使用假币罪被规定在"破坏金融管理秩序罪"一节之下，通说认为，该罪保护的法益既包括国家货币管理秩序，也包括公民的财产法益。"金融诈骗罪"一节之下的若干罪名的保护法益，也被认定为复合性质的。那么，我们也完全可以将非法获取计算机信息系统数据罪，解释为保护复合性法益的罪名。特别是在虚拟财产的价值计算困难的情况下，比如网络游戏玩家通过闯关升级，获得了更高价值的装备或宝物时，难以运用盗窃罪进行定罪，但并不意味着这些虚拟财产不具有财产价值，也并不意味着这些虚拟财产不需要被保护。那么，在运用盗窃罪定罪困难的情况下，如果能将非法获取计算机信息系统数据罪解释为保护复合性法益的罪名，将能够起到对虚拟财产的补充保护作用。❶ 其次，从该罪名增设的背景上来看，立法机关也指出，该罪名的增设既考虑到我国目前严峻的网络安全形势，也考虑到了我国公民在网络空间中的权益受到严重侵害的事实。❷ 那么，我们不能排除，立法者也希望通过该罪名，对公民的私人利益进行保护的立法目的。

其次，即使我们将非法获取计算机信息系统数据罪的法益认定为保护计算机系统安全这一单一性公共法益，也不能得出应将表征虚拟财产的数据、表征个人信息的数据，从该罪适用范围中排除出去的结论。因为，在许多犯罪中，对公共法益的保护都建立于对私法益保护的基础之上，经常的情况是，没有对私法益的侵犯就没有对公法益的侵犯。比如，我们一般认为，寻衅滋事罪

---

❶ 虚拟财产的价值认定困难，是实务部门支持按照非法获取计算机信息系统数据罪，对窃取虚拟财产行为定性的主要理由之一。参见胡云腾、周家海、周海洋：《〈关于办理盗窃刑事案件适用法律若干问题的解释〉的理解与适用》，载《人民司法》2014 年第 15 期，第 25 页。

❷ 黄太云：《刑法修正案（七）解读》，载《人民检察》2009 年第 6 期，第 16 页。

保护的是社会秩序法益，但寻衅滋事的行为，首先表现为对公民人身法益或者财产法益的侵害。盗伐林木罪保护的是国家对森林的管理秩序，但盗伐林木的行为首先从破坏公私林木财产权开始。我们也可以说，没有对公民虚拟财产数据、个人信息数据的侵害，就没有对计算机系统安全法益的侵害。换言之，如果行为人采取"侵入或其他技术方法"，以破坏计算机信息系统保密性、安全性的方式窃取其中存储的数据，则不论这些数据表征的是虚拟财产、个人信息，抑或是系统安全，犯罪行为本身就已经侵害了该罪名欲加保护的计算机信息系统安全法益。此时，如果我们承认虚拟财产在我国刑法中的财产属性，那么该犯罪行为也侵犯了个人的财产法益。在此一个实行行为同时侵害了双重法益的情况下，我们应当加以考虑的是，同时实现构成要件符合性的两个罪名之间的竞合关系问题，而不是对其中一个罪名进行限制解释的问题。

还有一种观点值得提及，刘明祥教授认为，如果对非法获取计算机信息系统数据罪中的数据作限制解释，将会产生不利于被告人的后果，这种解释在原则上不应当被允许。[1] 亦即，如果将数据从该罪犯罪对象的范围中排除，对于窃取网络虚拟财产的行为，将只能采用作为重法条的盗窃罪来论处，这将会产生对被告人不利的后果。那么，这种解释与罪刑法定原则保护人权的精神相悖。但是，本书认为这种观点并不妥当。因为，刑法解释并不以有利于行为人为指导，当刑法解释出现困难时，罪刑条文的目的才是最高的解释标准。[2] 况且，刑法的功能不只在于人权保护，而且也强调抑制犯罪。因此，在刑法解释时，应注意这两方面机能的平

---

[1] 刘明祥：《窃取网络虚拟财产行为定性探究》，载《法学》2016 年第 1 期，第 153 页。

[2] 张明楷：《罪刑法定与刑法解释》，北京大学出版社 2009 年版，第 164 页。

衡。总而言之，禁止不利于被告人的解释，并非刑法中公认的解释原则。尽管根据这一理由，也得出不能对非法获取计算机信息系统数据罪中的数据作限制解释的结论，但是这一理由本身，本书并不赞同。

四、盗窃罪与非法获取计算机信息系统数据罪的法条竞合关系

（一）两罪之间的法条竞合关系：形式区分标准的判断

通过上文对相关观点的反驳，本书已经指出，窃取网络虚拟财产行为，同时符合盗窃罪与非法获取计算机信息系统数据罪的构成要件。就两罪之间的竞合关系，学界还未展开充分讨论。

我国《刑法修正案（七）》出台后，梁根林教授指出，在我国《刑法》已经明文增设了非法获取计算机信息系统数据罪之后，对于窃取网络虚拟财产的行为，应以新设的非法获取计算机信息系统数据罪论处，而不应再以盗窃罪定罪。❶ 因为，从本质上讲，采取侵入或其他技术手段获取计算机系统中存储、处理或传输数据的行为，应被理解为一种特殊形态的盗窃，两罪之间应构成一般法条与特别法条之间的法条竞合关系。❷ 刘明祥教授也指出，通过对两个罪名的构成要件要素的比较，可以发现，在窃取网络虚拟财产的情形下，非法获取计算机信息系统数据罪包含了盗窃罪的所有构成要件要素，宣告成立前罪就能够对该行为作出充分的刑法评价，因此两罪之间应是法条竞合关系。❸ 那么，按照法条竞合

---

❶ 梁根林：《虚拟财产的刑法保护》，载《人民检察》2014 年 1 期，第 13 页。
❷ 梁根林：《虚拟财产的刑法保护》，载《人民检察》2014 年 1 期，第 13 页。
❸ 刘明祥：《窃取网络虚拟财产行为定性探究》，载《法学》2016 年第 1 期，第
153 页。

的原理，就应以非法获取计算机信息系统数据罪，对此类行为定罪处罚。

但是，也有学者认为，这两个罪名之间应构成想象竞合的关系。比如，陈兴良教授认为，想象竞合是犯罪行为的竞合，具有事实竞合的属性；法条竞合是构成要件的竞合，具有规范竞合的属性。在窃取网络虚拟财产的情况下，两罪之间的竞合，主要是基于特定行为事实产生的，认定为想象竞合更为合适。[1] 那么，按照想象竞合的原理，即应在判决书中同时宣告成立两罪，并从一重罪，盗窃罪来定罪处罚。

一般认为，在区分想象竞合与法条竞合时，应当首先从形式上判断两个法条在逻辑上是否存在包容或交叉关系。如果两个法条的构成要件要素存在包容与被包容，或者相互交叉的关系，则构成法条竞合；反之，则为想象竞合。[2] 如果两个法条的构成要件要素不存在这种形式上的逻辑关系，则可认为它们构成想象竞合。那么，在判断的顺序上，自然应当从法条竞合开始。[3] 笔者赞同梁根林教授的观点，在形式上看，窃取网络虚拟财产的行为，可以被视为一种特殊类型的盗窃。首先，虚拟财产是一类特殊的财产；其次，侵入计算机系统获取，或者采用其他技术手段获取计算机信息系统中的数据，可视为特殊类型的盗窃行为；再者，不管是窃取虚拟财产还是盗窃，都以非法占有他人财产为目的。因此，非法获取计算机信息系统数据罪可被视为盗窃罪的特殊法条，亦

---

[1] 陈兴良：《虚拟财产的刑法属性及其保护路径》，载《中国法学》2017 年第 2 期，第 162 页。

[2] 陈兴良、周光权：《刑法学的现代展开》，中国人民大学出版社 2006 年版，第 383 页。高铭暄主编：《刑法学原理（第二卷）》，中国人民大学出版社 2005 年版，第 528 页。

[3] 林山田：《刑法通论（下）》，元照出版有限公司 2008 年第 10 版，第 325 页。

即网络空间中的特殊盗窃类型。虽然陈兴良教授认为这两个罪名的竞合，主要是借助窃取网络虚拟财产的事实形成的，但是仅根据这一点理由，我们不能否认两罪之间的法条竞合关系。确实，非法获取计算机信息系统数据罪中数据的范围广泛，并不限于虚拟财产，从逻辑形式上来看，两罪是交叉关系，而非完全的包容与被包容关系。但即使如此，也不能认为这种交叉关系是由于特定事实的联结产生的。因为，这种交叉性的逻辑关系本来就存在，这与不借助特定行为事实，两个罪名之间就不发生任何联系的想象竞合是根本不同的。实际上，陈兴良教授本人也认为，"当一行为触犯的两个法条之间存在罪名之间的从属或交叉的逻辑关系时，为法条竞合；如果不存在这种逻辑关系，则为想象竞合"❶。显然，陈兴良教授本人也赞同仅从形式逻辑标准来区分法条竞合与想象竞合的观点。但是，在判断盗窃罪与非法获取计算机信息系统数据罪之间的竞合关系时，他似乎并未能完全贯彻这一主张。

应当予以说明的是，有人可能提出，即使按照形式区分标准，认定盗窃罪与非法获取计算机信息系统数据罪构成法条竞合，其也是交叉关系的法条竞合，在法条适用时，原则上也还是应遵循重法优于轻法的原则，❷ 对窃取网络虚拟财产的行为，按照盗窃罪定性。那么，这一方案仍然不能解决上文提出的刑罚过于严苛的问题。但是，本书认为，尽管对于交叉关系的法条竞合，应采取重法条优先于轻法条适用的观点，在我国刑法理论中取得了通说的地位，❸ 但这一原则也并非绝对。周光权教授即认为，"法条竞

---

❶　陈兴良：《教义刑法学》，中国人民大学出版社 2017 年版，第 739—740 页。
❷　陈兴良：《教义刑法学》，中国人民大学出版社 2017 年版，第 733 页。
❸　张明楷：《刑法学》，法律出版社 2016 年版，第 464 页。

合的特别关系，除了重叠关系外，还包括交叉关系"❶。也就是说，其将交叉关系纳入了特别关系的范围，而非传统大陆法系理论中的择一关系，那么，自然应当按照特别法优先于普通法的原则来适用法条，而非重法优先。实际上，上文提及的刘明祥与梁根林两位教授的观点，也遵循同样的逻辑。一方面认识到盗窃罪与非法获取计算机信息系统数据罪，并非逻辑上的完全包容关系，只是交叉关系，但是另一方面却认为，在窃取网络虚拟财产这一点上，非法获取计算机信息系统数据罪是盗窃罪的特别法条，应当优先适用。而张明楷教授更是不将法条间的交叉关系纳入法条竞合的研究范围之内。本书无意于继续论证哪种观点更为优越，而想试图说明，学界对于交叉竞合下的法律适用也并非没有异议。更为重要的是，理论上提出重法优先于轻法适用的原则，是基于刑罚均衡的考虑，比如在讨论诈骗罪与招摇撞骗罪的竞合关系时，如果冒充国家工作人员身份骗取数额特别巨大的财物，仍然按照招摇撞骗罪定性，将出现罪刑不均衡的问题。因此，提出重法条效力优先的原则，有其合理性与必要性。但是，在具有交叉关系的两个法条之间，适用轻法条已经能够实现罪刑均衡原则，就绝不应该再坚持重法条优先的原则了。也许，在多数情况下，"没有否定适用规定了更重法定刑之法条的理由"，❷ 而出于方便司法实践的目的，直接规定重法条优先的原则，但是如果适用轻法条具有充分的根据，当然也就不应再适用重法条。笔者认为，法条竞合的基本原理要求特别法优先于普通法，偏离这一原理只能作为一种例外存在，既然作为例外的根据是处罚上的妥当性，那么，

---

❶ 周光权：《刑法总论》，中国人民大学出版社 2016 年版，第 383 页。
❷ ［日］山口厚：《刑法总论》（第 3 版），付立庆译，中国人民大学出版社 2018 年版，第 394 页。

在不具有这种妥当性时，也就不存在作为例外对待的前提了。当然，这一讨论已经涉及对某种犯罪行为的实质评价问题，已超出形式标准的讨论。在下文中，笔者将详细论证，采取轻法条的非法获取计算机信息系统数据罪，对窃取网络虚拟财产行为处罚具有妥当性。总而言之，本书认为，按照区分法条竞合与想象竞合的形式标准，盗窃罪与非法获取计算机信息系统数据罪是交叉型法条竞合关系，但在法律适用上，仍然应当以较轻的非法获取计算机信息系统数据罪定性。这就能够解决对窃取网络虚拟财产行为的刑罚处罚过于严苛的问题了。

（二）两罪之间的法条竞合关系：实质区分标准的判断

然而，张明楷教授认为具有逻辑上交叉关系的两个法条，不可能成立法条竞合，而应是想象竞合关系。得出这一结论，是因为张明楷教授在区分法条竞合与想象竞合时，提出了一种相对于我国传统理论较新的"实质区分标准"，亦即，在具体判断时，增加"法益同一性"和"不法程度包容性"两条实质性评价标准。❶根据"法益同一性"标准，即使两个法条的构成要件在逻辑上是包容的，但是如果两个法条的保护法益不具有包容关系，也不能认定二者构成法条竞合。据此，张明楷教授认为，在我国的司法实践中，大量本来应被认定为想象竞合的情形，被错误地认定为法条竞合了。一般来讲，刑法分则中不同章节规定的犯罪，基本上不可能构成法条竞合关系。❷根据"不法程度包容性"标准，即使两个法条的构成要件以及法益都在逻辑上包容，如果用特别法条处罚犯罪行为，不能实现对法益侵害程度的充分评价时，也不

---

❶ 张明楷：《法条竞合与想象竞合的区分》，载《法学研究》2016 年第 1 期。

❷ 张明楷：《刑法学》，法律出版社 2016 年版，第 468 页。

能认定为法条竞合，而应采取想象竞合的方式处理。简言之，前一标准是在犯罪行为违法性方面的"质"的规定性，而后一标准则是"量"的规定性。由于犯罪行为违法程度的判断，往往需要借助特定案件事实来作出，因此，"实质区分标准"，会导致对于法条之间竞合关系的判断常常处于不确定的状态之中。形式逻辑上被认定的特别法条，也就不再优先适用了。这种结果，在某种程度上与罪刑法定原则的要求不符，是张明楷教授"实质解释论"的体现。❶ 暂且不论这种观点是否过激，不容否认的是，从我国目前的法律现实来看，引入上述实质性区分标准，确实能够在很多案件中，解决判决结果的妥当性问题。❷ 对于本书而言重要的是，即使按照这两条实质性的区分法条竞合与想象竞合的标准，笔者也认为，窃取网络虚拟财产的行为，应被定性为盗窃罪与非法获取计算机信息系统数据罪的法条竞合，而非想象竞合。

第一，就"法益同一性"标准而言，如果将盗窃罪与非法获取计算机信息系统数据罪的关系认定为法条竞合，后罪能否将前罪的保护法益包容呢？正如上文所述，法益本身也是法律解释的结果，并不具有绝对的确定性。根据目前大多数学者的观点，应将后罪的保护法益解释为计算机信息系统安全这一公共法益。而盗窃罪的保护法益显然是公私财产法益。两罪的保护法益，既不包容，也不交叉。可是如果我们将后罪法益解释为，主要保护计算机信息系统安全的公法益，次要保护公民财产私法益的复合性

---

❶ 张明楷：《法条竞合与想象竞合的区分》，载《法学研究》2016 年第 1 期，第 146 页。

❷ 张明楷教授认为，由于我国立法者滥设了大量不均衡的法定刑，导致我国司法实践中，出现较多刑罚裁量不均衡的现象。典型的如《刑法修正案（九）》出台前，嫖宿幼女罪与强奸罪的关系。也许正是出于我国刑法中大量存在法定刑不均衡的问题，张明楷教授才坚持"实质解释论"的观点。

法益，即可实现后罪对前罪法益的包容。那么，两罪之间构成法
条竞合的障碍就被排除了。有人可能提出，这种解释的相对性太
强，不利于实现在司法实践中具体判断的确定性。笔者也承认这
一点，但是试图消除法律解释过程中的相对性，是徒劳无功的。
也许正是这一点，才是张明楷教授所提出的"实质区分标准"的
最大软肋。比如，周光权教授也赞同，在区分法条竞合与想象竞
合时，法益同一性应当是标准之一，但是"法益是否同一（是一
法益还是数法益），成为区分二者的关键之所在"❶。而法益是否具
有复数性则是解释的结果，那么基于不同的解释，将必然导致实
践中，在确定法条竞合范围时的不确定性。对于我们区分法条竞
合与想象竞合而言，也许更为重要的是从"不法程度的包容性"
角度来论证，正如德国学者普铂教授所言，"正确的刑罚裁量终究
才是整个竞合论的目的"❷。

第二，就"不法程度的包容性"标准而言，对窃取网络虚拟
财产行为，若按照非法获取计算机信息系统数据罪定罪处罚，能
否实现对此类行为违法程度的充分评价的问题，似乎还存在很大
疑问。比如，张明楷教授明确指出，若用非法获取计算机信息系
统数据罪，处罚窃取虚拟财产行为，将不能实现罪刑之间的均衡。
其举一例来说明：A 准备了 50 万元现金，打算用于购买 Q 币，但
在购买之前被甲悉数盗走；B 也准备了 50 万元现金，立即购买了
价值 50 万元的 Q 币，但还没有使用，乙即侵入计算机系统将 B 的

---

❶　周光权：《刑法总论》，中国人民大学出版社 2016 年版，第 381 页。
❷　［德］英格博格·普珀：《基于构成要件结果同一性所形成不同构成要件实现之
　　想象竞合》，陈志辉译，载《东吴法律学报》2006 年第 3 期，第 322 页。转引
　　自张明楷：《法条竞合与想象竞合的区分》，载《法学研究》2016 年第 1 期，第
　　139 页。

全部 Q 币盗走。❶ 张明楷教授认为，若认定甲的行为构成盗窃罪，根据目前的量刑标准，将对其在"十年以上有期徒刑或无期徒刑"的法定刑幅度内处罚；而若认定乙的行为构成非法获取计算机信息系统数据罪，对其将仅适用"三年以下有期徒刑或拘役"的法定刑，这就不能做到罪刑相适应。❷ 也许，张明楷教授是在强调价值 50 万元的 Q 币与 50 万元现金之间的等值性，所以同样是窃取它们的行为，刑法裁量如果不一致，就会使人产生刑罚不均衡的感觉。然而，笔者认为，按照较低法定刑的非法获取计算机信息系统数据罪，对乙的行为进行定性，不仅不会产生罪刑不均衡的感觉，相反，唯有如此认定，才能够充分反映出此类行为在违法性上的特殊性，从而实现对其更为精确的刑法评价。

首先，在网络空间中窃取虚拟财产的行为，对财产法益的侵害程度，远低于现实空间中的盗窃行为对财产法益的侵害。表面上看，行为人窃取网络虚拟财产，将使被害人产生被窃财产市场价格意义上金钱的损失，似乎跟现实空间中的盗窃行为在财产法益的侵害程度上具有相当性。但是，应当被关注的事实是，当网络虚拟财产被窃时，网络服务提供者一般都提供被窃虚拟财产的"找回程序"，只要网络用户能够按照程序要求提起找回被窃虚拟财产的请求，填写账号被异常登录的事实，失窃虚拟财产的详情等事实信息，通常都能够将其所失窃的虚拟财产恢复。也许有人会说，现实中也存在大量网络用户提交申请后，不能找回其失窃财产的情况，因此其财产法益被侵害的程度一点也不低。然而，

---

❶ 张明楷：《非法窃取虚拟财产的行为性质》，载《法学》2015 年第 3 期，第 15 页。

❷ 张明楷：《非法窃取虚拟财产的行为性质》，载《法学》2015 年第 3 期，第 15 页。

本书认为，即使发生这种情况，首先产生的也应当是网络用户与网络服务提供者之间的民事纠纷。因为当网络用户在网络服务提供者提供的软件中注册时，二者之间即已形成服务合同关系，这一点在民法上是没有疑问的。那么也就可以说，与现实空间中财产被窃的情形相比，网络空间中的虚拟财产多了一道额外的保护程序。有人可能认为，既然在虚拟财产遭窃时，大部分可以通过民法的方式实现保护，那么也就没有将此类行为入罪的必要了。这种想法并不可靠，因为，如果没有刑法提供保护，这种窃取虚拟财产的行为就必然会更加猖獗。本书也并不意图否定对此类行为利用刑罚处罚的必要性，只是强调与窃取现实空间的财物相比，窃取网络虚拟财产的违法性程度要低一些，或者按照我国传统刑法理论的术语来讲，此类行为的社会危害性更低。此外，在目前虚拟财产民法属性不清的情况下，可能还有人会提出，网络虚拟财产的真正所有权人是网络服务提供商，而非网络用户，当发生窃取它们的情形时，遭受财产权益损害的是网络服务提供商。❶ 按照这种说法，则窃取行为对财产法益的侵害程度更低，因为就网络服务提供商的虚拟财产而言，当它们被设计出来后，其再被复制的成本几乎为零。

其次，现实空间中的盗窃行为，往往与公民人身法益的侵害密切相连。现实中，一旦盗窃行迹败露，盗窃行为即有向抢夺、抢劫等更加严重的暴力犯罪转化的高度可能性。相比而言，窃取网络虚拟财产的行为，完全发生在网络空间中，行为人不认识被

---

❶ 比如，实践中对于账号类的虚拟财产，在网络服务商与用户签订的协议中，一般将其所有权归于前者。参见新华网：《虚拟财产保护的"中国规则"应如何打造》，http://www.xinhuanet.com/fortune/2017 - 06/26/c_1121207802.htm，访问日期：2019 年 6 月 12 日。

害人，也不具有和被害人人身接触的任何可能性，因此，其行为就不具有对生命、身体法益侵害的潜在可能性。从人身法益被侵害风险的角度，我们也可以说，窃取网络虚拟财产行为的违法性程度要弱于现实社会中的盗窃行为。

最后，上述两点关于窃取网络虚拟财产行为的违法性，主要是基于法益侵害的结果或法益侵害风险，也就是基于结果无价值对于违法性本质的认识而展开讨论的。在此，我们不妨暂时将结果无价值与行为无价值的理论争议放在一边，也从行为无价值论的角度来考察窃取网络虚拟财产行为的违法性程度。尽管行为无价值论对于违法性评价的依据，也发生过理论变迁，但是作为其核心内容的社会伦理要素一直处于突出地位。[1] 纯粹的行为无价值论几乎已无人主张，作为行为无价值二元论的代表学者，大谷实教授也认为，基于法益侵害结果基础上的对社会伦理规范的违反是违法性评价的本质。[2] 就此，本书主张，从一般人对窃取网络虚拟财产行为的反社会伦理性的评价上看，此类行为的违法性程度也低于现实空间中的盗窃行为。一般来讲，我国社会公众对现实空间中的盗窃行为都深恶痛绝，将盗窃视为严重违反社会伦理道德的罪行，对其负面评价向来较深。相比之下，我们很难认为，我国社会公众对盗窃网络虚拟财产行为的反社会伦理性的评价，已经达到可以与对现实空间中盗窃行为的负面评价相提并论的程度了。一方面，实践中的盗窃网络虚拟财产案件，大都是长期生活在网络空间中的年轻一代所为，社会公众还不一定能够将他们与传统的、恶性较大的盗窃犯等同视之。另一方面，在我国，青

---

[1] 陈兴良：《教义刑法学》，中国人民大学出版社2017年版，第353—354页。

[2] ［日］大谷实：《刑法讲义总论》，黎宏译，中国人民大学出版社2008年版，第83—84页。

少年沉迷网络的现象较为普遍，在部分成年人眼中，对网络游戏等娱乐产业，恨之忧恐不及，更遑论对包括游戏装备、虚拟货币在内的网络虚拟财产有进行法律保护的必要了。尽管这一现象正在改变，但至少在目前，我们还是认为窃取网络虚拟财产行为对社会伦理规范的违反程度，要低于现实空间中的盗窃行为。

因此，无论是从结果无价值的立场出发，还是从行为无价值的立场出发，我们都可以发现，窃取网络虚拟财产行为的违法性程度都明显低于现实空间中盗窃行为的违法性。对窃取网络虚拟财产的行为，按照非法获取计算机信息系统数据罪进行定性，已经完全能够实现对此类行为违法性的充分评价。如采用盗窃罪评价，反而过分了。比如，在上文提及的"岳某伟案"中，若对其判处十年以上有期徒刑，将显得刑罚过于严苛。我们也可以从与其他国家和地区的规定的比较上得出此种感受。比如，在日本，按照"计算机诈骗罪"对窃取网络虚拟财产的行为进行论处，最高法定刑为十年惩役，其远较我国盗窃罪的最高法定刑轻。

总之，本书认为，即使按照张明楷教授提出的区分法条竞合与想象竞合的实质性标准，盗窃罪与非法获取计算机信息系统数据罪之间也应该成立法条竞合，而非想象竞合。在法条适用上，以非法获取计算机信息系统数据罪定性，能够实现刑罚处罚上的妥当性。对于法官而言，既然我国现行《刑法》未对两者的关系以及适用作出特别规定，那么法官也理应以追求这种处罚上的妥当性为己任。

五、结语

本书认为，网络虚拟财产既具有财物属性，也具有数据属性。在构成要件符合性上，窃取网络虚拟财产的行为，同时符合盗窃罪与非法获取计算机信息系统数据罪。从形式逻辑上来看，两罪之间的构成要件要素具有交叉关系，构成法条竞合。从实质标准上来看，用非法获取计算机信息系统数据罪对窃取网络虚拟财产的行为定性，已经能够实现对此类行为的法益侵害性与违法程度性的充分评价，两罪之间仍然可被认定为法条竞合关系。

在实践中，我国司法实务部门倾向于以非法获取计算机信息系统数据罪进行定性的一个重要原因是，虚拟财产的价值难以认定。但是，笔者认为，对于如何认定虚拟财产的价值这一技术性问题，实践中已经存在较为妥当的处理方法，我们也一定能够找出得到广泛认可的认定方法。本书的着眼点非在于此，而在于以盗窃罪与非法获取计算机信息系统数据罪法条竞合的办法，处理此类案件，不仅能够保证我国刑法财产犯罪中"财物"概念在解释上的一致性，而且能够针对窃取网络虚拟财产行为的违法性特质，作出恰如其分的刑法裁量。尽管本书的结论是在解释论的基础上作出的，但是笔者还想提出的是，网络空间中的犯罪，尽管在很多情况下也是对传统法益的侵犯，但由于网络空间的特殊性，运用传统罪名进行评价，并不总是完全合适。因此，在网络时代背景下，欲实现刑法体系的融贯，还应充分考虑网络空间中犯罪行为的特殊性，在运用传统罪名进行定性不具妥当性时，及时作出立法论上的回应。

第二部分

网络犯罪的立法论争议问题研究

第五章

大数据技术对刑法法益保护
体系的冲击及应对*

随着大数据时代的来临，社会公众对"数据安全"的关注度骤然提升，然而我国《刑法》并未将数据作为独立保护的对象，仅在数据所承载的法益遭受侵害时，相关行为才可能被纳入刑法的打击范围。这种"数据间接保护"的立法模式受到刑法学界的质疑。一些刑法学者认为应当将"数据法益"升格为一项独立的刑法法益，并将数据作为刑法的直接保护对象。❶ 这一观点与我国刑法的立法体例问题直接相关，但是在更深层次的理论问题上，我们首先应当思考的是，我国刑法应该如何应对大数据技术带来的冲击。在大数据技术迅速进入应用领域的当下，我国刑法学界亟须对该问题展开更为深入

---

* 本部分在《广西警察学院学报》2021 年第 6 期上发表过，收入本书时又作了适当修订。

❶ 孙道萃：《大数据法益刑法保护的检视与展望》，载《中南大学学报》（社会科学版）2017 年第 1 期，第 58—64 页。

的分析。

一、大数据技术对我国刑法法益保护体系的冲击

尽管目前还不存在一个有关"大数据"的法律定义，但我国科技界一般认为，"大数据"是指在可容忍的时间内不能利用常规软件捕获、管理和处理的数据集，大数据具有容量大、类型多和价值密度低的特点。❶ 此外，大数据不仅仅是海量的数据集合，更意味着数据获取、整理与分析方式的变化。正是由于大数据不同于传统数据的技术特点，其给刑法法益保护体系带来的冲击正在引起学界的担忧。从现有文献来看，这种担忧主要表现在两个方面。

第一，现行"数据间接保护"的立法体例，是否还能够实现对刑法法益的有效保护？由于大数据技术具有强大的信息回溯与还原能力，数据与数据背后法益之间的联系变得日益疏远。比如，有的学者指出，虽然有些数据在表面上看可能并不是个人数据，但经过大数据处理之后同样也可以精确追溯到个人。❷ 还有学者指出，随着云计算、物联网技术的应用，个人数据几乎无时无刻不处于被机器收集、处理的状态之中。通过对长期累积性信息的分析，个人的完整生活动态即可被清晰地暴露出来。❸ 一些本来极为分散，通常不会被认为是公民个人信息的数据，通过大数据技术的加工处理后，就有可能转化为侵害公民隐私、人身、财产安全

---

❶ 孟小峰、慈祥：《大数据管理：概念、技术与挑战》，载《计算机研究与发展》2013 年第 1 期，第 146—169 页。

❷ 刘雅辉等：《大数据时代的个人隐私保护》，载《计算机研究与发展》2015 年第 1 期，第 230 页。

❸ 范为：《大数据时代个人信息保护的路径重构》，载《环球法律评论》2016 年第 5 期，第 93 页。

的敏感信息。再比如，一国的人口健康数据、购物消费数据、地理环境数据，这些数据本来都处于公开状态，理论上一直未被认为是刑法所保护的国家秘密，但是在大数据技术得到广泛应用的背景下，对这类信息的收集、分析也可能对国家安全造成威胁。那么，我国现行《刑法》是否还能够对刑法法益进行充分保护就成为社会关注的问题。

第二，随着大数据技术的广泛应用，巨量数据的收集、分析，是否已经产生了现行《刑法》保护之外的新型法益？有学者认为，大数据是多种数据的集合，混合了不同主体的隐私权、财产权乃至国家安全等多种法益，因此越来越具有独立保护的价值。这种观点看到了大数据的特殊性质，一些大数据集合具有重要的资产价值，还有一些大数据集合具有重要的国家安全价值，但如果将大数据简单地与《刑法》中的财物或者国家秘密相等同，又可能难以实现对大数据的专门保护。正是在这种观点的影响下，全国人大常委会在 2016 年 11 月 7 日通过的《中华人民共和国网络安全法》（以下简称《网络安全法》）中，第一次规定了"重要数据"这一核心法律概念，以期实现对数据的专门化保护。这些被视为新类型的法益是否应当成为新的刑法法益，也成为刑法学界应当面对的理论难题。

二、"数据独立保护"的立法论主张及其批判

为了应对大数据技术给刑法体系带来的冲击，部分学者主张，应当构建"数据独立保护"的刑事立法体系。比如有观点提出，应当建立由"非法获取网络数据罪"与"非法获取数据罪"组成的双核心罪名，在两个层面上加强数据的刑法保护。前者将《刑

法》第二百八十五条第二款的条文直接简化为："非法获取网络数据，情节严重的，处三年以下有期徒刑或者拘役，并处或者单处罚金；情节特别严重的，处三年以上七年以下有期徒刑，并处罚金。"后者将《刑法》第二百五十三条之一中的"公民个人信息"全部替换为"数据"，即："违反国家规定，向他人出售或者提供数据，情节严重的，处三年以下有期徒刑或者拘役，并处或者单处罚金；情节特别严重的，处三年以上七年以下有期徒刑，并处罚金。违反国家有关规定，将在履行职责或者提供服务过程中获得的公民个人信息，出售或者提供给他人，依照前款的规定从重处罚。窃取或者以其他方法非法获取数据的，依照第一款的规定处罚。"前罪制裁外部窃取数据的行为，后罪制裁内部人非法出卖、提供数据的行为，从而实现对数据的全面保护。❶ 但是，笔者认为这种立法论主张还有待商榷。

（一）"数据独立保护"的观点缺乏理论正当性

其一，不能将数据价值的提升作为数据法益独立保护的理由。有的学者认为，在大数据广泛应用的时代背景下，数据价值日益提升，只有将数据视为一项独立的刑法法益，才能促进社会经济的发展。然而，某事物的价值提升并不能构成其成为刑法中独立法益的当然前提。笔者认为，在刑法体系中是否有必要增设一项独立的新法益，主要应从现有的刑法法益保护体系中去观察，如果某一种新生利益能够为现行的刑法体系所涵盖，则没有增设新法益的必要。如果认为在大数据技术广泛应用的背景下，数据价值仅仅指的是财产价值的话，那么完全可以将数据视为一种特殊

❶ 田刚：《大数据安全视角下计算机数据刑法保护之反思》，载《重庆邮电大学学报》（社会科学版）2015 年第 3 期，第 37 页。

的财产，纳入已有的刑法保护体系之中。

其二，数据的法益集合性，也不能证明将之升格为一项独立法益加以保护的必要性。刑法学界有的学者认为，大数据是多种数据的集合，混合了不同主体的隐私权、财产权乃至国家安全等多种法益，因此越来越具有独立保护的价值。但是这种观点存在严重的逻辑错误，某项事物虽可能同时表征多重法益，但并不能说明当多重法益在同一事物上集合后，将产生一种新的法益。比如，我国《刑法》中的"林木"同时体现财产法益和生态环境法益，虽然这两种法益在"林木"这一对象上集合，但绝不可能说产生了一种可被称作"林木法益"的法益。当盗窃林木的行为同时构成盗窃罪和盗伐林木罪的入罪标准时，按照想象竞合的原理即可实现妥当处理。同样的处罚思路也完全可以适用于涉及数据的犯罪。

其三，也不能以"数据安全"为由，证明数据法益独立化具备充分的正当性基础。有人认为，虽然根据数据的信息内容，可将数据分别纳入财产法益、人格法益、经济秩序法益等传统法益保护体系之中，但目前来看，"数据安全"本身就可以成为一项独立的法益，只有将之独立保护，才能起到保护其背后法益的效果。❶ 这种观点虽然较为有力，但笔者认为，据此仍然不能证成数据独立刑法保护的正当性。首先，如果非法拦截或获取电子数据的行为，不会侵害到其背后的人格、财产等法益，实际上就没有必要将此类行为纳入刑罚圈。其次，在我国目前正在构建数据安全行政管理秩序的状况下，刑法应当保持适当的谦抑，只有等到

---

❶ 孙道萃：《网络财产性利益的刑法保护：司法动向与理论协调》，载《政治与法律》2016 年第 6 期，第 43—57 页。

已经建立的行政管理体制仍然不能发挥法益保护功能时，才能在刑法层面考虑犯罪化的问题。最后，将"数据安全"上升为独立的刑法法益还应进行利益衡量，在数据经济刚刚起步的社会背景下，贸然将"数据安全"升格为刑法法益，极有可能导致数据产业的萎缩。换言之，目前阶段将之视为独立法益不具有比例原则所要求的刑法理性。

（二）尚无"数据独立保护"的成功立法经验

从比较法上来看，我国台湾地区在 2003 年所谓"刑法"修正时，专门增设"无故取得、删除或变更电磁记录罪"（第 359 条），由此确立了所谓的"数据独立保护"的"立法"模式，这也成为赞成数据法益独立说的主要立论理据之一。但是经过多年司法实践检验之后，基本可以认定台湾地区的这一所谓的"立法"模式并不成功。在此次所谓的"立法"修正之前，台湾地区曾将"电磁记录"（"电子数据"）纳入"准文书""准动产"的定义之中，使其成为文书犯罪和财产犯罪的行为对象。但在 2003 年台湾地区所谓的"刑法"修正时，台湾地区又将所有计算机犯罪归并到一个章节中集中规定（第 36 章"妨害电脑使用罪"），以此应对计算机犯罪迅速增加的状况，电磁记录准用于"文书"和"动产"的规定被尽皆删除。❶ 然而这种激进的做法已经受到了台湾地区刑法学界的猛烈批评。林山田教授即提出激烈批评，他认为，"对数据的保护应当根据各种犯罪行为的性质，将数据分别置于诈欺罪章、妨害秘密罪章、伪造文书罪章等章节中加以保护，此次修法明显欠缺刑事立法的整体规划，这种体例的改变只会破坏刑法体系的

---

❶ 柯耀程：《"电磁记录"规范变动之检讨》，载《月旦法学教室》2008 年第 10 期，第 117—119 页。

内在协调性。"❶ 薛智仁教授从司法实践的角度指出，司法实务人员对于台湾地区所谓"刑法"第 359 条的保护法益众说纷纭，有人认为该条保护的是对通信安全的社会信赖，有人认为是电脑的使用安全，还有人认为是个人秘密；在法益定位如此不清的情况下，实践已经出现了在"电磁记录"的解释论问题上漫无方向的混乱局面，极大地破坏了刑事司法的安定性。❷ 台湾地区在数据保护方面的前车之鉴必须引起我们的重视。

此外，还有人认为《德国刑法典》以及欧盟于 2018 年出台的《欧盟通用数据保护条例》（General Data Protection Regulation，GDPR），也可以被认为是"数据独立保护"的立法例。但是笔者认为，这种观点是对德国最近的刑事立法以及欧盟 GDPR 的错误解读。

首先，从法益保护的实质观点来看，电子数据并未在德国刑事司法实践中取得独立保护的地位。为了应对数据犯罪的激增，德国确实早在 1986 年颁布的《西德第二次经济犯罪对策法》中，即首次明确规定了保护数据使用权的数据刺探罪（第 202a 条）❸、保护法律交往安全与可靠的伪造数据罪（第 269 条）❹ 以及保护数据与计算机运行安全的篡改数据罪（第 303a 条）。在随后的法律修订过程中，德国立法机关还先后在《德国刑法典》第 202 条

---

❶ 林山田：《刑法各罪论（上册）》，北京大学出版社 2012 年版，第 388 页。

❷ 薛智仁：《无故取得电磁记录罪之解释及立法》，载《政大法学评论》2014 年第 3 期，第 47 页。

❸ 该条规定，为了自己对事前没有预定且无权探知受到特殊保护的数据，使无权的自己或他人取得者，处三年以下自由刑或罚金。前项意义上的数据，只限于通过电子、电磁或其他不能直接知觉的方法被收藏或传送者。转引自何鹏：《西德第二次经济犯罪对策法》，载《比较法研究》1989 年第 1 辑，第 47 页。

❹ 该条规定：为了在法律事务交往中欺骗他人，把作为证据的数据，明知是不真实的文书或变造的文书加以收藏或变更，或者使用上述收藏或变造的数据者，处五年以下自由刑或罚金。转引自何鹏：《西德第二次经济犯罪对策法》，载《比较法研究》1989 年第 1 辑，第 47 页。

（侵害通信秘密罪）之下增设了"截留数据罪"（第 202b）、"预备刺探、截留数据罪"（第 202c 条），以及"窝藏数据罪"（第 202d 条）。❶ 表面上看来，《德国刑法典》规定了如此之多与数据直接相关的罪名，但从体系解释的角度分析，德国刑法保护的依然不是数据本身，而是数据背后所承载的公民在通信过程中的隐私利益、交易安全法益以及计算机系统安全的法益。如果相关窃取、改变、截留等数据违法行为，没有侵害其背后依附的法益，就不会被当作刑事犯罪处理。

其次，欧盟于 2018 年颁布的《欧盟通用数据保护条例》根本就未涉及数据的刑法保护模式问题。一方面《欧盟通用数据保护条例》不是一部刑事法律，而只是一部具有行政法性质的数据安全监管规范；另一方面，《欧盟通用数据保护条例》中保护的数据亦不是所有数据，而只是欧盟公民的"个人数据"。该条例的第 1 条即明确指出，"本条例调整的是与自然人相关的个人数据处理与自由流动规则。"综上所述，"数据独立保护"论者目前所提及的域外立法例要么不成功，要么并非事实，它们都不能成为证明"数据独立保护"必要性的比较法根据。

（三）"数据独立保护"立法模式的现实危害

第一，一旦建立数据"独立保护"的立法模式，我国刑法制裁数据犯罪的混乱现状必然会进一步加剧。自 2009 年《刑法修正案（七）》增设"非法获取计算机信息系统数据罪"以来，❷ 理论

---

❶ 张婷：《互联网时代德国实体刑法》，载《武汉公安干部学院学报》2017 年第 2 期，第 61 页。

❷ 该罪条文为：违反国家规定，侵入前款规定以外的计算机信息系统或者采用其他技术手段，获取该计算机信息系统中存储、处理或者传输的数据，或者对该计算机信息系统实施非法控制，情节严重的，处三年以下有期徒刑或者拘役，并处或者单处罚金；情节特别严重的，处三年以上七年以下有期徒刑，并处罚金。

界和司法实务部门对该罪条文中"数据"的含义就出现了解释分歧。现有裁判案例显示，司法机关较为广泛地将网络虚拟财产认定为该罪条文中的数据，同时也存在部分司法机关将公民个人信息、商业秘密也认定为本罪中数据的情形。尽管最高人民法院、最高人民检察院在 2011 年 8 月 1 日出台的《关于办理危害计算机信息系统安全刑事案件应用法律若干问题的解释》第一条，明确将"数据"规定为"金融服务的身份认证信息"和"其他身份认证信息"的数据，旨在将"数据"内涵限制在与网络系统安全相关的范围之中。但司法实践部门对该条行为对象的"数据"一直保持扩大解释的热情。杨志琼博士通过对"非法获取计算机信息系统数据罪"裁判案例的实证研究发现，该罪已经成为名副其实的打击网络犯罪的"口袋罪"。❶

第二，"数据独立保护"的立法模式，将必然导致刑法评价体系的失衡。"数据独立保护"也就意味着数据不再依附于传统法益，而是成为刑法的直接保护对象。这就必然会出现同样内容的信息仅仅由于外在形式不同，在刑法上的评价也会不同的失衡现象。比如，按照《刑法》第二百一十九条的规定，侵犯商业秘密给商业秘密的权利人造成重大损失的（50 万元以上），才负刑事责任。如果将以数据形式表现的商业秘密作为数据犯罪的对象看待，就可能出现并不需要满足这一结果要件，相关行为就被作为刑事犯罪处理的情况。仅仅由于商业秘密以电子数据的形式被侵犯，对行为人的处罚就可能从一般违法上升为刑事犯罪，这种现象不具有合理性。

第三，"数据独立保护"的立法模式，可能会过度扩大刑法对

---

❶ 杨志琼：《非法获取计算机信息系统数据罪"口袋化"的实证分析及其处理路径》，载《法学评论》2018 年第 6 期，第 163 页。

数据的保护范围，从而危害我国数据经济的健康发展。数据经济得以充分发展的一个基本条件是，数据能够在更大程度上被共享与流通。正如梅宏院士所指出的，目前我国数据资源开放与共享的程度还很低，亟须打破不同部门和系统之间的数据壁垒，促进形成一个更加开放、自由的数据流转市场。在数据监管法律制度的设计上，不能因噎废食，对大数据的收集、挖掘与充分利用造成过多的负担。❶ 尽管数据的自由流动应当以保障数据权利人的基本权益以及国家安全为前提，但是构建"数据独立保护"的犯罪制裁体系，必然会产生将全部数据不分类型加以保护的局面，这就必然导致刑法对数据的过度保护。例如，考虑到具体行为的社会危害性，利用"网络爬虫"技术，从公开网页中获取大量信息的行为，一般不宜按照刑事犯罪处理。❷ 对于网络运营商违反规定"跨境数据转移"的行为，也不宜一概升格为刑事犯罪。

三、回应大数据技术冲击我国刑法法益保护体系的解释论方案

（一）可以将"自然人的活动信息"解释为"个人信息"

上文指出，由于大数据技术的应用，公民个人信息是否还能够得到刑法的有效保护成为一个令人担忧的问题。但是，至少从目前的情况来看，这种担忧是多余的。

第一，我国立法机关已经通过及时增设或修改《刑法》条文的方式，扩大了公民个人信息的保护范围。2009 年颁布的《刑法

---

❶ 梅宏：《大数据发展现状与未来趋势》，http：//www. cbdio. com/BigData/2019 –10/31/content_6152541. html，访问日期：2023 年 4 月 25 日。

❷ 实际上，在我国目前的司法实践中，此类案件一般也没有按照刑事犯罪处理，而是被定性为不正当竞争的经济纠纷。

修正案（七）》增设了第二百五十一条之一，将出售和非法提供公民个人信息的行为，以及窃取或者以其他方法非法获取公民个人信息的行为纳入刑法打击范围之内。2015 年颁布的《刑法修正案（九）》，对该条作了进一步修改，将本罪的行为主体从特别主体（国家机关或者金融、电信、交通、教育、医疗等单位的工作人员）扩大到了一般主体。❶

　　第二，在大数据背景下，司法部门也可以通过对"公民个人信息"适时作出扩大解释，拓宽《刑法》对个人信息的保护范围。《刑法修正案（七）》虽然增设了保护公民个人信息的规定，但是公民个人信息的范围并不明确。2016 年全国人大常委会颁布的《网络安全法》第七十六条第（五）项将个人信息界定为："以电子或者其他方式记录的能够单独或者与其他信息结合识别自然人个人身份的各种信息，包括但不限于自然人的姓名、出生日期、身份证件号码、个人生物识别信息、住址、电话号码等。"但是该定义只强调个人信息的"身份识别性"，不能完全应对大数据对公民隐私权的冲击。比如，网络浏览痕迹、下载记录、关键词搜索等信息数据，并不具有自然人身份的识别性，但经过大数据技术的收集与分析后，同样可以产生精确识别网络用户的效果。鉴于此，2017 年 5 月 8 日最高人民法院、最高人民检察院颁布的《关于办理侵犯公民个人信息刑事案件适用法律若干问题的解释》，将

---

❶ 经《刑法修正案（九）》修改后，第二百五十三条之一的条文为：违反国家有关规定，向他人出售或者提供公民个人信息，情节严重的，处三年以下有期徒刑或者拘役，并处或者单处罚金；情节特别严重的，处三年以上七年以下有期徒刑，并处罚金。违反国家有关规定，将在履行职责或者提供服务过程中获得的公民个人信息，出售或者提供给他人的，依照前款的规定从重处罚。窃取或者以其他方法非法获取公民个人信息的，依照第一款的规定处罚。单位犯前三款罪的，对单位判处罚金，并对其直接负责的主管人员和其他直接责任人员，依照各该款的规定处罚。

公民个人信息的范围从"身份识别性"扩大到了"活动识别性",将公民个人信息重新界定为"以电子或者其他方式记录的能够单独或者与其他信息结合识别特定自然人身份或者反映特定自然人活动情况的各种信息"。这就将网络空间中的自然人活动信息也纳入刑法保护的范围之中,增强了大数据时代背景下对公民隐私权的保护力度。

此外,只要从法益保护的思想出发,在遵守罪刑法定原则的前提下对"国家秘密""商业秘密"等概念作合乎时代背景的扩大解释,也同样能够提高对此类信息的刑法保护力度。比如在"新浪微博诉脉脉案"中,"脉脉"超越约定权限,从"新浪微博"的内部系统中抓取了大量用户头像、名称、职业等个人信息。[1] 法院认为,虽然每个"新浪微博"用户的信息是公开的,但是由于这些信息的集合难以为公众知悉,通过大数据技术汇集的 50 多万名用户的信息集合已然具备商业秘密的"秘密性"特征。[2] 虽然该案是一起不正当竞争引起的经济纠纷,但是如果"脉脉"给"新浪微博"造成重大损失的话,也可以按照侵犯商业秘密罪定性。

(二)可以将"重要数据"解释为"国家秘密"

"重要数据"是我国 2016 年颁布的《网络安全法》中新确立的一个概念,但是该法却并未对其予以明确界定。在 2021 年 6 月

---

[1] "北京微梦创科网络技术有限公司诉北京淘友天下技术有限公司等不正当竞争纠纷案",北京市海淀区人民法院一审民事判决书(2015)海民(知)初字第12602 号;"北京淘友天下技术有限公司等与北京微梦创科网络技术有限公司不正当竞争纠纷上诉案",北京知识产权法院二审民事判决书(2016)京 73 民终588 号。

[2] 杨雄文、黄苑辉:《论大数据的商业秘密保护——以新浪微博诉脉脉不正当竞争案为视角》,载《重庆工商大学学报》(社会科学版)2019 年第 4 期,第 140—141 页。

10 日全国人大常委会通过的《数据安全法》第三十八条中，"重要数据"被定义为："一旦泄露可能直接影响国家安全、经济安全、社会稳定、公共健康和安全的数据，如未公开的政府信息、大面积人口、基因健康、地理、矿产资源等。"该条同时规定，"重要数据一般不包括企业生产经营和内部管理信息、个人信息等"。可见，重要数据是具有集体法益属性的。在《刑法》中，"重要数据"可以被解释为"国家秘密或情报"，侵犯重要数据的行为即可通过相关罪名予以制裁。但有人可能认为，有一部分重要数据，比如处于公开状态的自然地理资源数据、人口基因数据、城市交通数据等，无论如何也难以被解释为"国家秘密或情报"。

　　笔者认为，其一，如果这些通常不被认为是国家秘密的信息被集合起来后，确实可能产生危害国家安全的效果，那么，将这些数据的集合认定为《刑法》中的"国家秘密"，不仅具有实质的必要性，而且从解释论的角度来看也完全具有可行性。我国《刑法》中有多个罪名对国家秘密予以保护，但并无对国家秘密的刑法定义。❶ 而按照《中华人民共和国保守国家秘密法》（以下简称《保密法》）第二条的规定，国家秘密是指："关系国家安全和利益，依照法定程序确定，在一定时间内只限一定范围的人员知悉的事项。"那么，只要经过法定程序，通过大数据收集、分析产生的数据就当然可以被认定为我国《刑法》中的国家秘密。

　　其二，虽然大数据应用中产生的"重要数据"可以被解释为"国家秘密"加以刑法保护，但是笔者仍然认为，在对"重要数据"的保护上，刑法应当保持一定的谦抑性。应当首先充分运用

---

❶　相关罪名包括第一百一十一条"为境外窃取、刺探、收买、非法提供国家秘密、情报罪"；第二百八十二条"非法获取国家秘密罪"；第三百九十八条"故意泄露国家秘密罪、过失泄露国家秘密罪"。

行政处罚手段对"重要数据"进行保护。与国外立法相比，我国行政法对侵害"重要数据"行为的处罚力度仍显不足。例如，对于违反"数据境内留存"义务的行为，按照全国人大常委会于2016年颁布的《网络安全法》第六十六条的规定："关键信息基础设施的运营者违反本法第三十七条规定，在境外存储网络数据，或者向境外提供网络数据的，由有关主管部门可以责令改正，给予警告，没收违法所得，处五万元以上五十万元以下罚款，并可以责令暂停相关业务、停业整顿、关闭网站、吊销相关业务许可证或者吊销营业执照；对直接负责的主管人员和其他直接责任人员处一万元以上十万元以下罚款。"与之相比，《欧盟通用数据保护条例》对于同样性质违法行为，可给予违法者高达 2 000 万欧元或者上一财政年度全球营业总额 4% （以数额更高者为准）的罚款。❶ 在未充分发挥行政处罚预防数据违法行为的现状下，我国立法者不宜贸然将侵犯"重要数据"的行为犯罪化。

（三）可以将"数据资产"解释为我国《刑法》中的"财物"

大数据时代，数据不再只是被处理的对象，其本身也已然成为一项可被交易的资产。我国自 2014 年年底建立贵阳大数据交易所以来，数据确权与交易的实践日渐增多。2022 年我国大数据产业规模已高达 1.57 万亿元，同比增长 18% ，成为推动数字经济发展的重要力量。❷ 数据作为一项重要的生产资源，其价值正在不断

---

❶ 《欧盟通用数据保护条例》第 83 条根据不同违法行为设置了两个等级的处罚额度：第一等处罚额最高可达 1 000 万欧元或者上一财政年度全球营业总额 2% ；第二等处罚额最高可达 2 000 万欧元或者上一财政年度全球营业总额 4% 。

❷ 韩鑫：《2022 年我国大数据产业规模达 1.57 万亿元》，载《人民日报》2023 年 2 月 22 日第 1 版。

得到广泛认可，数据资产化与交易化已经成为不可阻挡的必然趋势。但是数据资产能否被解释为我国《刑法》中的"财物"，还存在理论上的争议。

提倡"数据独立保护"的论者普遍认为，将"数据资产"解释为"财物"不仅可能违反罪刑法定原则，而且由于"数据资产"的特殊性质，即使将其视为《刑法》上的"财物"，也不具有司法适用上的可操作性。但笔者认为这种观点并不正确。

首先，将"数据资产"解释为我国《刑法》中的"财物"并不违反罪刑法定原则。"数据资产"和游戏币、游戏装备等"网络虚拟财产"一样，在形式上都表现为二进制的数据符号。刑法学界对于"网络虚拟财产"是否能够被解释为"财物"的问题，一直以来就存在激烈争论，这种理论争议必然延续到数据资产的刑法定位上来。一种观点认为，将以数据形式表现的无形资产解释为《刑法》中的"财物"，会无限拓宽"财物"的概念外延，有违罪刑法定原则的内在精神。应对我国《刑法》中的"财物"作"严格解释"，将其限定在"有体物"的范围之内。❶ 诚然，这种相对严格的解释能够在最大限度上保障公民自由权不受司法的恣意侵犯。但是，这种观点又存在罔顾社会发展的过于保守的缺陷。其实，判断一种解释方案是否违反罪刑法定原则，一方面要判断解释的结论是否突破了法律条文的"语义可能性"，另一方面还应从实质角度判断是否有违一般人的"预测可能性"。学界通说认为，只要坚持这两项标准，就能够保障国民的自由不受恣意性司法的侵害。❷ 笔者认为，一方面在中文语境中，将我国《刑法》中

---

❶ 刘明祥：《窃取网络虚拟财产行为定性探究》，载《法学》2016 年第 1 期，第 158 页。
❷ 欧阳本祺：《论网络时代刑法解释的限度》，载《中国法学》2017 年第 3 期，第 172 页。

的"财物"理解为包括无形资产在内的一切资产并无语义理解上的障碍;❶ 另一方面,随着数据资产化进程的加快,社会公众已经普遍将"数据资产"视为财产的一种特殊类型,也基本不存在违背一般人"预测可能性"的问题。既然如此,将包括数据资产、虚拟资产等在内的无形资产解释为《刑法》中的"财物",最多只能算刑法理论上所允许的扩大解释,而不能认为是违反罪刑法定原则的类推解释。

其次,"数据的可复制性"不应成为"数据资产"被解释为《刑法》中"财物"的障碍。毋庸置疑,和实物资产相比,数据资产存在"可复制性"的基本特征。这就可能导致侵犯数据资产与侵犯实物资产的行为方式存在显著差异。比如窃取实物,必然需要转移被盗物品的占有并取得对赃物的控制。而窃取数据资产,并不需要转移数据权利人对数据资产的控制,而只需要将其复制到另一存储空间即可。有人可能提出,将具有可复制性的数据解释为财物,可能会破坏财产犯罪客观模式的定型性。无论是盗窃罪还是诈骗罪等罪在客观上都表现为财物占有的转移,但是一旦将数据认定为财物,这些已经被类型化的行为模式都将被颠覆。❷但是,笔者认为,在网络时代我们不应固守长期形成的刑法理论教条,不应要求窃取数据的行为与窃取实物资产完全一样的行为模式。虽然,在通过复制方式窃取数据资产的情形中,数据的控

---

❶ 值得注意的是,在德国、日本的民法典中,"物"被明确规定为"有体物"。因此,为了维持罪刑法定原则,就有必要在《刑法》上严格地将"财物"限定在"有体物"的范围内。但是我国《民法典》将物分为动产与不动产,并未将其限定在有体物的范围内。考虑到这一点,也不应对我国《刑法》中的"财物"概念作出如同德日法典理论那样的严格解释。

❷ 车浩:《占有概念的二重性:事实与规范》,载《中外法学》2014 年第 5 期,第1216 页。

制权并未转移，但是数据权利人的利益同样会遭受损失。一旦数据被泄露或为同行竞争者所利用，数据权利人将付出惨重的代价。比如，在"酷米客数据被窃案"中，其竞争对手"车来了"公司利用爬虫技术，日均获取其收集的实时公交位置信息三百万至四百万条，被窃数据的行业估值可高达上亿元。不可能仅仅因为"数据资产"以可复制的数据形式存在，就否定相关行为的刑事违法性与可罚性，否则就必然出现刑法评价的不均衡。

最后，"数据资产"的价值存在较大程度的不确定性，有人可能认为，即使在理论上可以将它视为财物，但是在具体案件中存在认定"数据资产"价值的困难，从有利于司法实践的角度来看，不宜将之视为财物。但笔者认为，一方面，我国数据资产的交易制度正在建立，交易实践正在展开，相关数据交易所也已经开展数据资产价值评估的业务，因此这方面的困难会逐渐得到克服。另一方面，在我国司法实践中，对许多财物的价值认定也同样存在困难，比如对古董、字画等物品，但我国司法机关在实践中已经逐渐形成了一套相对合理、可行的财物价值评估办法。综上所述，将"数据资产"解释为我国《刑法》中的财物不仅具有理论上的必要性，而且也不存在难以克服的实践困难。

四、结论

大数据技术正在加速改变我们的生活方式，然而大数据技术的应用也对我国《刑法》构建的法益保护体系构成了严峻的挑战。在此背景下，部分刑法学者提出了"数据法益独立说"的理论主张，认为"数据法益"或"大数据法益"是一项独立于传统法益之外的新兴法益，据此认为有必要仿照我国台湾地区的做法，构建以数据为中心的"数据独立保护"的保护模式。但是，本书指出：一方面，"数据法益"缺乏明确的独立内涵；另一方面，将"数据"规定为刑法直接保护的、独立于传统法益之外的犯罪客体，不仅会造成法益保护体系的混乱，而且也可能对我国正在蓬勃发展的数据经济造成负面影响。通过适当扩大解释刑法中的相关概念，现行《刑法》基本能够应对大数据技术对刑法法益保护体系的冲击，就目前而言，没有必要将"数据法益"升格为一项独立的刑法法益加以专门保护。在科学技术日新月异的今天，刑法立法者以及刑法学者应当摒弃"刑法万能主义"，以更加理性的态度对待刑法的社会功能。

第六章

信息网络时代增设
"侵犯隐私罪"的教义学证成

一、问题的提出

　　隐私权是一项宪法位阶的基本权利，对隐私的保护不仅事关公民的人格尊严与自由发展，而且还对民主社会的正常运行具有十分重要的价值。❶ 随着我国社会物质文明水平的持续提升，社会公众对于人格尊严的保护提出了更高的要求。然而，借助信息网络科技等现代化手段，侵犯公民隐私权的行为日益严重，偷拍偷窥的黑色产业链逐渐形成并不断壮大。❷ 我国公安部门虽已多次组织对这一黑色产业

---

❶　[英] 詹姆斯·格里芬：《论人权》，徐向东、刘明译，译林出版社 2015 年版，第 270—272 页。

❷　比如，在 2021 年公安部对偷拍偷窥黑色产业链的集中治理中，侦破刑事案件 160 余起，抓获犯罪嫌疑人 860 余名，打掉窃听窃照器材生产窝点 15 个，缴获专用器材 1.1 万件，查获被非法控制的网络摄像头 3 万余个。参见林婧：《公安部严打偷拍偷窥黑产业链》，《北京日报》2022 年 3 月 8 日，第 7 版。

链的集中治理，但是从目前来看成效仍然不大。一个重要的原因在于我国现行《刑法》在保护公民隐私方面还存在某些不足。

就当前的司法实践而言，司法机关主要通过与隐私侵害相关联的手段或目的行为罪名对犯罪人加以惩处。2022 年 2 月 21 日，最高人民检察院以"网络时代人格权刑事保护"为主题发布了第 34 批指导性案例，在第 139 号案例"钱某制作贩卖传播淫秽物品牟利案"（以下简称"钱某案"）中，❶ 最高人民检察院对偷拍偷窥等行为的法律适用作了详细说明。其认为，行为人偷拍他人隐私的行为方式和目的各不相同，应区分不同情形适用不同罪名。如果行为人非法使用偷拍设备窥探他人隐私，未用于贩卖传播，相关设备经鉴定属于窃听窃照专用器材，且造成严重后果的，应以非法使用窃听窃照专用器材罪追究刑事责任；如果行为人通过远程操控方式侵入他人安装的摄像头后台信息系统，情节严重的，应以非法控制计算机信息系统罪定性追责；如果行为人偷拍他人隐私后又贩卖传播的，应定性为传播淫秽物品牟利罪；如果行为人偷拍他人隐私且用于敲诈勒索的，应按敲诈勒索罪论处。❷

但是，对通过上述罪名来遏制日益猖獗的侵犯隐私行为，笔者持怀疑态度。只要我们稍加推想，即可发现我国现行刑法体系在隐私保护上可能存在以下几点缺漏。其一，如果行为人使用的并非窃听窃照专用器材，且未将获取的隐私信息传播牟利的，我

---

❶ 该案的基本案情为：钱某于 2017 年 11 月从网上购买了偷拍设备，分别安装在多家酒店客房内，先后偷拍 51 对入住旅客的性行为，并将编辑、加工的偷拍视频文件保存至互联网云盘，通过非法网站、即时通信软件发布贩卖信息。此外，钱某还以"付费包月观看"的方式，先后 182 次为他人通过网络实时观看入住旅客的性行为。法院以制作、贩卖、传播淫秽物品牟利罪判处其有期徒刑三年六个月，并处罚金五千元。

❷ 钱某制作贩卖传播淫秽物品牟利案，最高人民检察院第三十四批指导性案例第 139 号（2022 年）。

国《刑法》似乎难以将之纳入打击范围。其二，如果行为人并非利用技术手段侵入他人的摄像头，而是自行在旅馆、试衣间等场所安装摄像头，并将摄像头口令贩卖供他人实时围观的，似乎也无法对之以刑法予以规制。其三，对于利用专业工具或者通过购买他人摄像头口令方式偷拍偷窥他人隐私，情节严重的，我国现行《刑法》也难以将之作为打击对象。

这些问题的提出必然会产生两种问题解决的路径。我国司法机关和部分学者可能会继续挖掘《刑法》条文的现有资源，通过扩张解释的方式弥补可能存在的漏洞。但笔者认为，各种解释方案都不可行，我国立法机关应当尽快将解决问题的思路转移到完善立法的轨道上来。然而，我国学界的现有立法研究要么过于依赖比较法上的经验借鉴，[1] 要么缺乏严密的分析论证。[2] 但是，立法论必须建立在解释论的基础之上，"只有借助法教义学才能发现规范与生活之间的真实裂缝，如果这种裂缝的弥合是刑法解释所不能完成的，我们才可以说这是一个真正的漏洞，才需要将之视为一个立法论的命题。"[3] 鉴于此，本书首先以教义学的方法对我国刑法体系在隐私保护上的疏漏进行详细分析，进而对增设侵犯隐私罪的理论基础作出论证。

---

[1] 参见王立志教授的系列论文。《美国隐私权刑法保护之评析》，载《学术交流》2009 年第 6 期；《台湾地区隐私权刑法保护之评析》，载《河南大学学报（社会科学版）》2013 年第 6 期；《澳门地区隐私权刑法保护及其评析》，载《学术交流》2014 年第 7 期。

[2] 比如高艳东教授也已提出我国应当增设侵犯隐私罪的观点，但目前还缺少详细论证。参见高艳东：《增设侵犯隐私罪 斩断偷拍产业链》，载《环球时报》2021 年 12 月 28 日，第 15 版。

[3] 姜涛：《法教义学的基本功能：从刑法学视域的思考》，载《法学家》2020 年第 2 期，第 42 页。

二、我国《刑法》保护"隐私法益"的路径及其疏漏

（一）通过规制手段行为间接保护隐私

1. 非法使用窃听窃照专用器材罪

如前所述，最高人民检察院认为，当行为人非法使用窃听窃照设备窥探他人隐私，未用于贩卖、传播，相关设备经鉴定属于窃听窃照专用器材，造成严重后果的，应以非法使用窃听窃照专用器材罪追究刑事责任。❶ 然而，由于构成该罪需要"专用器材"和"造成严重后果"两个要素，该罪打击隐私侵害行为的能力明显不足。

其一，本罪中窃听窃照"专用器材"的外延狭窄，极易被偷拍偷窥行为人规避。我国立法机关认为，所谓"窃听窃照专用器材"，是指具有窃听窃照功能，并专门用于窃听窃照的器材，比如窃听器、微型录音机或者微型照相机等。❷ 这个定义意在强调窃听窃照器材的"专用性"特征，但并未对何谓"专用性"予以解释。2014 年 12 月 23 日原国家工商行政管理总局、公安部以及原国家质量监督检验检疫总局联合颁布《禁止非法生产销售使用窃听窃照专用器材和"伪基站"设备的规定》，其第四条规定，窃照专用器材是指以伪装或隐蔽方式使用，经公安机关依法进行技术检测，通常具有无线发射、微型针孔摄像、取消取景器和回放器、可遥

---

❶ 陈国庆：《利用信息网络侵犯公民人格权行为的刑法规制——最高人民检察院第 34 批指导性案例述评》，载《中国刑事法杂志》2022 年第 2 期，第 14 页。

❷ 全国人大常委会法制工作委员会刑法室：《中华人民共和国刑法：条文说明、立法理由及相关规定》，北京大学出版社 2009 年版，第 589 页。

控性等特征的器材。❶ 根据该规定，伪装成手机充电器、打火机、晾衣架等各种伪装性、隐蔽性强的针孔摄像设备，通常都可以被认定为窃照专用器材。❷ 但是，只要有"专用性"的限制，该罪的打击范围必然有限。一方面，"微型"是鉴定是否构成窃照专用器材最为重要的外在特征，但由于民用照相设备也出现了微型化的趋势，违法分子通过微型民用照相设备同样可以实现偷拍偷窥的目的。有媒体报道，在一些电商平台上输入"微型监控""摄像头隐身"等关键词，可以弹出不少灰色产品，而这些监控设备的销售者纷纷将"小"和"隐蔽"作为主要卖点。❸ 笔者通过在主流电商平台上检索，也可证实这一点，一些用于居家安防和车载监控的微型摄像头已经非常小巧轻薄，足以用来偷拍偷录。❹ 但由于这些设备的民用功能与价值，不可能被公安机关认定为窃听窃照的专用器材。❺ 另一方面，已经普及化的智能手机实际上就载有针孔摄像头，虽然使用智能手机偷拍的隐蔽性较差，但实践中多发的裙底偷拍、厕所偷拍等行为就是通过智能手机完成的。换言之，该罪构成要件中的"专用性"要素，严重限制了该罪打击侵害隐私行为的范围。

　　其二，构成该罪还需要"造成严重后果"，这就进一步限制了其

---

❶ 《国家工商行政管理总局、公安部以及国家质量监督检验检疫总局〈禁止非法生产销售使用窃听窃照专用器材和"伪基站"设备的规定〉》，（〔2014〕第72号令），第四条。

❷ 参见罗某非法销售窃听、窃照专用器材案，河南省新乡市中级人民法院二审刑事裁定书（2019）豫07刑终343号。

❸ 徐伟：《非法摄像头偷拍行为猖獗 专家呼吁多措并举坚决斩断偷拍黑色产业链》，载《法治日报》2021年6月7日，第2版。

❹ 比如，在近期新闻媒体的报道中，经常出现一些违法分子通过将微型摄像头粘贴于鞋面的方式进行裙底偷拍的案件。

❺ 周光权：《刑法各论》，中国人民大学出版社2016年版，第347页。

保护隐私的能力。所谓"造成严重后果",不仅内涵外延不清,而且有被滥用的可能。❶ 学界通说认为,该罪中的"造成严重后果",是指造成他人精神失常、家庭破裂以及受害者自杀等情况。❷ 但对于偷拍偷窥行为而言,通常并不会造成上述严重后果,那么即使行为人使用的确实是窃听窃照专用器材,也极有可能不会面临刑事制裁。❸

2. 非法控制计算机信息系统罪

司法机关认为,行为人通过远程操控侵入他人自行安装的摄像头后台系统,窥探他人私密空间、私密活动,情节严重的,应当以《刑法》第二百八十五条第二款规定的非法控制计算机信息系统罪追究刑事责任。但是该罪打击隐私侵犯行为的范围也十分狭窄。

根据《刑法》第二百八十五条第二款的规定,侵入国家事务、国防建设、尖端科学技术领域以外的计算机信息系统并进行控制,情节严重的,构成非法控制计算机信息系统罪。2011 年 8 月 1 日最高人民法院、最高人民检察院联合颁布的《关于办理危害计算机信息系统安全刑事案件应用法律若干问题的解释》规定,非法控制他人计算机信息系统 20 台以上的,可认定为"情节严重"。❹该规定可以在一定程度上将侵入摄像头并窥探他人隐私的行为纳入规制范围。但是一方面,该罪无法打击违法分子自行安装摄像头或通过手机偷拍侵害隐私的行为。比如,在"钱某案"中,犯

---

❶ 参见李熠、杨凡、刘阳非法使用窃听窃照专用器材案,湖南省怀化市中级人民法院驳回申诉通知书(2016)湘 12 刑申 26 号。

❷ 周光权:《刑法各论》,中国人民大学出版社 2016 年版,第 347 页。

❸ 比如,在 2019 年轰动全国的"优衣库偷拍事件"中,行为人在试衣间安装了专用于窃照的针孔摄像头,仅被处以 10 天的行政拘留。

❹ 《最高人民法院、最高人民检察院〈关于办理危害计算机信息系统安全刑事案件应用法律若干问题的解释〉》,(法释〔2011〕19 号),第一条。

罪人就是自行购买偷拍设备并在多家旅馆的客房中安装，然后将偷拍的性活动存储下来贩卖给他人，或者直接提供账号供他人实时在线观看。显然，钱某没有侵入"他人"的计算机信息系统，不可能按照该罪论处。另一方面，倘若行为人并未控制20台以上的计算机信息系统，而只是对特定个人的计算机系统予以长期控制的，也难以利用本罪加以制裁。

（二）通过制裁目的行为间接保护隐私

1. 传播淫秽物品牟利罪

有人可能认为，将新型的通过贩卖摄像头口令的方式侵害隐私的行为按照传播淫秽物品牟利罪论处，即可在很大程度上弥补法益保护的漏洞。我国司法机关也持这种观点。对于偷拍偷录同时将内容保存下来加以贩卖的行为，定性为传播淫秽物品牟利罪确实不存在争议，但问题是，在行为人向他人提供摄像头账号密码，购买者通过网络实时观看的情形下，能否将"实时隐私活动"解释为"淫秽物品"呢？在"钱某案"中，司法机关认为钱某有偿提供互联网链接，他人付费实时观看的情形，与建立"点对面"式色情直播的性质相同，定性为传播淫秽物品罪没有问题。❶ 但长期以来，我国刑法学界对这种解释持有强烈的批评态度。笔者同样认为司法机关的上述解释不具有正当性。

第一，从文义上说，"淫秽物品"必须具有一定形式的物质载体，而他人的实时隐私活动只体现为一种信息流，没有任何物质形式的存在。我国《刑法》第三百六十七条规定，所谓"淫秽物品"，是指具体描绘性行为或者露骨宣扬色情的海淫性的书刊、影

---

❶ 钱某制作贩卖传播淫秽物品牟利案，最高人民检察院第三十四批指导性案例第139号（2022年）。

片、录像带、图片以及其他淫秽物品。2004 年最高人民法院、最高人民检察院出台的《关于办理利用互联网、移动通讯终端、声讯台制作、复制、出版、贩卖、传播淫秽电子信息刑事案件具体应用法律若干问题的解释》将"淫秽物品"的外延进一步拓展到电子类的物品，比如淫秽的视频、音频等。❶ 笔者并不否认他人隐私空间中的性活动在网络传播后即具有"诲淫性"，❷ 但是将实时隐私活动解释为淫秽物品则明显突破了文义解释的限度。其一，"淫秽物品"必须具有物质载体性，不管是淫秽图书、录像带等传统的有体物形式的淫秽物品，还是淫秽视频、电子图片等无体物形式的淫秽物品，它们都以一定的物质形式存在，否则在文义上就不可能被称为"物品"。有学者认为，既然淫秽物品的范围能够扩张到电子淫秽信息，就也能扩张到实时的淫秽活动，因为当通过镜头直播他人的活动时，这种活动已经以电子数据流的形式存在了。❸ 然而这种解释过于牵强。笔者认为，应当将他人的实时隐私活动或者网络色情直播定性为人的活动而非物品，即使存在一种电子数据流，但这种数据流如果没有进行保存而只是供他人实时观看的话，当直播结束或者突然断电后，将不会有任何物质形态的东西留存下来。❹ 这与作为电子数据保存下来并可不断复制、重复观看的视频等电子数据类淫秽物品具有截然不同的性质。其

---

❶ 《最高人民法院、最高人民检察院〈关于办理利用互联网、移动通讯终端、声讯台制作、复制、出版、贩卖、传播淫秽电子信息刑事案件具体应用法律若干问题的解释〉》（法释〔2004〕11 号），第九条。

❷ 虽然对于受害人而言是正常的性行为，但客观而言对于受众来讲却具有无端引诱淫欲的效果。

❸ 王树民、许博：《网络裸聊的治安管理法律规制》，载《中国人民公安大学学报》（社会科学版）2011 年第 6 期，第 75 页。

❹ 陈奕屹：《论网络直播平台经营者放任平台内色情直播行为的刑事责任》，载《法律适用·司法案例》2019 年第 24 期，第 7 页。

二，不可否认的是，文义具有一定的波动性，文义的延展情况还要受到特定时期内一国国民的理解可能性或者说预测可能性的制约。自由主义刑法在强调公民行动自由的基础上，尽量给予法解释更大的灵活性以应对不断变化的社会现实。就能否将实时的性活动解释为淫秽物品而言，笔者认为这种解释也不能通过可预测性标准的检验。比如，我们在物理空间中实时观看一场淫秽表演，不可能说我们观看了一个淫秽物品。再比如，当某个女性球迷脱光衣服冲入球场，我们也不可能说看到了一个淫秽物品。❶ 因此，多数学者认为，将实时在线的色情直播解释为淫秽物品属于不可被接受的类推解释。❷

第二，从实质的社会危害性层面来讲，也不能证明将隐私空间中的性活动解释为淫秽物品具有正当性。有实务人员指出，网络色情直播比之传统淫秽物品的社会危害性更大，法官不应拘泥于物品的一般含义。❸ 学界也有人认为，与传统形式的淫秽物品相比，通过网络直播淫秽活动的社会危害性有过之而无不及。❹ 但笔者并不赞同这种看法。其一，无论是传统的淫秽图书、录像带，还是以电子数据形式存在的视频、图片，其与实时淫秽活动相比，最重要的特征在于它们都具有一定形式的物质载体。这就决定了前者可以被不断复制、反复观看，一般而言其传播范围就更大。日本学者大塚仁先生也曾指出，猥亵文书具有散布范围广的特点，

---

❶ 黄继坤：《刑法类推解释如何得以进行——刑法演绎推理中的类推解释》，载《现代法学》2011 年第 5 期，第 72 页。

❷ 高巍：《论"网络裸聊"的司法认定——以罪刑法定原则为边界》，载《中国刑事法杂志》2007 年第 5 期，第 58 页。

❸ 聂昭伟：《网络裸聊行为能否成立传播淫秽物品牟利罪》，载《人民司法·案例》2008 年第 12 期，第 55 页。

❹ 袁博：《论扩张解释在刑事案件中的应用》，载《政治与法律》2013 年第 4 期，第 151 页。

与仅在特定时间内的色情表演相比，具有更加显著的社会危险。❶
其二，在我国《刑法》中，色情表演行为并未被规定为犯罪，但
组织淫秽表演情节严重的处三年以上十年以下有期徒刑，而传播
淫秽物品牟利罪被规定为性质十分严重的犯罪，情节特别严重的
可以判处无期徒刑。这也可以表明，在我国立法者的价值观念中，
实时色情表演的社会危害性要小于传播淫秽物品的社会危害性。

第三，通过扩张解释"淫秽物品"的方式加强对隐私法益的
保护，也与全世界范围内风俗犯罪除罪化的趋势不符。对于性风
俗犯罪所侵害的法益，学界一般认为，此类犯罪侵害的是社会中
良善的性风俗、性观念。❷ 然而，对此类犯罪存在真实的法益侵害
性，刑法理论界出现了越来越多质疑的声音。一种有力的观点认
为，只要相关行为不涉及未成年人就可以说没有实际的被害人，
成年人之间买卖淫秽物品的行为不具有任何法益侵害性。❸ 西田典
之教授认为，如果只是为了维护一种道德伦理秩序，那么可以考
虑《日本刑法典》中的公然猥亵罪、散发猥亵物罪等性风俗犯罪
是否还有继续存在的必要。❹ 正是基于上述考虑，自 20 世纪以来
西方各国纷纷将通奸、单纯卖淫等行为除罪化。❺ 笔者认为，在这
种趋势下我国也不应当为了加强隐私保护而继续扩大传播淫秽物

---

❶ ［日］大塚仁：《刑法概说（各论）》（第 3 版），冯军译，中国人民大学出版社
2003 年版，第 484 页。

❷ 张明楷：《刑法学（下）》，法律出版社 2021 年版，第 1538 页。近来，桑本谦教
授提出了一个较为新颖的观点，认为包括传播淫秽物品牟利罪在内的色情犯罪侵
害的主要法益是国家竞争力。参见桑本谦：《网络色情、技术中立与国家竞争
力——快播案背后的政治经济学》，载《法学》2017 年第 1 期，第 79 页。

❸ 张明楷：《外国刑法纲要》，清华大学出版社 2007 年版，第 686 页。

❹ ［日］西田典之：《日本刑法各论》（第七版），桥爪隆补订，刘明祥、王昭武译，
法律出版社 2020 年版，第 442 页。

❺ 胡波：《风俗犯罪的处罚根据初论——以风俗犯罪正当化的考察为视角》，载
《北方法学》2020 年第 2 期，第 76 页。

品罪的打击范围。

2. 侮辱罪与敲诈勒索罪

在我国的司法实践中，还存在通过侮辱罪和敲诈勒索罪间接保护公民隐私的情形。但这两个目的犯罪名，对于弥补我国《刑法》在隐私保护上的疏漏也起不到多大效果。在最高人民检察院发布的第 138 号指导性案例中，岳某在与张某交往的过程中多次拍摄张某的裸体照片和视频，但在张某要求与其断绝男女朋友关系后，岳某多次在朋友圈发布张某的隐私照片和视频，还将之发送给张某的家人，张某最终不堪其辱服毒身亡。法院以侮辱罪对岳某的行为予以定性并判处其有期徒刑二年八个月。❶ 对于该案中岳某的行为，按照侮辱罪进行定性没有任何争议。但是该罪毕竟是目的犯，构成该罪需要查明行为人具有破坏特定自然人名誉、贬低特定自然人人格的目的，❷ 而实践中绝大部分的偷拍偷窥行为，并不带有这样的目的，因而无法运用该罪名予以打击。最高人民检察院在第 139 号案例中还提及，如果行为人以非法占有他人财物为目的，通过偷拍获取他人隐私，进而要挟他人获取财物的，可以敲诈勒索罪追究刑事责任。❸ 同样地，该罪也属于刑法中的目的犯，构成该罪需要查明行为人具有非法占有他人财物的目的，此外还要证明存在敲诈勒索他人财产的实行行为，因此该罪也只能在极少部分的案件中起到间接的隐私保护作用。

综上，由上述手段行为或目的行为罪名编织起来的隐私保护

---

❶ 岳某侮辱案，最高人民检察院第三十四批指导性案例第 138 号（2022 年）。

❷ 陈国庆：《利用信息网络侵犯公民人格权行为的刑法规制——最高人民检察院第 34 批指导性案例述评》，载《中国刑事法杂志》2022 年第 2 期，第 12 页。

❸ 钱某制作贩卖传播淫秽物品牟利案，最高人民检察院第三十四批指导性案例第 139 号（2022 年）。

之网，要么根本无法打击未使用专用窃照器材且未传播的偷拍偷窥行为，要么已经突破法解释的文义限度将以贩卖摄像头口令方式侵犯隐私的行为强行纳入刑法予以打击，显然，仅仅依靠上述罪名无法满足当今时代的隐私法益保护任务。

三、通过扩张解释"个人信息"的方式强化隐私权的刑法保护：可能性与局限性

与我国司法机关的态度不同，有刑法学者提出，鉴于如今偷拍偷窥等严重侵犯公民隐私的行为日益猖獗，极有必要扩张《刑法》第二百五十三条之一侵犯公民个人信息罪中"个人信息"的外延，去除我国《民法典》《网络安全法》《个人信息保护法》以及 2017 年最高人民法院、最高人民检察院出台的《关于办理侵犯公民个人信息刑事案件适用法律若干问题的解释》（以下简称《个人信息刑事案件的解释》）中规定的"可识别性"限定因素，以此将包括不具可识别性的个人隐私部位、隐私空间中的活动信息等都纳入该罪的保护范围之中，进而实现对公民隐私的全方位保护。❶ 如果采纳这种解释论方案，确实能够迅速提升我国《刑法》保护隐私的效能，将前文提出的法益保护漏洞予以填补。但是，这一解释论方案是否可行还有必要作进一步的论证。

（一）"可识别性肯定论"的主要论据及不足

1. 偷拍偷窥等行为的法益侵害性尚不严重的观点落后于时代

学界有一种观点认为，在我国目前的法律体系中，公民隐私

---

❶ 晋涛：《刑法中个人信息"识别性"的取舍》，载《中国刑事法杂志》2019 年第 5 期，第 63 页；张勇：《个人信息去识别化的刑法应对》，载《国家检察官学院学报》2018 年第 4 期，第 91 页。

权和个人信息权益被区分开来保护，对于侵犯具有识别性的个人信息的行为，通过刑法加以制裁，而对于侵犯不具有识别性的隐私信息的行为，最多适用《治安管理处罚法》加以惩处，法律适用原则十分清晰，契合梯度区分的保护原则。❶ 诚然，具有可识别性的个人信息一旦被泄露，极有可能导致人身伤害、财产诈骗等恶性犯罪，对侵犯这类信息予以更大力度的打击确实具有正当性。这也正是我国立法机关在 2009 年《刑法修正案（七）》中增设第二百五十一条的原因之一，❷ 也是我国最高司法机关在 2017 年出台的《个人信息刑事案件的解释》中明确个人信息"可识别性"内涵的原因所在。但是，认为侵犯不具有识别性的隐私信息的法益侵害性不严重，不需要在刑法中加以规制的想法显然已落后于时代的发展。

一方面，当前我国公民的隐私保护意识日益提高，对于隐私被侵害或者隐私缺乏所带来的精神痛苦越来越敏感。早在一百多年前的美国，联邦最高法院大法官布兰代斯和其好友沃伦在其不朽名篇《隐私权》一文中指出，文明的前行使人们的生活日渐紧张复杂，适时远离世事纷扰极有必要；侵害个人隐私，使人遭受精神上的痛苦与困扰，较之纯粹身体上的伤害有过之而无不及。❸人从物质生活中，只能得到部分的满足。❹ 此后，隐私权以不同方式在西方法治国家的法律体系中生根发芽，逐渐上升为一项具有

---

❶ 周汉华：《平行还是交叉：个人信息保护与隐私权的关系》，载《中外法学》2021 年第 5 期，第 1169 页。

❷ 全国人大常委会法制工作委员会刑法室：《中华人民共和国刑法：条文说明、立法理由及相关规定》，北京大学出版社 2009 年版，第 518 页。

❸ ［美］路易斯·D. 布兰代斯等：《隐私权》，宦盛奎译，北京大学出版社 2014 年版，第 6—7 页。

❹ ［美］路易斯·D. 布兰代斯等：《隐私权》，宦盛奎译，北京大学出版社 2014 年版，第 105 页。

宪法位阶的基本权利。❶ 应当说，对于隐私权及其中所蕴含的对人格尊严的尊重是不同文明发展的共同趋势。随着改革开放以来我国物质文明水平与教育普及程度的持续提高，中国社会已经进入一个极为重视保护人格尊严的时代。与前人相比，网络时代的中国人已从对隐私保护的麻木状态中苏醒过来。如果说法益概念的内涵具有变动性，❷ 那么隐私作为一项法益在我国国民意识中地位的逐渐抬升是一个确定无疑的事实。

另一方面，与我国国民隐私保护意识日渐高涨并行的是，隐私侵害行为的恶劣程度也日益提高。在之前的网络社会中，侵害隐私主要表现为侵入住宅、私拆信件等传统形式；而当今的隐私侵害行为借助信息网络技术变得更加频繁、隐蔽，更能侵犯到隐私利益的核心。利用智能手机进行偷拍的行为越发多见；利用黑客技术侵入并控制他人摄像头成为侵犯隐私的新形态。入住民宿被直播、商场试衣被偷拍甚至在家里也被偷拍围观，网络技术与人性之恶相互叠加形成合力，偷拍偷窥黑色产业链迅速形成并壮大，我国公民的隐私利益正陷于被严重侵害与被侵害的威胁之中。显然，认为只有可识别的个人信息才需要在刑法中加以保护，而将不可识别的个人隐私部位、隐私空间、隐私活动等信息留给民法或者行政法进行保护就已足够的观点，已经落后于社会现实与时代需求。

2. 维护数据产业健康发展的观点并不准确

在我国刑法学界有一种观点认为，刑法之所以只保护具有可

---

❶ 方新军：《一项权利如何成为可能？——以隐私权的演进为中心》，载《法学评论》2017 年第 6 期，第 110—112 页。

❷ ［德］克劳斯·罗克辛：《德国刑法学总论（第 1 卷）》，王世洲译，法律出版社 2005 年版，第 16 页。

识别性的个人信息的原因在于，来源于个人信息的数据是大数据产业的基本生产要素，倘若对个人信息的保护程度过高会对数据经济的健康发展造成负面影响。❶ 大数据时代，刑法应坚守谦抑性，为大数据应用留下空间。❷ 个人信息数据具有重大的公共价值和商业价值，刑法只应保护具有可识别性的个人信息。❸ 这种观点日渐流行，但笔者认为该观点有将问题简单化的嫌疑，并不完全正确。

诚然，笔者也认为个人信息数据的流动与开放是发展数据经济的基础，在加强对个人信息的人格权保护的同时应当平衡考虑个人信息的社会经济价值。习近平同志在谈及网络强国时指出，信息流能够引领技术流、资金流与人才流，信息资源日益成为重要生产要素与社会财富，信息掌握的多寡直接成为国家软实力和竞争力的重要标志。❹ 在商业实践中，个人信息处理者可以利用客户的个人信息数据研发数据产品，促进技术创新，更好地满足市场需求。❺ 通过对大数据的分析，可以优化财务管理、人力资源管理、供应链管理等业务流程，提升市场竞争力。❻ 对目前正在迅速

---

❶ 张忆然：《大数据时代"个人信息"的权利变迁与刑法保护的教义学限缩》，载《政治与法律》2020 年第 6 期，第 57 页；叶良芳、应家赟：《非法获取公民个人信息罪之"公民个人信息"的教义学阐释》，载《浙江社会科学》2016 年第 4 期，第 75 页。

❷ 于冲：《侵犯公民个人信息罪犯罪圈的"收缩"与出罪化路径》，载《青海社会科学》2021 年第 1 期，第 175 页。

❸ 马永强：《侵犯公民个人信息罪的法益属性确证》，载《环球法律评论》2021 年第 2 期，第 105 页。

❹ 中共中央党史和文献研究院编：《习近平关于网络强国论述摘编》，中央文献出版社 2021 年版，第 129 页。

❺ ［美］拉塞尔·沃克：《从大数据到巨额利润》，王正林译，广东人民出版社 2019 年版，第 323 页。

❻ ［美］托马斯·H. 达文波特、珍妮·哈里斯：《大数据竞争力：如何成为真正的数据分析型企业》，邵旖旎译，人民邮电出版社 2021 年版，第 73 页。

发展的平台经济而言，个人信息数据更是其关键性生产要素，平台企业通过收集、分析个人浏览记录、购买记录、交易方式等信息，实现对用户的精准营销。❶ 在社会管理和商业领域中收集起来的巨量数据信息，还可以为提升我国社会管理效能，促进科学研究提供关键性支撑。❷ 笔者认识到，个人信息的合理利用对于数据经济的发展乃至我国的社会管理至关重要，但是这一论点并不能证明《刑法》第二百五十三条之一中的"个人信息"一定要被限定为"可识别性"的个人信息。

我们不能将不具可识别性的个人信息与经济社会等公共价值等同起来。上述论者的一个普遍潜在共识是，不能识别到特定自然人的信息，特别是经过匿名化处理的个人信息具有人格关联性弱、社会价值性强的特征，对于这一类信息应当赋予数据收集者与处理者更充分的自主使用权。部分民法学者甚至明确提出，应当赋予信息处理者对于个人信息大数据的财产权。❸ 张新宝教授也认为，信息处理者对个人信息的财产权益，不是从个人处继受取得，而是基于合法的处理行为原始取得。❹ 个人对经过处理后的个人信息数据依然具有一定的支配力，但其程度随着可识别性的降低而不断衰弱，直至消亡；匿名化的个人信息不具有可识别性，处理者对其进行处理不会给个人带来风险，故其应当成为处理者不受个人支配的数据财产。❺ 但是作出这一论断的前提是，论者所

---

❶ 丁晓东：《用户画像、个性化推荐与个人信息保护》，载《环球法律评论》2019年第 5 期，第 82 页。

❷ 李谦：《人格、隐私与数据：商业实践及其限度》，载《中国法律评论》2017 年第 2 期，第 135—136 页。

❸ 冯晓青：《数据财产化及其法律规制的理论阐释与构建》，载《政法论丛》2021年第 4 期，第 89 页。

❹ 张新宝：《论个人信息权益的构造》，载《中外法学》2021 年第 5 期，第 1161 页。

❺ 张新宝：《论个人信息权益的构造》，载《中外法学》2021 年第 5 期，第 1162 页。

谓的个人信息仅指网络浏览记录、购物记录、行程记录甚至看病记录等具有公共价值的个人数据，而忽视了有一些信息本身就没有外部性的公共价值，但却具有核心的个人尊严价值，比如本书所探讨的个人隐私部位、隐私空间中的性行为等。即使这些信息不具有可识别性，也不能否认它们应得到刑法保护的合理性。显然，上述论者的视野过度聚焦于数据产业中的相关数据，而忽视了与人格尊严具有强关联性的一些不具识别性的隐私信息。换言之，不能用"可识别性"这一单一标准绝对地区分个人信息中人格尊严的价值。必须明确的是，个人信息不等于隐私，但应将隐私保护作为个人信息利用的前提。❶

3. 将本罪的保护法益解释为"个人信息权"也不是肯定可识别性标准的充分理由

在是否要将"个人信息"限制解释为具有"可识别性"的个人信息的问题上，众多学者提出，能否作出这种解释，应当在规范目的上进行考察。毕竟法益概念具有构成要件的解释机能，目的论解释才是决定解释结果的最终原因。据此，一些学者对《刑法》第二百五十三条之一的保护法益展开研究。王昭武教授认为，该罪保护的法益是"公民隐私权"，个人隐私权应当与个人的财产权、人身权一样在刑法中作单独保护，我们每个人都依赖隐私而相对平稳地生活在社会之中；我国目前没有保护隐私的专门刑法条文，应期待第二百五十三条之一的增设可以堵住隐私法益保护的漏洞。❷ 但是绝大多数学者认为，本罪的保护法益应当是"个人

---

❶ 高富平：《论个人信息保护的目的——以个人信息保护法益区分为核心》，载《法商研究》2019 年第 1 期，第 93 页。

❷ 王昭武、肖凯：《侵犯公民个人信息犯罪认定中的若干问题》，载《法学》2009 年第 12 期，第 148 页。

信息权", 而非已经过时的"隐私权"。刘艳红教授认为, 网络时代的个人信息不仅具有人格属性, 而且更具有财产属性; "隐私权说"涵盖不了个人信息的财产属性, 只有将该罪保护法益认定为个人信息权, 才可以充分体现对公民人格及财产利益的综合性保护。❶ 数据财产化理论的提出者劳伦斯·莱斯格 (lawrence Lessig) 也指出, 随着数据经济的兴起, 个人信息与数据资产的关系变得复杂化, 传统上对个人信息的隐私权保护模式, 已经无法适应数据流动和利用的巨大市场需求。❷ 笔者在此无意对侵犯公民个人信息罪的保护法益究竟为何展开详细论辩, 但笔者认为, 即使将本罪法益解释为"个人信息权", 更进一步说是"个人对自己信息的决定权、控制权与支配权", ❸ 也不能因此就将"个人信息"限制解释为"可识别特定自然人的个人信息"。

因为其一, 个人信息与隐私在外延上属于交叉关系, 而非独立关系。❹ 个人信息既包括尚未公开的隐私信息, 也包括已经公开的个人信息。而按照《民法典》第一千零三十二条的规定, 隐私是自然人的私人生活安宁和不愿为他人所知晓的私密空间、私密活动、私密信息。那么从逻辑上看, 至少在私密信息这一点上, 个人信息与隐私的范围出现了交叉。如果我们撇开民法等前置法的规定, 仅从文义上分析, 甚至可以认为个人信息与隐私具有包

---

❶ 刘艳红:《侵犯公民个人信息罪法益: 个人法益及新型权利之确证》, 载《中国刑事法杂志》2019 年第 5 期, 第 31 页。

❷ 张忆然:《大数据时代"个人信息"的权利变迁与刑法保护的教义学限缩》, 载《政治与法律》2020 年第 6 期, 第 55 页。

❸ 刘艳红:《民法编纂背景下侵犯公民个人信息罪的保护法益: 信息自决权——以刑民一体化及〈民法总则〉第 111 条为视角》, 载《浙江工商大学学报》2019 年第 6 期, 第 20 页。

❹ 王利明:《论个人信息权的法律保护——以个人信息权与隐私权的界分为中心》, 载《现代法学》2013 年第 4 期, 第 65 页。

容关系，前者的范围更大，个人信息完全可以包括个人的隐私信息以及有关隐私部位、隐私空间、隐私活动的全部内容。学界有人认为，公民的个人信息就是指公民个人身份信息、相貌信息、语音信息等能够判断出特定个人的信息，否则也就不能称为"个人"信息，而与非个人信息无异了。❶ 但是这种观点是对"个人信息"从语义上作出的限定，我们完全可以将"个人信息"解释为来源于个人的信息或者与个人有关的信息。学界与实务界一般也认为，个人信息数据以三种形态存在，即实名制的个人信息数据、去标识化的个人信息数据以及匿名化的个人信息数据。❷ 可见，业界也没有认为不具识别性的个人信息不是个人信息。

　　其二，即使我们将本罪法益解释为"个人信息权"，也不能说个人仅对具有可识别性的个人信息具有自决、控制与支配权，而对不具识别性的个人信息就绝对没有这些权利。人格尊严是否被侵害，公共价值是否大于人格价值，对于这样的价值衡量问题，不能仅仅根据信息是否可识别来判断。我们需要一个更加实质的、动态的判断体系，而非僵化的、固定的判断标准。在衡量人格保护与数据利用方面，欧美个人信息保护立法普遍引入了"场景导向的理念（contextual approach）"。❸ 德国的"领域理论"将个人信息的隐私利益比喻为一个从内到外权重渐次降低的圆圈，个人活动按照私密性的高低被划分为三个领域，即隐私领域、私人领域和社会领域。最核心的隐私领域属于个人生活的内核，个人活动的私密性最高、社会性最低，该领域中的个人活动不应受到法

---

❶ 陈伟：《数据化时代"公民个人信息"的范围再界定》，载《西北民族大学学报》2021 年第 2 期，第 90 页。

❷ 张新宝：《论个人信息权益的构造》，载《中外法学》2021 年第 5 期，第 1159 页。

❸ 范为：《大数据时代个人信息保护的路径重构》，载《环球法律评论》2016 年第 5 期，第 96 页。

律限制。中间层私人领域中的个人活动的私密性低于隐私领域，而社会性高于隐私领域，国家可以基于公共利益在比例原则的指导下进行干涉。最外层的社会领域中的个人活动与社会利益紧密相连，几乎没有私密性，可以予以最大限度的限制。● 在信息网络与大数据时代，这种动态化、场景化的个人信息保护理论完全可以为建构我国的人格权保护理论提供参考。我们在解释《刑法》第二百五十三条之一中"个人信息"的内涵时，也可以借鉴该理论作出更加灵活的考虑。一方面，对于大数据分析具有重要价值的个人信息，已经去标识化或匿名化处理，个人的信息自决权就将随着可识别性程度的降低而减弱；另一方面，对于那些毫无外部价值的个人信息，即便一开始就不具有可识别性，也因其处于核心的隐私层而仍然应当被包括在个人信息的范围之内，同样不应剥夺个人对此类信息的自决权。

（二）支持"可识别性保留论"的真正原因

虽然笔者认为，当前刑法学界反驳"可识别性不要论"的理据尚不充分，但笔者还是认为"可识别性"标准仍应予以保留，原因主要包括以下两个方面。

1. 维持法概念的体系一致性

周光权教授认为，侵犯公民个人信息罪是典型的法定犯，构成该罪的前提是实行行为"违反国家有关规定"。不管是 2016 年颁布的《网络安全法》，2020 年出台的《民法典》还是 2021 年通过的《个人信息保护法》都一致将"个人信息"界定为"可识别到特定自然人的信息"，根据法秩序一致性原理，《刑法》中的个

● 欧阳本祺：《侵犯公民个人信息罪的法益重构：从私法权利回归公法权利》，载《比较法研究》2021 年第 3 期，第 63—64 页。

人信息也应作此理解。❶ 但笔者认为，在此处将刑法中的"个人信息"与其前置法中的"个人信息"作一致性解释的真正原因并非法秩序一致性原理，而是不作一致性解释会产生一系列的恶果。

第一，目前学界的主流观点认为，法秩序的一致性不是概念之间简单化的一致，而是刑法与其前置法之间在规范目的上的一致。❷ 法秩序一致性原理与违法判断的相对性并不矛盾，只要在规范目的上一致，就不能认为是真正的法秩序冲突。❸ 内在目的体系的融洽才是判断法秩序一致性的根本原则。❹ 那么，刑法中"个人信息"的概念就不一定非得与其前置法中的界定完全一致，我们可以说《刑法》第二百五十三条之一中的"个人信息"包含了民法中的个人信息和隐私信息，该条不是简单地与《民法典》第一千零三十四条对应，而是与第一千零三十四条以及第一千零三十二条对应；这样将刑法的保护范围扩及不具可识别性的隐私信息，与其前置法既保护个人信息也保护个人隐私的内在目的并不矛盾。

第二，倘若对刑法中的"个人信息"作不同于其前置法的解释，在当前社会背景下会造成一系列难以承受的后果。从 2009 年《刑法修正案（七）》增设第二百五十三条之一以来，"个人信息"的概念内涵经历了一个从模糊不清到逐渐确定的过程，不仅保护个人信息、网络安全的专门立法中将其内涵确定为"可识别"的信息，而且作为民事权利保护最高层级的《民法典》也作如此规

❶ 周光权：《侵犯公民个人信息罪的行为对象》，载《清华法学》2021 年第 3 期，第 29 页。
❷ 张明楷：《刑法学（下）》，法律出版社 2021 年版，第 1200 页。
❸ 陈少青：《法秩序的统一性与违法判断的相对性》，载《法学家》2016 年第 3 期，第 16 页。
❹ 王骏：《违法性判断必须一元吗？——以刑民实体关系为视角》，载《法学家》2013 年第 5 期，第 131 页。

定，我国最高司法机关在 2017 年出台的相关司法解释中同样保持这种界定，可以说对整个社会而言，"个人信息"与"隐私"含义相互区别的观念已逐渐深入人心，并在《民法典》出台的背景下达到高潮。在这种情况下，仍然提出"可识别性不要论"，显然将不利于司法适用的统一，不利于促进公民对于法律的认知，❶ 也不利于法律体系本身的安定性。❷

2. 给网络时代过度扩张解释的刑法体系解压

网络时代，为了应对实践中层出不穷的新型案件，我国司法机关不得不充分运用法学方法对刑法概念作出扩大化解释。比如前文提及的侵犯公民通信自由罪中的"信件"被解释为包括"电子邮件"在内的一切公民之间的通信；传播淫秽物品罪中的"淫秽物品"扩及视频、语音等电子数据形态的无体物；寻衅滋事罪中的"公共场所"被解释为包括"网络空间"在内的物理空间场所与虚拟空间场所。❸ 显然，在解决实际问题或者为满足某种政治目的的驱使下，刑法这只规范气球被越吹越大，内在压力过大很可能促使司法人员突破自由主义刑法的罪刑法定原则，给刑事法治造成负面影响。在此情况下，适度犯罪化而非一味追求扩张解释也许是一条应当充分重视的解压路径。

就个人信息的"可识别性"标准是否应当予以保留而言，笔者认为，去除这一限定标准，同样是对《刑法》第二百五十三条

---

❶ 保持不同法部门中概念含义的一致性，从法治教育的角度来讲，必然有利于促进法的行为规制机能的实现。

❷ 有学者提出，对于已经相对确定的法概念，如果其含义在不同法部门之间来回摇摆，很难使法体系的安定性不受影响。参见杨楠：《个人信息"可识别性"扩张之反思与限缩》，载《大连理工大学学报》（社会科学版）2021 年第 2 期，第 104 页。

❸ 周杰：《论网络谣言型寻衅滋事罪的法律适用》，载《重庆邮电大学学报》（社会科学版）2022 年第 3 期，第 83 页。

之一的过分压榨。因为该罪打击的行为方式多样，不仅包括非法提供、出售公民个人信息的行为，还包括非法获取公民个人信息的行为。倘若去除"可识别性"的限定，该罪几乎可以将其规范扩及任何形式的隐私侵犯行为。假若接受这种解释论方案，侵犯公民个人信息罪就极有可能演变为在公民人格保护方面的"口袋罪"。显然，这种解释论方案与法治的"明确性"标准也背道而驰。

综上，就学界提出的"可识别性不要论"而言，在解释论上也并非完全不能接受，只不过这种解决方案将会产生一系列不利于刑事法治的后果。鉴于此，我们应当尽快转换解决问题的思路。

四、增设"侵犯隐私罪"的理论证成及对潜在批评的回应

上文已经证明，一方面按照我国司法机关的当前实践，无法实现对公民隐私法益的充分保护；另一方面，扩张"个人信息"的学理解释也并非可行之策。那么，增设"侵犯隐私罪"的立法论主张就应得到重视。然而，存在法益保护的漏洞还不能成为增设新罪的充分理由，我们还有必要对增设该罪的理论基础进行更加详细的论证。同时，对于可能出现的批评也应作出理性回应。

（一）增设侵犯隐私罪的进一步理论证成

1. 增设该罪符合法益保护基本原理

刑法的目的是保护法益，犯罪的本质是侵害法益，增设新罪是否具有正当性必须经过法益保护原则的检验。❶ 德国学者罗克辛指出，就犯罪化而言，不应为了纯粹意识形态的目的启动刑法，单纯违反道德的行为也不能满足犯罪化的正当性，对于感情的损

---

❶ 张明楷：《增设新罪的观念——对积极刑法观的支持》，载《现代法学》2020 年
第 5 期，第 153—157 页。

害一般也不能视为存在法益侵害，在自我损害的情形中也不能认为存在法益侵害。❶ 亦即，增设新罪应当说明存在一项可被证实的法益侵害。如前所述，隐私并不是一项虚无缥缈的权利，而是能够充分被感知的、对于人的自由发展具有十分重要价值的利益。不仅如此，保护隐私还具有十分重要的社会价值。英国哲学家格里芬在其著作《论人权》中指出，在一个缺乏隐私保护的国家，个人的自主性与自由思考的能力将受到严重威胁，独立思考与坦诚交流将变得绝无可能。❷ 因此，毫无疑问，隐私权是一项在私人生活以及公共生活中应被保护的重要利益。

同时，作为刑法中应受到保护的法益不应只是自然法意义上的，而且还应当是在一个法治国的基本法中所承认的利益。正如张明楷教授所言，实质的法益概念意在说明刑法应当保护什么样的利益，而且这种利益必须从一国的宪法中进行解释和说明。❸"一个在刑事政策上有拘束力的法益概念，只能产生于我们在基本法中载明的，建立在个人自由基础之上的法治国家的任务"。❹ 换言之，刑法所保护的法益首先应当是一项被宪法承认的法益。隐私权在我国的法秩序中，是一项宪法性法益吗？对此我们可以作出肯定的回答。在我国《宪法》中，虽然没有明确规定公民的"隐私权"，但是《宪法》第三十八条的前半段规定："中华人民共和国公民的人格尊严不受侵犯。"我国宪法学界普遍认为，该条是

---

❶ ［德］克劳斯·罗克辛：《刑法的任务不是法益保护吗？》，樊文译，载陈兴良主编：《刑事法评论（第19卷）》，北京大学出版社2006年版，第152页。

❷ ［英］詹姆斯·格里芬：《论人权》，徐向东、刘明译，译林出版社2015年版，第270—272页。

❸ 张明楷：《增设新罪的观念——对积极刑法观的支持》，载《现代法学》2020年第5期，第153—155页。

❹ ［德］克劳斯·罗克辛：《德国刑法学总论（第1卷）》，王世洲译，法律出版社2005年版，第15页。

对隐私权在宪法上的确认。该条中的"人格尊严"即指宪法上的人格权，当然包括姓名权、肖像权、隐私权等在内的具体人格权。❶ 实际上在隐私权的发源地，隐私权也没有被明确规定于宪法及其修正案之中，而是在以后的司法实践中被逐渐解释出来。❷ 因此，我国《宪法》中虽没有明确规定隐私权，但这不构成隐私权在我国的法秩序当中已成为一项宪法性法益的障碍。

2. 增设该罪符合法益保护的补充性与谦抑性

虽然刑法的目的和任务是保护法益，但并不是任何法益侵害行为都应当被规定为犯罪。由于刑罚制裁的严厉性及对犯罪人基本权利的剥夺，作为刑法基本原理的法益保护必须具有补充性与谦抑性。❸ 将轻微违法行为犯罪化，将因违反禁止超过必要限度原则（das übermaβverbot）而无效。❹ 那么，增设侵犯公民隐私罪是否符合刑法在保护法益上的补充性与谦抑性原理呢？笔者持肯定答案。

其一，从现实状况来看，现有保护隐私的民事和行政制裁手段已经明显不足以遏制猖獗的隐私侵害行为。民事制裁重在弥补损害，并不强调对违法行为的遏制；而现有行政处罚的力度又明

---

❶ 林来梵：《宪法学讲义》，清华大学出版社 2018 年版，第 411 页。

❷ 在美国，布兰代斯大法官提出隐私权的概念后，并没有为美国联邦法院所接受。直到 1965 年的"格里斯沃德诉康涅狄格州案"中，美国联邦法院才正式将之确立为一项宪法上的权利。在德国，直到 1954 年的"读者来信案"中，德国联邦最高法院以《德意志联邦共和国基本法》第一条和第二条为依据，从《德国民法典》第八百二十三条第一款所规定的"其他权利"中解释出包括隐私权在内的一般人格权。参见方新军：《一项权利如何成为可能？——以隐私权的演进为中心》，载《法学评论》2017 年第 6 期，第 110—112 页。

❸ 张明楷：《增设新罪的观念——对积极刑法观的支持》，载《现代法学》2020 年第 5 期，第 154 页。

❹ ［德］克劳斯·罗克辛：《德国刑法学总论（第 1 卷）》，王世洲译，法律出版社 2005 年版，第 23 页。

显偏低。根据《治安管理处罚法》第四十二条的规定，偷拍、偷窥等侵害隐私行为，最高只能被处以十日拘留和五百元的罚款。这种处罚力度对于牟利目的十分明确的职业惯犯来讲，根本不能起到有效的威慑与遏制作用。❶ 为了打击偷拍偷窥黑产链，公安部门已经多次组织集中治理行动，但由于法律手段有限，其成效仍不明显。在近年来的全国"两会"中，也有多位人大代表积极提出要求立法机关增设侵害公民隐私罪，这些事实也都可以反映我国公民隐私受到侵害的状况日益严重。❷ 正如功利主义者边沁所言，刑罚虽不能矫正已经实施的罪恶，但是有可能消除其再犯的意图，然而为了预防犯罪，刑罚所造成的痛苦必须超过实施犯罪所获得的快乐。❸ 一个不足的惩罚比严厉的惩罚更坏。❹ 显然，我们已经不能再满足于现有法律体系对隐私的保护力度。

其二，从比例原则的角度，也可进一步证明增设该罪符合刑法的补充性和谦抑性原理。民事和行政制裁手段是否已经不足以遏制一项违法行为，有时确实难下定论，但只要增设新的罪名符合目的正当性、手段必要性与结果有利性，从比例原则的角度来看，就是以符合理性的方式运用公权力。❺ 首先，增设侵犯隐私罪的目的在于保护隐私这一公民的基本权利，对于维护人格尊严不受侵犯具有十分重要的价值，显然满足目的正当性的要求。其次，就手段必要性而言，比例原则要求公共权力机关应当选择对公民

---

❶ 高艳东：《增设侵犯隐私罪 斩断偷拍产业链》，载《环球时报》2021 年 12 月 28 日，第 15 版。

❷ 孙颖：《如何治理隐私泄露、酒店偷拍、网络暴力？委员建议：网络平台听之任之应负法律责任》，载《北京日报》2022 年 1 月 8 日，第 9 版。

❸ 陈兴良：《刑罚的启蒙》，北京大学出版社 2008 年版，第 120 页。

❹ 陈兴良：《刑罚的启蒙》，北京大学出版社 2008 年版，第 122 页。

❺ 王钢：《刑法新增罪名的合宪性审查——以侵害英雄烈士名誉、荣誉罪为例》，载《比较法研究》2021 年第 4 期，第 86—92 页。

自由伤害最小但同样可以实现立法目的的规制手段。这种伤害大小确实难以计算。但笔者认为，在刑事立法中，对于一项重大法益（如生命）的保护，刑法介入具有当然的正当性，而对于一项在程度上能够区分的法益，当这种法益的重要性日渐提高且伤害该法益的行为渐趋严重时，就可以证成手段的必要性。如前所述，隐私在法益位阶中的地位渐次升高而其被侵害的状况日趋严重，一正一反之间恰好能够证明运用刑法手段保护隐私的必要性。正如张明楷教授所言，一项原来认为是法益侵害性较小的行为，随着时代变迁，也完全可能变大和不能被容忍。❶ 最后，增设侵犯隐私罪在结果上也一定利大于弊，不仅能够直接保护公民的隐私权，还能起到提高刑法的明确性，为已经过度扩张的刑法体系解压等间接效果。

3. 增设该罪符合保护隐私的全球立法趋势

就新罪的增设而言，比较法上的考察通常只能提供借鉴作用，并不能成为在一个特定法域中增设新罪的充足理由，然而如果世界上主要的法治国家都将侵犯隐私的行为直接入罪，那么这种情况难道不应当引起我们的反省吗？就笔者所知，不仅大陆法系的国家或区域，如德国、法国、意大利、日本、我国台湾地区和澳门地区等都设有保护个人隐私的专章或专节规定；而且美国、英国等英美法系国家也有相关成文法规定。进入网络时代之后，我国台湾地区有关机关在 1997 年和 1999 年两次修正所谓"刑法"，增设了窥视窃听窃录罪、便利窥视窃听窃录罪、加重窃录罪、制造散布贩卖窃录内容罪等罪名，形成对侵害隐私行为的全方位制裁，将学者们一向认

---

❶ 张明楷：《增设新罪的观念——对积极刑法观的支持》，载《现代法学》2020 年第 5 期，第 156 页。

为性质并不严重的偷窥行为纳入所谓"刑法"的打击范围。❶ 林山田教授认为，1999 年台湾地区所谓"刑法"修正时增设的上述罪名就是专门为了应对现代化条件下日渐泛滥的偷拍偷窥行为。❷ 在美国，几乎在每一个行业的专门立法中都存在为数众多的隐私保护规范和相应的刑事制裁规定。❸ 实际上这种全球趋势反映的是，随着经济社会的发展，人们对"权利"的认知和诉求已经从生存层面上升到发展层面，从经济层面上升到政治和精神层面。❹ 各个国家和地区的相关立法可以看成是对这种需求的积极响应。

（二）来自消极刑法观论者的潜在批评及回应

日常生活的浪潮（Wellen）将新的犯罪现象冲刷到立法者面前，❺ 德日等国自 20 世纪 90 年代开始出现了刑事立法活性化的现象，大量新罪名被陆续增加。❻ 我国自 2009 年《刑法修正案（七）》以后，也明显出现了积极增设新罪的现象。有学者提出，我国当下刑事法网的特点仍然是"厉而不严"，刑法积极介入社会生活无可厚非，应当采纳积极主义刑法观。❼ 与这种观点相对，还有部分学者提出，我国近年来的刑事立法过于积极，已经出现象

---

❶ 我国台湾地区所谓"刑法"第三百一十五条第一款。

❷ 林山田教授认为，在 1999 年台湾地区所谓"刑法"修正时增设这些罪名就是为了应对现代化条件下广泛存在的偷拍偷窥行为。参见林山田：《刑法各论（上册）》（修订五版），北京大学出版社 2012 年版，第 191 页。

❸ 王立志：《美国隐私权刑法保护之评析》，载《学术交流》2009 年第 6 期，第 78 页。

❹ 张文显：《法治与国家治理现代化》，载《中国法学》2014 年第 4 期，第 10 页。

❺ ［德］米夏埃尔·库比策尔：《德国刑法典修正视野下的刑事政策与刑法科学关系研究》，谭淦译，载《中国应用法学》2019 年第 6 期，第 183 页。

❻ 张明楷：《增设新罪的观念——对积极刑法观的支持》，载《现代法学》2020 年第 5 期，第 150 页。

❼ 付立庆：《论积极主义刑法观》，载《政法论坛》2019 年第 1 期，第 99 页。

征性立法、刑法工具主义以及过度犯罪化的问题。❶ 笔者认为，就纯粹理论层面而言，积极刑法观和消极刑法观各有合理的侧面，很难相互说服，这种争论应当结合增设的具体罪名展开。当然，立法机关在增设新罪名时，必须对消极刑法观论者提出的批评观点予以认真对待，有则改之，无则加勉。就侵犯隐私罪的增设而言，本书认为不会出现消极刑法观论者所担忧的问题。

1. 增设该罪不存在象征性立法的问题

"象征性立法"亦即那些不符合法益保护原则，只是为了满足某种政治目的而增设罪名的现象。❷ 刘艳红教授是目前我国刑法学界对积极刑法观的主要批判者，她认为我国近年来的刑法修正已经出现了明显的象征性立法，很多时候，立法者并不追求刑罚规范的实际效果，而更多的只是为了在社会热点事件后表达某种姿态与立场。❸ 虽然笔者也认为，不可排除新增设的某些罪名可能确实存在这种问题，但倘若增设本书所主张的侵犯隐私罪，不会落入象征性立法的窠臼。一方面，如前所述，增设本罪具有坚实的法益论基础。另一方面，增设本罪也不会出现法益稀薄化的问题。刘艳红教授认为，在 2021 年生效的《刑法修正案（十一）》中，新增的高空抛物罪与妨害兴奋剂管理罪是象征性立法的典型代表，

---

❶ 刘艳红：《象征性立法对刑法功能的损害——二十年来中国刑事立法总评》，载《政治与法律》2017 年第 3 期，第 35 页；魏昌东：《新刑法工具主义批判与矫正》，载《法学》2016 年第 2 期，第 85 页；何荣功：《社会治理"过度刑法化"的法哲学批判》，载《中外法学》2015 年第 2 期，第 523 页。

❷ ［德］克劳斯·罗克辛：《德国刑法学总论（第 1 卷）》，王世洲译，法律出版社2005 年版，第 18 页。

❸ 刘艳红：《象征性立法对刑法功能的损害——二十年来中国刑事立法总评》，载《政治与法律》2017 年第 3 期，第 36—37 页。

可能将刑法的功能推向社会管理法。❶ 尽管学界对刘艳红教授的上述观念还有争议,❷ 但不可否认,由于这两个罪名被安排在刑法分则第六章之中,一般认为它们保护的是超个人的社会秩序法益,这就使其难以避免法益保护稀薄化、虚无化的指责。然而,倘若立法机关采纳本书意见,增设侵犯隐私罪,该罪也应被置于分则第四章侵犯公民个人信息罪之后,这就可以完全避免受到法益稀薄化的责难。

此外,上述论者还认为,倘若新增的罪名在实践中得不到应用,可将之视为象征性立法的表现。比如该论论者指出,为了强化对网络犯罪的打击力度,《刑法修正案(九)》中增设的拒不履行信息网络安全管理义务罪在司法实践中几乎没有被应用,亦可谓象征性立法的典型。❸ 再比如,《刑法修正案(十一)》新增了冒名顶替罪,但可以想见,借助指纹识别、人脸识别、档案联网等技术,该罪的适用率将极低,也极有可能被虚置,进而损害刑法的实用功能。❹ 但是,一方面不能单纯以司法实践中适用率的高低判断某个罪名是否具有实际功效;❺ 另一方面,鉴于偷拍偷窥等侵害隐私的行为如此猖獗,一旦增设该罪,真正的问题恐怕不是其是否可能被虚置,而是如何将之与一般违法相区分的行刑界分难题。

---

❶ 刘艳红:《网络时代社会治理的消极刑法观之提倡》,载《清华法学》2022 年第 2 期,第 191 页。

❷ 周杰:《高空抛物罪立法评价及适用难题研究》,载《北方法学》2021 年第 6 期,第 110 页。

❸ 刘艳红:《象征性立法对刑法功能的损害——二十年来中国刑事立法总评》,载《政治与法律》2017 年第 3 期,第 41 页。

❹ 刘艳红:《网络时代社会治理的消极刑法观之提倡》,载《清华法学》2022 年第 2 期,第 191 页。

❺ 如果某项罪名的司法适用率高,就说明该罪名的设置具有价值的话,那么换个角度也可以说这些罪名并没有能够实现犯罪预防的效果。我国《刑法》中有些罪名虽然少有被适用的机会,但不能说其不重要,比如劫持航空器罪。

2. 增设该罪也不会导致社会治理对刑法的过度依赖

有学者认为，在我国现代化转型过程中如果执政者积极运用刑法参与社会治理，极有可能使得我国刑法再次陷入"工具主义"的危机，进而造成对刑法过度依赖的恶性循环。[1]"行罚，重其轻者，轻者不至，重者不来"。[2] 我国古代社会确实存在严重的刑法工具主义，尤其是"乱世用重典"的思想深入人心，但我们不能将增设新罪与刑法工具主义直接等同起来。一方面，在增设新罪时，只要严格遵循法益保护原则，就能在很大限度上保障公民自由不受国家刑罚权的肆意侵犯。另一方面，在我国当前的现代化进程中，刑法在社会治理过程中也应当发挥更加积极的作用。随着社会化、城市化进程的快速推进，传统社会中维系社会安定的伦理规范、家族力量都在减弱，包括刑法在内的法律体系在我国社会现代化转型过程中必然居于社会治理的核心地位。固守简单化的传统观念恐怕未必符合时宜。[3]

还有学者认为，在社会治理过程中依赖刑法对一般公众进行积极预防，实际上是将人作为工具，将会冲击人的基本自由与尊严。[4] 这种观点有危言耸听之嫌。按照康德的道德律令，"法院的惩罚绝对不能仅仅作为促进另一种善的手段，不论是对犯罪人本人或者对公民社会。惩罚在任何情况下，必须只是由于一个人已经犯了一种罪行才加刑于他。因为一个人绝对不应该仅仅作为一种手段去达到他人的目的。"[5] 可见康德是典型的报应刑论者，并

---

[1] 魏昌东：《新刑法工具主义批判与矫正》，载《法学》2016 年第 2 期，第 85 页。

[2] 《商君书·靳令》。

[3] 周光权：《转型时期刑法立法的思路与方法》，载《中国社会科学》2016 年第 3 期，第 131 页。

[4] 王俊：《积极刑法观的反思与批判》，载《法学》2022 年第 2 期，第 82 页。

[5] [德] 康德：《法的形而上学原理》，沈叔平译，林荣远校，商务印书馆 1991 年版，第 163 页。

不赞同刑罚的预防功能。但是现代刑法的主流观点认为，刑罚既具有报应功能也具有一般预防与特殊预防功能，只要在报应刑的限度之内追求刑罚的预防效果，就不算是对自由主义的违反。此外，通过增设新罪追求犯罪预防并非针对某个特定人，而是以一般大众为对象，承认刑罚的一般威慑功能也就不能认为是对人的尊严的侵害，否则我们可以说任何法律的存在都缺乏正当性了。再者，增设侵犯隐私罪的根本出发点恰恰是对人格尊严的维护与珍视。

3. 增设本罪更不会造成我国刑法体系司法适用的混乱

还有学者可能认为，在我国已经有一系列刑法罪名可以间接保护隐私的情况下，再增设侵犯隐私罪恐怕会造成刑法适用的混乱。但笔者认为这种担忧显然多余。一般而言，刑法适用混乱主要由条文表述不清、保护法益定位不明、条文之间关系处理不当等原因造成。而由于法条存在内容上的包容或交叉关系形成竞合时，不能认为存在真正的体系与适用混乱。在我国目前的刑法体系中，《刑法》第二百五十三条之一存在较大司法适用混乱的问题，其主要原因一方面在于个人信息的"可识别性"标准难以判断，❶ 另一方面也是由于司法部门以及学界对于该罪保护法益为何存在五花八门的认知有关。❷ 本书所提倡的侵犯隐私罪的保护法益十分清晰，增设该罪非但不会导致刑事司法的混乱，相反还由于

---

❶ "可识别性"标准在实践中难以认定的具体情形及原因，可参见杨楠：《个人信息"可识别性"扩张之反思与限缩》，载《大连理工大学学报》（社会科学版）2021 年第 2 期，第 101 页。

❷ 姜涛教授即指出，在我国刑法分则具体罪名法益的解释中，还未见有哪个罪名的法益在解释论上有如此多的歧见。参见姜涛：《新罪之保护法益的证成规则——以侵犯公民个人信息罪的保护法益论证为例》，载《中国刑事法杂志》2021 年第 3 期，第 38 页。

其能够缓解其他相关罪名的解释压力，反而有利于减少司法适用混乱现象的产生。

五、结论

隐私权关涉个人的生活安宁与人格尊严。信息网络时代，侵害公民隐私权的行为正借由微型相机、网络技术等现代化手段变得日益猖獗，偷拍偷窥产业链在我国已经形成并不断壮大，公民的人格尊严受到了前所未有的巨大威胁。我国司法机关已多次组织对偷拍偷窥黑色产业链的集中治理，但成效有限。一个重要的原因在于，我国刑法体系在保护公民隐私权方面存在严重缺陷。在近年来的全国"两会"中，多位全国人大代表提出我国应当增设侵犯隐私罪。然而该提议尚且缺乏学理上的严密论证，鉴于此，本书通过教义学方法，对我国是否有必要增设该罪，增设该罪是否符合刑法基本原理，增设该罪是否可能导致不当后果等立法论上的相关问题进行了详细分析与论证。

经过研究，本书得出以下几点结论。第一，按照我国目前的司法实践，隐私权的刑法保护主要通过相关手段行为或目的行为的罪名间接展开。然而，相关罪名的效力范围有限，即使通过扩大解释的方法，也难以将裙底偷拍、通过安装摄像头方式的偷拍、贩卖他人摄像头口令供买方偷窥等严重侵犯隐私的行为完全纳入刑法规制范围。第二，为了弥补前述隐私保护的刑法漏洞，学界有人提出，应当扩张解释《刑法》第二百五十三条之一中"个人信息"的外延，去除所谓的"可识别性"界定，将包括不可识别的个人隐私部位、隐私空间和隐私活动的全部信息都纳入该罪保护范围。然而这种解释论观点不仅与最高人民法院、最高人民检察院对个人信息的界定不符，而且也不符合《网络安全法》《个人信息保护法》以及《民法典》等一系列前置法对此概念的定义。虽然，在解释论上并非完全不可能肯定"可识别性去除论"的观点，但是考虑到保留"可识别性"内涵，对于维持法体系的安定性、促进刑事司法的统一，以及缓解因过度扩张解释给刑事法治造成的冲击等方面具有重要价值，笔者最终还是采纳了"可识别性肯定论"的观点。第三，本书提出，为了强化隐私刑法保护，填补我国《刑法》在隐私法益保护上的漏洞，我国应当尽快将解决问题的思路转换到立法论的轨道上来。增设侵犯隐私罪具有坚实的法益论基础，符合法益保护原理，符合刑法的补充性与谦抑性本质，符合保护隐私的全球立法趋势。不会出现消极刑法观论者所提出的象征性立法、工具性立法等负面后果。

面对日益猖獗的隐私侵害行为，我国立法部门应当充分重视增设侵犯隐私罪的立法论主张，保障公民的人格尊严与自由发展。本书对增设该罪的教义学基础作了较为充分的论证，但就该罪条文的具体设计而言，还未详细展开，该方面亟待学界同人的进一步研究。

第七章

网络平台不作为的刑事归责：理据、路径及限度

一、问题的提出

"网络平台"也被称为"互联网平台"，[1] 虽然在我国目前的法律体系中尚没有法律法规对其作出权威定义，但这一概念在实践中已经被广泛接受。原国家市场监督管理总局在 2021 年 10 月 29 日发布的《互联网平台分类分级指南（征求意见稿）》中，按照网络平台的连接对象和主要功能，将其区分为销售类平台、生活服务类平台、社交娱乐类平台、信息资讯类平台、金融服务类平台以及计算应用类平台六大门类。[2] 在此分类的基础上，我们可以将网

---

[1] 为了行文简洁的需要，笔者在下文中也使用"平台"一词指代"网络平台"。

[2] 国家市场监督管理总局：《关于对〈互联网平台分类分级指南（征求意见稿）〉公开征求意见的公告》，https://www.samr.gov.cn/hd/zjdc/202110/t20211027_336137.html，访问日期：2022 年 10 月 29 日。

络平台定义为通过计算机网络技术，向人们提供信息沟通、交易撮合、支付结算等各种服务的网络应用。❶ 从实用性角度来讲，网络平台能够精准匹配供需，在降低交易成本，提高社会资源配置效率方面具有显著的价值。❷

"平台经济"正处于蓬勃发展期，但资本的野蛮扩张也已经给全社会带来了前所未有的巨大风险。"快播案"❸"滴滴案"❹"货拉拉案"❺ 等一系列重大案件显示出，网络平台的不作为可能产生极其严重的法益侵害后果。除了这些大案要案，与网络平台不作为相关的网络诽谤、网络诈骗、著作权侵权、传播淫秽物品等侵害公民人身权、财产权、社会秩序的案件每天都在大量发生。这就给我国刑法学界以及司法实务部门提出了一个迫切需要解决的问题，即能否对网络平台的不作为予以刑事归责？如果可以的话，追究其刑事责任的具体路径又有哪些？进而，在多大程度上可以对其不作为科以刑事责任？

针对这些问题，我国刑法学界已经作出了一些研究，但在问题分析的针对性和深入性上尚有不足。一方面，2015 年《刑法修正案（九）》增设拒不履行信息网络安全管理义务罪后，我国刑法学界将很大一部分精力放在"网络服务提供者"的类型区分上，

---

❶ 2018 年通过的《中华人民共和国电子商务法》对"电子商务平台经营者"作了定义，亦可作为认识网络平台内涵的参考。该法第 9 条第 2 款规定："电子商务平台经营者，是指在电子商务中为交易双方或者多方提供网络经营场所、交易撮合、信息发布等服务，供交易双方或者多方独立开展交易活动的法人或者非法人组织。"

❷ 刘坤：《推动平台经济规范健康持续发展》，载《光明日报》2022 年 1 月 21 日，第 10 版。

❸ 吴某传播淫秽物品牟利案，北京市第一中级人民法院二审刑事裁定书（2016）京 01 刑终 592 号。

❹ 钟某故意杀人案，浙江省高级人民法院二审刑事裁定书（2019）浙刑终 83 号。

❺ 和生：《"货拉拉跳车事件"：高精度通报廓清疑虑》，http：//www.xinhuanet.com/comments/2021－03/04/c_1127165149.htm，访问日期：2023 年 3 月 4 日。

而对网络平台不作为的刑事归责问题则欠缺专门性探讨。❶ 部分学者甚至认为网络平台不具有独立的功能性特征，不应将之归为独立的网络服务提供者。❷ 但大部分学者还是持肯定论观点。❸ 本书也认为，与传统的网络接入服务提供者、网络内容服务提供者以及网络缓存服务提供者相比，网络平台提供的服务具有高度综合性，更加积极地介入网络内容的形成，应当将之归为独立的网络服务提供者，对其刑事归责的问题展开专门研究具有重要的理论与现实意义。另一方面，《刑法修正案（九）》通过后，我国刑法学界已对新增设的拒不履行信息网络安全管理义务罪和帮助信息网络犯罪活动罪展开了较多的解释论研究，这些成果对于网络平台不作为的刑事归责问题具有直接的指导意义，但其未能对网络平台不作为是否属于不可罚的中立行为，网络平台作为义务的实质来源等更为基础的理论问题作出分析，因此现有研究的深入性又显不足。

就本书的具体研究路径而言，笔者将根据网络平台不作为的事实形态，将其分为故意不作为和过失不作为两大类，进而对故意不作为形态下的正犯归责和共犯归责分别展开研究。当然在进行这一部分研究之前，我们首先将对否定网络平台不作为刑事可责性的观点予以反驳，并对网络平台作为义务的来源这一构成不作为犯罪的前提问题作出论证。

---

❶ 现有研究的这一缺陷也已被我国刑法学界部分学者认识到。参见王华伟：《网络服务提供者刑事责任的认定路径——兼评快播案的相关争议》，载《国家检察官学院学报》2017 年第 5 期，第 3 页。

❷ 王华伟：《网络服务提供者的刑法责任比较研究》，载《环球法律评论》2016 年第 4 期，第 41 页。

❸ 皮勇：《论网络服务提供者的管理义务及刑事责任》，载《法商研究》2017 年第 5 期，第 18 页；杨彩霞：《网络服务提供者刑事责任的类型化思考》，载《法学》2018 年第 4 期，第 162 页。

二、网络平台不作为刑事归责的"否定论"及其批判

网络平台的不作为是否具有被刑事归责的正当理据呢？对此问题，有人可能认为，既然我国《刑法》已经明确规定了拒不履行信息网络安全管理义务罪和帮助信息网络犯罪活动罪等涉及平台刑事责任的罪名，再讨论对其刑事归责正当性的问题似乎已经没有必要。但是，对于司法实践中普遍存在的平台以不作为方式帮助他人实施犯罪的情形，理论中却存在以"中立帮助行为论"否定其刑事可责性的观点。按照这种观点，网络平台提供的帮助属于"中立性帮助"，不能被纳入刑事处罚的范围之中。因此，若要肯定网络平台不作为的刑事责任，我们首先必须对这种"否定论"的观点作出分析与批判。

周光权教授认为，网络服务提供者明知他人正在利用其所提供的服务进行犯罪，且继续提供这种服务的行为属于不可罚的中立行为，不应成为刑事处罚的对象。[1] 车浩教授也指出，网络服务提供者为他人犯罪提供网络服务的行为属于刑法中的"中立帮助行为"，不能成为刑法规制的对象；《刑法修正案（九）》增设帮助信息网络犯罪活动罪，将理论上尚存争议的中立帮助行为提升为正犯加以处罚，存在立法冒进主义之嫌。[2] 但是本书认为，将网络平台的不作为一概视为不可罚的中立帮助行为的观点并不妥当。

该论论者以"中立帮助行为论"中的"客观说"作为逻辑推理的前提，但"客观说"本身难言正确。刑法学界一般认为，所

---

[1] 周光权：《网络服务商的刑事责任范围》，载《中国法律评论》2015年第2期，第176—177页。

[2] 车浩：《谁应为互联网时代的中立行为买单》，载《中国法律评论》2015年第3期，第50页。

谓"中立行为"或"中立帮助行为",是指从外观上看,可以反复、继续实施的日常生活行为或者业务行为。[1] 有争议的是,如果表面上的日常行为或业务行为客观上促进了犯罪结果的实现,是否以及在多大程度上可以将之定性为刑事犯罪。[2] "客观说"认为,只要从外表上看,相关行为具有日常生活性或业务性,就应将之视为刑法上不可罚的行为。[3] 而"主观说"则认为,"如果正犯已经表明其就是要以行为人的提供物或服务实现违法犯罪,且提供者对此也心知肚明,即应否定提供者行为的中立性,按照帮助犯对其定罪处罚"。[4]

虽然"客观说"在我国刑法学界得到了周光权教授等知名学者的支持,但笔者认为该说存在明显的缺陷。其一,行为的违法性不应仅仅由外在客观因素决定,行为人的主观认识与意志对行为不法性也具有不可否认的重要作用。上述论者认为,如果要坚持彻底的刑法客观主义立场,就应当认为在外表上具有客观中立性的行为不具有刑事可罚性。即使中立行为人对他人的犯罪行为具有主观明知,也不能认为这种中立性质的帮助行为具有刑事违法性。[5] 然而,彻底地从客观层面评价行为的刑事不法性很不现实,自目的行为论提出以来,行为人的目的、过失、内心倾向等主观要素已被学界主流观点接受为不法要素。林钰雄教授在论及中立帮助行为时也指出,对行为的客观归责不可能完全脱离行为

---

[1] 周光权:《刑法总论》,中国人民大学出版社 2016 年版,第 351 页。

[2] 周光权:《刑法总论》,中国人民大学出版社 2020 年版,第 351 页。

[3] 周光权:《网络服务商的刑事责任范围》,载《中国法律评论》2015 年第 2 期,第 176—177 页。持"纯粹客观说"的论者最常举出的典型例子为:出租车司机明知犯罪人的杀人计划,仍将之送往目的地,也不应将其认定为帮助犯。

[4] 林钰雄:《新刑法总则》,元照出版有限公司 2019 年版,第 481 页。

[5] 周光权:《网络服务商的刑事责任范围》,《中国法律评论》2015 年第 2 期,第 176 页。

人的主观认识，如果行为人对犯罪计划存在特殊认知，就不应认为其帮助行为是法所允许的危险。[1] 其二，某行为是否具有正当的业务性，应当根据具体行业规则来判定，[2] 考虑行为人所在行业的行为基准，[3] 如果行为人明知他人利用其行为实施犯罪，仍然将其视为符合行业标准的行为恐怕也不妥当。林山田教授即指出，对于业务行为正当性的判断，应当根据业务性质、目的以及执行业务的手段等进行综合判断。[4] 其三，从结果上来看，倘若只根据行为外在表现的日常性或业务性就认定其是不具刑事可罚性的行为，必然会导致大量犯罪行为借由中立性的外壳获得不应有的刑事豁免，这对于重大法益的保护而言是无法容忍的。其四，也不能以行为人的主观明知难以证明这一点肯定"客观说"的正确性。德国学者哈塞默尔指出，如果将主观要素作为判断中立帮助行为可罚性的依据，需要证明行为人具有帮助他人犯罪的故意，但这种证明十分困难，而且目前对主观明知的认定程序也不可靠。[5] 然而任何犯罪都由主客观要素交织而成，即使我们在违法性阶层避免对主观要素进行判断，在责任阶层也不可避免地需要对之加以证明与判断。科学的态度应当是尽量限制主观要素证明上的不确定性，尽量减少刑事法治的风险，而非不承认主观要素在违法性认

---

[1] 林钰雄：《新刑法总则》，元照出版有限公司 2019 年版，第 179 页。

[2] 张明楷：《刑法学（上）》，法律出版社 2016 年版，第 236 页。

[3] ［日］大谷实：《刑法讲义总论》，黎宏译，中国人民大学出版社 2008 年版，第 232 页。

[4] 林山田：《刑法通论（上册）》（增订十版），北京大学出版社 2012 年版，第 236 页。

[5] Vgl. Hassemer, Professionelle Adäquanz, Bankentypisches Verhalten und Beihilfe zur Steuerhinterziehung, Zeitschrift für Wirtschaft Steur Strafrecht, 1995 Heft 2, S. 43. 转引自王华伟：《网络服务提供者刑事责任的认定路径——兼评快播案的相关争议》，载《国家检察官学院学报》2017 年第 5 期，第 7 页。

定上的重要意义。据此，笔者认为"中立行为论"中的"客观说"并不正确，以此推论网络平台不作为也具有不可罚的中立性质的观点自然就失去了理论前提的支撑。

此外，还有学者认为，将网络平台不作为视为不可罚的中立行为可以维护互联网行业的健康发展，从规则功利主义的角度来看，应当否定网络平台不作为的可罚性。车浩教授即主张，互联网是当今全球化时代最具想象力与创造力的产业，中国近年来在经济、社会等领域表现出极强的活力与影响力，主要归功于我国互联网行业的创新热潮，倘若赋予网络产业过重的法律责任，势必阻碍其强劲的发展势头。[1] 然而，我国自《刑法修正案（九）》增设帮助信息网络犯罪活动罪以来，打击帮助网络犯罪行为的力度被不断强化，但也未见我国互联网产业的健康发展受到负面的影响。相反，从最新统计报告来看，我国互联网产业近年来在电子商务、大数据、云计算、物联网等各个领域都实现了高速的发展，领先于全球其他主要经济体。[2] 实际上互联网产业的健康发展恰恰离不开法律规制，不能将网络创新与刑事归责对立起来，无序和缺乏安全的互联网创新才会自毁长城。[3] 正如有学者所指出的，技术创新不能突破伦理与法律的限制，在某种意义上"技术中立"完全可能是个伪命题，在基因编辑、人工智能等高科技领域，违法分子也不应通过援引"技术中立原则"获得法律责任的豁免。[4]

---

[1] 车浩：《谁应为互联网时代的中立行为买单》，载《中国法律评论》2015年第3期，第50页。

[2] 参见中国互联网协会：《中国互联网发展报告（2021）》，https://www.isc.org.cn/article/40203.html，访问日期：2022年7月13日。

[3] 于冲：《"二分法"视野下网络服务提供者不作为的刑事责任划界》，载《当代法学》2019年第5期，第22页。

[4] 郑玉双：《破解技术中立难题——法律与科技之关系的法理学再思》，载《华东政法大学学报》2018年第1期，第89页。

三、网络平台的作为义务及其具体来源之证立

（一）不作为犯作为义务的实质来源

具有作为义务是构成不作为犯罪的前提条件。对于真正不作为犯而言，其作为义务及内容由刑法分则直接规定，比如我国《刑法》第二百八十六条之一直接规定了包括网络平台在内的网络服务提供者的作为义务。但是对于不真正不作为犯而言，其作为义务并没有被刑法条文明文规定，这就要求刑法教义学理论对此漏洞予以补充，否则无法认定其构成犯罪。但是在如何判断不真正不作为犯是否具有作为义务的问题上，刑法学界却存在相当大的争议。

第一，仅仅从形式的角度寻找不真正不作为犯作为义务来源的做法并不科学。我国传统刑法理论历来对不真正不作为犯作为义务的来源在形式上作出划分，先后经历了"三分说"到"四分说"的演变。目前的"四分说"认为，不真正不作为犯的作为义务来源有法律规定、业务要求、法律行为或者先前行为四个方面。❶ 但是作为义务来源的"形式论"存在明显的缺漏。其一，"形式论"实际上并没有为不作为犯的义务来源寻找到统一的理论根据。❷ 其二，"形式论"也不能回答为何民法或行政法中的作为义务能够直接上升为刑法中的作为义务。❸ 其三，根据"形式论"指导不作为犯的司法认定，可能出现有时过度扩大刑罚范围有时

---

❶ 高铭暄、马克昌主编：《刑法学》，北京大学出版社、高等教育出版社 2017 年版，第 68—69 页。

❷ ［德］汉斯·海因里希·耶塞克，托马斯·魏根特：《德国刑法教科书（下）》，徐久生译，中国法制出版社 2017 年版，第 835 页。

❸ ［日］西田典之：《日本刑法总论》，刘明祥、王昭武译，中国人民大学出版社 2007 年版，第 93 页。

又不当缩小刑罚范围的问题。❶ 因此，形式的作为义务论早已为德日等国的刑法学所抛弃。目前在德国学界以及司法实践中处于主导地位的是阿明·考夫曼（Armin kaufmann）提出的"机能二分说"，该说从实质角度将具有作为义务的保证人划分为对法益具有保护义务的"保护保证人"和对危险源具有监督义务的"监督保护人"两种类型。❷ 然而，有学者仍然认为"机能二分说"带有明显的形式义务论痕迹，也未能给不真正不作为犯的作为义务提供一个统一的教义学理论。❸

第二，在"实质作为义务论"内部也存在激烈的学说之争，我们有必要在对不同理论进行辨析的基础上选择一个确定不真正不作为犯作为义务来源的恰当根据。就此问题，我国学界目前主要争论的是日高义博教授的"构成要件等价说"、许乃曼教授的"结果原因支配说"以及黎宏教授提出的"排他性支配设定说"。日高义博的"构成要件等价说"从不作为与作为的"等价性"入手，认为作为犯中的行为人是直接引发法益侵害因果流程进而致使结果发生的人，就这一点而言，不作为并不可能直接引发结果的发生。但是在不真正不作为犯中，在不作为成为问题之前的阶段，若行为人故意或过失设定了致使结果发生的因果流程的话，就可以成为引发结果的起因主体，从而逾越作为犯与不作为犯在

---

❶ 比如，张明楷教授指出，按照《中华人民共和国消防法》第四十四条的规定，任何人发现火灾都有立即报警的义务，但是发现火灾的普通公民没有报警的，并不能成立不作为的放火罪。但是按照"形式四分说"普通公民也有刑法上的作为义务，显然可能过度扩张不作为犯的处罚范围。张明楷：《不作为犯中的先前行为》，载《法学研究》2011 年第 6 期，第 137 页。

❷ ［德］汉斯·海因里希·耶塞克、托马斯·魏根特：《德国刑法教科书（下）》，徐久生译，中国法制出版社 2017 年版，第 835 页以下。

❸ ［德］乌尔斯·金德霍伊泽尔：《刑法总论教科书（第六版）》，蔡桂生译，北京大学出版社 2015 年版，第 374 页。

因果构造上的差异。❶ 该说在本质上要求不真正不作为犯必须有一个造成法益侵害紧迫危险的先前行为，因此也有学者将之称为"先行行为说"。❷ 黎宏教授提出的"排他支配设定说"一方面认为，在不作为成为问题之前，行为人必须主动设定对法益侵害进程的排他性支配，才能将其随后的不作为与作为等价；但同时又认为，行为人不仅可以在因果流程启动前设定原因行为，而且可以在因果流程已经存在的情况下，通过自己的介入行为取得对法益保护的排他性支配地位。❸ 该说在扩张"先行行为说"作为义务的同时，又以"排他性"因素限制作为义务的过度扩展，在某种程度上可以说是对"先前行为说"的改良。许乃曼教授的"结果原因支配说"虽然也以弥合作为犯与不作为犯实行行为的结构差异为思考起点，但并不认为行为人必须主动设定法益侵害的因果流程，而只是认为行为人必须对造成结果发生的原因具有规范上的支配地位。该说进一步将不作为人的支配地位区分为对启动因果进程的危险源的支配和对因果进程中脆弱法益的支配两种类型。❹ 笔者认为许乃曼的"结果原因支配说"更为科学。

其一，与"先前行为说"以及"排他性原因设定说"相比，

❶ [日] 日高义博：《刑法解释论与不真正不作为犯》，张光云译，载《四川师范大学学报》（社会科学版）2014 年第 6 期，第 23 页。

❷ 姚诗：《不真正不作为犯：德日的差异演进及中国的后发式研究》，载《中外法学》2021 年第 3 期，第 732 页。

❸ 比如，医生对于病人本来没有救助义务，但只要医生"接手"该病人的治疗，就处于法益保护的保证人地位，因为医生在接手后如又放弃治疗，就会产生恶化病人本来境况的结果。在这种情形下，医生正是通过自己的介入行为取得了法益保护的排他性支配地位。黎宏：《排他支配设定：不真正不作为犯论的困境与出路》，载《中外法学》2014 年第 6 期，第 1587 页。

❹ [德] 许逎曼：《德国不作为犯法理的现况》，陈志辉译，载许玉秀、陈志辉编：《不移不惑献身法与正义——许逎曼教授刑事法论文选辑》，新学林出版股份有限公司 2006 年版，第 641 页。

"结果原因支配说"对不作为义务的实质来源具有更加全面的概括力。对于行为人故意或过失的先前行为启动法益侵害因果流程的情形，这三种学说都可以恰当地对作为义务的来源作出说明。但是对于以下两种情形，前两种学说则很难提供保证人具有作为义务的理论说明。首先，对于处于行为人管理之下的危险物引起法益侵害的情况，很难说行为人主动设定了法益侵害的因果流程，但根据"结果原因支配说"，则可以规范性地认为作为义务来源对启动因果流程的危险源具有支配地位。其次，对于在法益侵害的因果进程中，由于作为义务人与受害人之间存在特别关系而需要其积极作为的情形，前两种学说也不能提供恰当的理论说明。因为不管是行为人在因果流程开始前的先前行为，还是在因果流程进行中的介入行为，都要求存在行为人的主动行为，❶ 而在这一类情形中，法益侵害的发生通常是由受害人主动发起或者是由第三人的行为所引起的，并不存在作为义务人的主动行为。比如，在子女不慎落水的场合中，父母对子女的救助义务并不源于设定法益侵害因果流程的行为或中途的介入行为，而仅仅是由于此时子女的生命法益依赖父母的保护。根据"结果原因支配说"，我们可以将类似情形下作为义务的来源归纳为，行为人对法益侵害的因果进程具有规范上的支配地位。

其二，"结果原因支配说"并未对作为义务的实质来源作纯精神层面的探讨，比其他一些学说更加具有实用性。在刑法史上，德国刑法学在19世纪下半叶受到科学主义研究范式的严重影响，醉心于对刑法理论作自然科学意义上的机械探究，在不真正不作为犯作为义务来源的问题上，就将作为与不作为在因果关系上的

---

❶　姚诗：《不真正不作为犯的边界》，载《法学研究》2018年第4期，第116页。

相同性当作问题的核心来处理。❶ 但自然主义方法论在世纪之交被克服,新康德主义关注价值的方法受到重视,刑法理论又呈现出浓重的规范化倾向,对不作为义务的规范性探讨又成为德国刑法学的主流。❷ 然而,许多理论从一开始就过于抽象与模糊,难以给予司法实践明确的指导。比如布哈姆森的"社会期待理论"❸、雅各布斯的"管辖说"❹ 几乎完全脱离自然事实,仅从价值层面抽象出不作为义务的实质来源,不可避免地陷入过于抽象和宽泛而难以指导实践的弊端。笔者认为,许乃曼教授的"结果原因支配说"从客观因果性的角度出发寻找作为与不作为的等价性,进而又能抽象出对"结果发生原因的支配"这一规范要素,恰当地平衡了刑法教义理论的事实面向与规范面向,既具有较强的理论包容力,又能够为司法实践提供相对清晰的指导。正如罗克辛教授所言,"结果原因支配说"在正确的方法论指引下找到了阐释作为义务发

---

❶ [德] 克劳斯·罗克辛:《德国刑法学总论(第 2 卷)》,王世洲等译,法律出版社 2013 年版,第 535 页。

❷ [德] 克劳斯·罗克辛:《德国刑法学总论(第 2 卷)》,王世洲等译,法律出版社 2013 年版,第 535—536 页。

❸ 布哈姆森的期待说认为,保证人义务的实质法理根据是"社会团体内部的相互期望",当保证人违反这种期望的不作为时,就会对社会生活的信任基础造成严重损害,而这种损害与通过积极作为对个别法益所造成的危害一样严重。Vgl. Brammsen, *Die Entstehungsvoaussetzungen der Garantenpflichten*, Berlin: Duncker und Humblot, 1986, S. 114 - 128. 转引自姚诗:《不真正不作为犯:德日的差异演进及中国的后发式研究》,载《中外法学》2021 年第 3 期,第 732 页。

❹ 雅各布斯认为,作为和不作为都是对规范的违背,主要违反两种义务类型:一种是因体制管辖而产生的义务,是指为了维系社会体制正常运行,刑法对特定主体赋予的义务,如父母对子女的义务。另一种是因组织管辖而产生的义务,每个人都可以自由实施任何行动来扩大自己的生活圈,但在这一过程中必须遵守不侵害他人的义务。Vgl. Gunther Jakobs, *Die Strafrechtliche Zurechnung von Tun und Unterlassen*, Opladen: West - deutscher, 1996, S. 19 - 23. 转引自姚诗:《不真正不作为犯:德日的差异演进及中国的后发式研究》,载《中外法学》2021 年第 3 期,第 732 页。

生根据的适当角度，最有说服力。❶

（二）网络平台作为义务的具体来源及内容

按照"结果原因支配说"，不真正不作为犯的作为义务被划分为两种类型：一种是作为义务人对启动法益侵害因果流程的危险源具有支配地位而产生的危险监督义务；另一种是作为义务人对于法益侵害因果流程进行中的脆弱法益具有支配地位而产生的危险阻止义务。然而，这两种情形中的"支配性"该如何理解还并不十分清晰。就此而言，诸如《中华人民共和国网络安全法》《中华人民共和国电子商务法》《中华人民共和国个人信息保护法》等相关法律法规中的规定能够为我们提供清晰的网络平台作为义务的内容，但正如前文所述，理论上只有经过实质义务论检验后的形式上的作为义务才能成为刑事归责的基础。耶塞克教授也曾言道，如果忘记作为义务的产生根据，就存在作为义务被无限扩大的危险。❷ 据此，本书将在这两种类型划分的基础上结合相关行政法的规定对网络平台作为义务的来源和内容作进一步的说明。

第一，如果法益侵害的发生与网络平台本身的硬件或程序缺陷直接相关，就可以认为网络平台对启动因果进程的危险源具有支配地位，进而具有防止危险外溢的作为义务。由网络平台本身缺陷导致法益发生的问题已经在实践中逐渐显现。比如，在"李某诉好好玩平台网络服务纠纷案"中，❸ 由于好好玩平台上的注册

---

❶ ［德］克劳斯·罗克辛：《德国刑法学总论（第2卷）》，王世洲等译，法律出版社2013年版，第540页。

❷ ［德］汉斯·海因里希·耶塞克，托马斯·魏根特：《德国刑法教科书（下）》，徐久生译，中国法制出版社2017年版，第835页。

❸ "李某诉好好玩平台网络服务纠纷案"，广东省互联网法院民事一审判决书，北大法宝引证码 CLI. C. 322779468.

账号可以在同一时间由不同人在不同地点同时登录，这种安全漏洞是被害人的虚拟财产被他人骗取的重要原因。再比如，由于程序设计漏洞，2020 年 3 月新浪微博用户的查询接口被恶意调用，发生了大量用户个人信息被泄露的事件。❶ 在此类案件中，网络平台是程序的设计者，平台服务的提供者与实际管理者，显然对启动法益侵害因果流程的危险源具有事实上的支配地位，负有防止危险的监督义务。对于这种作为义务的内容，全国人大常委会 2016 年通过的《中华人民共和国网络安全法》也作出了明确规定，该法第二十二条规定，网络产品服务的提供者不得设置恶意程序；发现其网络产品或服务存在安全缺陷、漏洞风险时，应当立即采取补救措施。值得进一步指出的是，网络平台提供的服务是否存在安全缺陷或漏洞也并不容易判断。在一定程度上，这是由网络平台提供服务的技术性与行业新兴性决定的。就其法律判断而言，笔者认为，应当根据案件发生时的"行业标准"判断其是否存在相关缺陷、漏洞。如果案发当时已经存在明确的行业规范性标准，则应根据该标准作出明确判断；倘若案发时不存在这种标准，则应由专业人员作出是否存在安全缺陷的司法鉴定。

对于这种情形下的作为义务，在我国刑法学界还存在一种争论，即网络平台对其安全漏洞的监督义务究竟是来源于对危险物还是来源于对危险前行为的监督。比如，有的学者认为，网络平台的作为义务来源于对危险物的监督。❷ 但欧阳本祺教授则认为，刑法意义上的危险源必须具有与生俱来的危险性，这种危险不能

---

❶ 工业和信息化部网站：《网络安全局就新浪微博 App 数据泄露问题开展问询约谈》，https://www.miit.gov.cn/gyhxxhb/jgsj/wlaqglj/jggs/art/2020/art_ff903a246f0146809c0690946fcaa143.html，2023 年 3 月 24 日最后访问。

❷ ［德］乌尔里希·齐白：《网络服务提供者的刑法责任》，王华伟译，载赵秉志主编：《刑法论丛（第 48 卷）》，法律出版社 2017 年版，第 327 页。

由人工制造出来，具有安全缺陷的网络平台不应被视为一种危险物，其作为义务来源于危险前行为。● 笔者认为，将具有安全缺陷的网络平台视为刑法中的危险物并非不可，相反，若将这种情况下作为义务的来源归为危险的前行为反倒不妥。因为主流观点认为，危险的前行为必须具有产生法益侵害的密接性，否则将会过度限制国民的行动自由。● 即使网络平台具有安全缺陷，但也并非在任何情况下都会产生法益侵害的紧迫危险。

第二，在网络平台本身并无安全缺陷，只是由于其虚拟的"公共场所"的性质，在犯罪行为人通过平台实施犯罪的情形下，我们可以认为，网络平台对法益侵害的因果流程具有支配地位，具有防止法益侵害发生的作为义务。就此情形下"支配性"如何判断的问题，许乃曼教授认为，对支配关系的规范评价需要结合"支配意志"与"法益侵害关联度"两个指标作综合性评价；若存在支配意志，则法益侵害的关联度越高，越能证成支配关系的存在。● 例如，在庭院中偶然来了一位正在流血的重伤病人的案例中，由于庭院主人并不具有对法益侵害因果流程的支配意志，就不能认为其具有支配地位。而在"冷漠司机案"中，● 由于司机同

● 欧阳本祺：《论网络环境下著作权侵权的刑事归责——以网络服务提供者的刑事责任为中心》，载《法学家》2018 年第 3 期，第 166—167 页。蔡蕙芳：《用户著作权侵权之网络服务业者责任》，载《科技法学评论》2004 年第 1 卷第 2 期，第 331—332 页。

● 林钰雄：《新刑法总则》，元照出版有限公司 2019 年版，第 542 页。

● 姚诗：《不真正不作为犯的边界》，载《法学研究》2018 年第 4 期，第 117 页。

● 该案基本案情为，司机李某凯已经搭载同村人李某臣，在火车站附近又招揽受害少女上车，途中李某臣向受害人提出性要求，被拒后强行在出租车后座将受害人强奸，受害人向司机求救并要求他停车，但受到李某臣威胁后一直往前开，直到李某臣顺利完成强奸。法院认定司机构成强奸罪的帮助犯。凤凰网：《冷漠的哥坐视车内 15 岁少女被强暴获刑两年》，https：//news. ifeng. com/c/7fZjmJ2cQtV，访问日期：2022 年 5 月 20 日。

意搭载受害人，这就产生了对受害人法益保护的支配意志，当受害少女被车内男青年强奸时，法益侵害的发生与出租车的密闭狭小空间及其快速行驶状态具有密切关系，这就可以充分肯定出租车司机对法益侵害的因果流程具有支配地位。但张明楷教授认为，在这种作为义务人对法益侵害发生场所具有实际控制的情况下，若只有场所管理人才能及时有效阻断法益侵害因果流程的话，就应当认为场所管理人具有对因果流程的支配地位，亦即当法益保护具体地依赖场所管理人时，其就具有对结果发生原因的支配地位以及积极作为的保护义务。❶ 笔者认为，相比于许乃曼教授稍嫌烦琐的判断标准，张明楷教授的判断标准更能体现法益保护的实际需要，也更能体现我国国民对网络平台积极作为的合理期待。根据司法实践的现状，我们还可以将这种类型中作为义务的内容分两种情况加以说明。

其一，当网络犯罪行为正在网络平台内实施时，平台具有立即采取处置措施、阻止犯罪行为继续实施的义务。《中华人民共和国网络安全法》第四十七条对此种情形下的作为义务也作出了明文规定。即网络运营者应当加强对其用户发布的信息的管理，发现法律、行政法规禁止发布或传输的信息的，应当立即停止传输该信息，采取消除等处置措施，防止信息扩散，保存有关记录并向有关部门报告。全国人大常委会在 2022 年出台的《中华人民共和国反电信网络诈骗法》（以下简称《反电信网络诈骗法》）第二十二条还作了进一步的具体规定，互联网服务提供者对监测识别的涉及诈骗的异常账号应该重新检验，根据国家有关规定采取限制功能、暂停服务等处置措施。此外，在《中华人民共和国食品

---

❶ 张明楷：《刑法学（上）》，法律出版社 2021 年版，第 204 页。

安全法》《中华人民共和国电子商务法》《中华人民共和国个人信息保护法》《中华人民共和国数据安全法》《中华人民共和国未成年人保护法》等涉及具体领域的法律法规中，还存在对网络平台作为义务内容更有针对性的详细规定，司法人员在相关案件的办理过程中，可以直接援引这些专业领域的法律法规对网络平台的作为义务加以说明。

其二，当犯罪行为人已经借助网络平台接近受害人，并将犯罪的实行行为转移到线下时，网络平台也具有阻止犯罪发生的协助义务。比如，在 2022 年交通运输部门等六部门联合发布的《网络预约出租汽车经营服务管理暂行办法》第二十七条中，此种内容的作为义务被具体规定了下来。按照该条的规定，网约车平台公司应当依照法律规定，为公安机关依法开展国家安全工作，防范、调查违法犯罪活动提供必要的技术支持与协助。实践中网约车平台公司掌握了涉案车辆和驾驶员的真实信息，而负责侦查犯罪的公安机关并不直接掌握这些破案的关键信息。这就意味着，法益侵害的排除具体依赖网约车平台及时的积极作为，协助有关机关及时遏制犯罪结果的发生。在这些情形下，前述法律法规中规定的网络平台的作为义务，能够得到"结果原因支配说"的检验与支持，作为义务的"形式说"与"实质说"形成合力能够为司法裁判提供更为清晰且深刻的说理依据。

四、网络平台不作为刑事归责的具体路径与限度

（一）网络平台故意不作为的正犯归责

1. 网络平台故意不作为正犯归责的路径较为狭窄

根据作为通说的"犯罪事实支配"理论，正犯是指支配犯罪实施过程的人。其中，直接正犯是亲自实施构成要件行为的人；

间接正犯是通过意思支配整个犯罪事实的人；共同正犯则是在多人共同犯罪的场合中功能性地支配整个犯罪事实的人。❶ 就网络犯罪的现状而言，在绝大多数情形下若要从正犯路径对网络平台不作为进行归责，就只能从直接正犯的视角进行审查。这就意味着，若要认定网络平台不作为的正犯责任，要么我国《刑法》分则已经明确将不作为规定为构成要件行为，要么按照前述不真正不作为犯的理论，可以将其不作为等价为构成要件中的作为。然而笔者认为，能够符合这两种情形并对平台不作为科以正犯刑事责任的路径都较为狭窄。

第一，虽然《刑法修正案（九）》增设的拒不履行信息网络安全管理义务罪属于真正不作为犯，符合该罪构成要件的不作为可以按照正犯归责，但是立法机关对该罪的入罪条件作了严格限制。根据我国《刑法》第二百八十六条之一的规定，网络服务提供者不履行法律、行政法规规定的信息网络安全管理义务，经监管部门责令采取改正措施而拒不改正、情节严重的，应当负刑事责任。据此，若要对网络平台不作为从正犯路径进行归责，必须满足以下要件：①根据《网络安全法》等前置性法律法规的规定，网络平台未履行相关信息网络安全管理义务；②经监管部门责令采取改正措施，网络平台仍然拒不改正；③网络平台的不作为产生了"违法信息大量传播"等严重后果，或者其不作为本身属于该条规定的"情节严重"的情形。不可否认的是，该条在构成要件的设置上规定了相当高的入罪门槛。尤其是"经监管部门责令改正而拒不改正"这一"程序性要件"提升了该罪的入罪难度。❷ 这就导

---

❶ 张明楷：《刑法学（上）》，法律出版社 2021 年版，第 511 页。
❷ 谢望原：《论拒不履行信息网络安全管理义务罪》，载《中国法学》2017 年第 2期，第 243 页。

致自《刑法修正案（九）》增设该罪以来，其在司法实践中的适用率极低，基本处于被悬置的状态。❶

　　然而，有学者指出，我国司法实践部门对于《刑法》第二百八十六条之一条文中的"经监管部门责令改正而拒不改正"存在错误的理解，该要件只是理论上的"客观处罚条件"，即使网络服务提供者没有能力采取监管机关责令的改正措施，也不妨碍构成该罪。❷但笔者认为这种观点并不妥当。其一，"经监管部门责令改正而拒不改正"并非只是与刑事违法性、有责性无涉的"客观处罚条件"。正如谢望原教授所言，网络服务提供者对行政性法律规范中网络安全保障义务的违反只具有初步的违法性，而只有经过"责令改正而拒不改正"的程序才使得网络服务提供者的不作为具有了刑事违法性。笔者同意这种观点，网络服务提供者经监管部门责令改正而仍然不改正的行为显然加重了其法益侵害程度，那么该要件就不是所谓的"客观处罚条件"，而应和其他构成要件一样属于故意的认识内容，只有当义务人具有改正能力而拒不改正时，才能对其加以刑事罪责。其二，该论论者试图通过对该"程序性要件"的扩张解释，释放《刑法》第二百八十六条之一的刑事打击潜能，但这种解释论方案存在过度依赖刑法手段的弊端。针对网络服务提供者不履行网络安全保护义务的不作为，我国立法机关近年来出台的《网络安全法》《数据安全法》等专门性法律已经规定了较为严格的处罚措施。比如，《网络安全法》第二十四条规定了网络运营者"对网络用户的真实身份进行管理"的义务，而该法第六十一条则规定对于违反该义务的行为人，相关主管部

---

❶ 截至 2023 年 3 月 4 日，中国裁判文书网上与该罪名相关的裁判文书只有 4 份。

❷ 丘陵：《拒不履行信息网络安全管理义务罪探析》，载《法学杂志》2020 年第 4 期，第 62 页。

门可以施以从行政罚款到停业整顿、关闭网站、吊销相关业务许可证的一系列处罚手段。对于网络服务企业而言,这些行政处罚的严厉程度与威慑效果其实并不亚于刑事处罚。在相关前置性立法日趋完善的背景下,我国司法机关更应当恪守刑法的谦抑性、刑罚的最后手段性原则,以对网络服务业伤害最小的方式实现网络安全保护的立法目的。实际上,最高人民法院、最高人民检察院于 2019 年出台的《信息网络犯罪的司法解释》也已对这一"程序性要件"的内涵作出了与本书理解基本一致的解释,对于准确划定该罪的处罚范围具有重要意义。根据该解释第二条的规定,一方面,相关监管部门的"责令改正"必须以书面形式作出。另一方面,所谓"拒不改正",不能仅仅根据行为人是否改正到位来判断,而应结合监管部门的责令改正是否具有合法性依据,责令改正的措施及期限是否明确、合理,义务人是否具有改正能力等因素进行综合判断。❶ 因此,试图通过扩张解释的方式扩大《刑法》第二百八十六条之一刑事处罚范围的观点既没有正当的理论基础,也没有为我国最高司法实践部门所采纳。那么,对于网络平台的不作为按照该罪进行正犯归责就只能被限制在非常逼仄的范围之内了。

第二,在《刑法》条文未规定真正不作为的情况下,也不能轻易地将网络平台的不作为与构成要件中的作为等价起来,进而从不真正不作为犯的角度寻求对其不作为的正犯责任。在"快播案"中,快播公司为了收取更多的会员费、广告费,放任他人在其平台上传播、下载、共享淫秽视频。该案二审法院认为,快播

---

❶ 《最高人民法院、最高人民检察院〈关于办理非法利用信息网络、帮助信息网络犯罪活动等刑事案件适用法律若干问题的解释〉》,(法释〔2019〕15 号),第 2 条。

公司的调度服务器不仅拉拽淫秽视频文件并存储在缓存服务器中，而且还向用户提供缓存服务器里的淫秽视频文件；不仅参与了部分用户传播淫秽视频的过程，该公司的缓存服务器实际上也在传播淫秽视频。因此，快播公司及其主管人员构成传播淫秽物品牟利罪。❶ 该案的裁判逻辑即是将快播公司的不作为解释为符合传播淫秽物品牟利罪中的"传播"行为，进而追究快播公司不真正不作为的正犯责任。这一裁判思路受到我国部分学者的强烈批判，比如高艳东教授即认为，本案法官将快播缓存服务器的自动拉拽行为认定为"传播"，存在过度解释的嫌疑，不真正不作为犯的实行行为缺乏定型性，司法实践部门正在滥用这一概念。❷ 但是陈兴良教授却认为，快播的行为可以构成一种"不作为的传播"，按照传播淫秽物品牟利罪的正犯归责也并无不可。❸ 在笔者看来，虽然根据"结果原因支配说"，快播确有截断法益侵害因果流程的积极作为义务，在此意义上将其不停止服务器自动拉拽文件的不作为与"传播"等价具有实质合理性。但是，不真正不作为毕竟缺乏构成要件的定型性，与罪刑法定原则具有内在的紧张关系，倘若能够按照共犯对不作为进行归责就不应当轻易将不作为解释为《刑法》条文明确规定的作为。对于网络平台以不作为形式帮助他人实施网络犯罪的行为而言，也完全可以从帮助犯的路径考虑其刑事责任的问题，在此情况下，司法机关没有必要将不作为强硬解释为构成要件中明确规定的作为。

---

❶ 吴某传播淫秽物品牟利案，北京市第一中级人民法院二审刑事裁定书（2016）京01 刑终 592 号。

❷ 高艳东：《不纯正不作为犯的中国命运：从快播案说起》，载《中外法学》2017年第 1 期，第 68 页。

❸ 陈兴良：《快播案一审判决的刑法教义学评判》，载《中外法学》2017 年第 1 期，第 7 页。

2. 拓宽网络平台不作为正犯归责范围的立法论主张也不值得提倡

在 2018 年"郑州空姐打车遇害案"发生后，又连续发生了几起与网约车平台相关的严重恶性案件，应当进一步拓宽网络服务提供者不作为正犯归责范围的立法论主张开始出现。《刑法修正案（九）》刚增设的拒不履行信息网络安全管理义务罪又面临要被修改的局面。有的学者即提出，"应在第 286 条之一的罪状描述中，将平台用户等权利主体的改正告知与监管部门的责令改正并列，明确经监管部门责令改正或者平台用户等权利主体改正告知而拒不改正的，网络服务提供者即应承担刑事责任。"❶ 但是这种立法论主张也并不妥当。

其一，倘若只要网络平台用户等权利主体向平台发出改正通知，平台不改正就需承担刑事责任的话，国民的行动自由将会受到过度限制，平台经济的健康发展也将面临严重阻碍。按照上述立法论主张，平台企业为了规避刑事风险必然会大幅降低对用户投诉的审查标准，很有可能在接到平台用户的维权通知后，就直接采取删除争议信息、断开链接等处置措施。那么，我国国民在网络空间中的言论自由权、在商品交易平台中的经营权等重要权益都将面临严重的威胁。比如，在目前网络食品交易平台的商业实践中，当平台接到用户对某家网店出售不合卫生标准食品的投诉时，网络平台也具有及时进行安全审查的义务，❷ 但在审查后，

---

❶ 熊波：《网络服务提供者刑事责任："行政程序前置化"的消极性及其克服》，载《政治与法律》2019 年第 5 期，第 65 页。

❷ 原国家食品药品监督管理总局于 2016 年公布的《网络食品安全违法行为查处办法》第十四条规定："网络食品交易第三方平台提供者应当设置专门的网络食品安全管理机构或者指定专职食品安全管理人员，对平台上的食品经营行为及信息进行检查。网络食品交易第三方平台提供者发现存在食品安全违法行为的，应当及时制止，并向所在地县级市场监督管理部门报告。"

其也可能认为用户的投诉无效，这就在法律上赋予了平台一定程度的"执法"裁量权。❶ 然而，若按照上述论者的立法论主张，网络平台在刑事制裁的威胁之下，必然会立即停止向被投诉平台内经营者继续提供平台服务。虽然这种做法可以将潜在风险防患于未然，但也必然会导致网络平台无法正常运营。再比如，在社交网络平台中，如果平台一接到有关他人发表违法言论的投诉就不经审查立即采取删帖、屏蔽等措施，网络平台中也就不会再有任何言论自由可言，这反而是对公民言论自由权的极大侵害。

其二，该立法论主张试图通过修改《刑法》第二百八十六条之一的方式，扩大网络平台承担刑事责任的范围，尤其是提升平台用户在紧急情况下排除法益侵害的能力，❷ 但该主张缺乏对法益保护的体系性思考。首先，拒不履行信息网络安全管理义务罪的保护法益在性质上属于集体法益，而非生命、健康等个人法益。尽管我国刑法学界对该罪名的保护法益提出了"信息网络说"❸"网络安全说"❹"信息网络管理秩序说"❺ 等不同学说，但这些观点都不认为该罪是对个人法益的直接保护。正如有学者所指出的，《刑法》第二百八十六条之一将监管机关的责令改正程序规定为构成要件要素，显然表明立法者试图将该罪的保护法益定位为网

---

❶ 当然，根据我国《民法典》侵权责任编的规定，如果网络平台在接到权利人包含初步证据的侵权通知而未及时采取措施的，对损害的扩大部分要与侵权人承担连带民事赔偿责任。

❷ 熊波：《网络服务提供者刑事责任："行政程序前置化"的消极性及其克服》，载《政治与法律》2019 年第 5 期，第 65 页。

❸ 陈结淼、董杰：《论信息网络犯罪的适用——以〈刑法修正案九〉新增为例》，载《南华大学学报》（社会科学版）2017 年第 1 期，第 89 页。

❹ 何荣功：《预防刑法的扩张及其限度》，载《法学研究》2017 年第 4 期，第 148 页。

❺ 杨新绿：《论拒不履行信息网络安全管理义务罪的法益》，载《北方法学》2019年第 6 期，第 46—52 页。

络空间的管理秩序。❶ 而且，从该条在《刑法》分则中的体系位置来看，其所保护的法益也只能是社会秩序性法益。❷ 其次，从法秩序一致性的刑法原理来看，网络平台在民法、行政法中尚且不具有接到用户投诉后不经审查而立即停止网络服务的义务，那么这种内容的作为义务当然也不可能直接上升为刑法中的作为义务。换言之，该立法论主张显然缺乏在法体系内对法益保护的通盘思考。

（二）网络平台故意不作为的共犯归责

1. 网络平台不作为共犯归责的罪名选择

和正犯归责路径相比，对网络平台不作为按照共犯归责的路径要宽阔得多。倘若有人利用平台实施销售伪劣产品、侮辱诽谤、诈骗、传播淫秽物品等犯罪行为，只要能够证明网络平台具有不作为的明知故意，且其不作为促进了犯罪结果的现实化，就可以将之认定为被帮助行为所属罪名的帮助犯。《刑法修正案（九）》增设第二百八十七条之二帮助信息网络犯罪活动罪之后，对网络平台不作为按照共犯归责的潜能得到了进一步的释放。根据该条的规定，实施帮助网络犯罪的行为，同时构成其他犯罪的，依照处罚较重的规定定罪处罚。这就明确了帮助信息网络犯罪活动罪与其他网络犯罪罪名之间的法条竞合关系。但受到网络犯罪远距离、匿名性、分散性等客观原因的限制，司法机关往往难以及时抓获网络犯罪的正犯，但出于打击网络犯罪的必要，通常在未抓获正犯时适用《刑法》第二百八十七条之二对帮助行为进行规制。

---

❶ 杨新绿：《论拒不履行信息网络安全管理义务罪的法益》，载《北方法学》2019年第6期，第51页。

❷ 谢望原：《论拒不履行信息网络安全管理义务罪》，载《中国法学》2017年第2期，第239页。

近年来，帮助信息网络犯罪活动罪在司法实践中的适用率呈几何级井喷态势。❶ 然而，理论上仍存争议的是，《刑法》第二百八十七条之二究竟是对帮助网络犯罪行为的共犯归责，还是对帮助网络犯罪行为在立法上明确的正犯化？为了明确该罪的罪名属性，我们有必要对相关学说加以辨析。

其一，"共犯正犯化说"的支持者认为，《刑法》第二百八十七条之二是将帮助网络犯罪行为通过立法方式明确加以正犯化的表现。刘艳红教授即主张，如果帮助行为已经被《刑法》分则规定了下来，该行为就不能再被视为正犯的帮助犯，而具有了独立正犯的属性。❷ 比如，协助组织卖淫的行为本属于典型的帮助犯，但在我国《刑法》第三百五十八条第四款将这种行为提升为正犯之后，就不能再以帮助犯认定该行为。❸ 然而，共犯行为是否已被正犯化，不应仅仅取决于外在形式上是否具有独立的罪名和法定刑，而应根据犯罪本质是法益侵害的基本原理，从实质上考察共犯行为有无独立的刑事不法性。据此，只有那些脱离了正犯行为而仍然具有法益侵害性的共犯行为，才可将之视为立法上帮助行为正犯化的规定。例如，向恐怖活动组织提供帮助的行为本身就具有严重不法性，《刑法》第一百二十条之一规定的帮助恐怖活动罪，就属于将帮助行为绝对正犯化的典型。❹ 但是，就帮助信息网络犯罪的行为而言，包括陈兴良教授在内的部分学者仍然认为，

---

❶ 在裁判文书网中检索帮助信息网络犯罪活动罪可显示，该罪在 2019 年以前被适用的裁判文书每年都在 100 份以下，而 2020 年这一数字突然达到 2 696 份，2021年更是高达 19 394 份。

❷ 刘艳红：《网络犯罪帮助行为正犯化之批判》，载《法商研究》2016 年第 3 期，第19 页。

❸ 刘艳红：《网络犯罪帮助行为正犯化之批判》，载《法商研究》2016 年第 3 期，第 19 页。

❹ 张明楷：《刑法学（上）》，法律出版社 2021 年版，第 574—575 页。

即使从法益侵害的实质性角度考察，也应肯定《刑法》第二百八十七条之二是共犯正犯化的立法表现。❶ 该论论者指出，在网络犯罪黑色产业链当中，帮助行为与正犯行为之间的关联性已经日益弱化，上游行为与中下游环节之间通常表现为"一对多"或"多对多"的帮助状态，帮助行为本身已然具有了独立的刑事可罚性。❷ 虽然单次帮助行为的危害量可能较低，但由于网络帮助行为具有"一对多"的特征，即使被帮助的单个行为尚未达到刑事不法程度，但受到"积量构罪"特征的影响，多次帮助行为可能已经达到科以刑事责任所要求的法益侵害程度。❸ 本书认为，即使在网络犯罪产业化日趋严峻的现实背景下，也难以肯定网络帮助行为可以完全脱离正犯行为进行独立的不法评价。当被帮助人尚未实施构成要件行为时，网络平台提供网络服务的行为并不会产生任何直接或间接的法益侵害，相反，由于网络平台用户的开放性，其提供平台服务的行为还具有极大的社会价值。因此无论从形式角度还是实质角度将《刑法》第二百八十七条之二视为共犯正犯化的观点都不妥当。❹

其二，"量刑规则说"认为，成立帮助信息网络犯罪活动罪仍然需要正犯实施符合构成要件的不法行为，从实质上看该条仅是

---

❶ 陈兴良：《网络犯罪的类型及其司法认定》，载《法治研究》2021 年第 3 期，第 11 页。

❷ 刘宪权：《网络黑产链犯罪中帮助行为的刑法评价》，载《法学》2022 年第 1 期，第 78 页。

❸ 江溯：《帮助信息网络犯罪活动罪的解释方向》，载《中国刑事法杂志》2020 年第 5 期，第 78 页。

❹ 实际上，这种认为《刑法》第二百八十七条之二是共犯正犯化的观点也已经为我国最高司法机关所否认。在 2019 年最高人民法院、最高人民检察院颁布的《信息网络犯罪的司法解释》第十三条就规定，司法机关在认定帮助信息网络犯罪活动罪时，应当查明被帮助对象已经实施了符合构成要件的正犯行为。

帮助犯的量刑规则。❶ 但笔者认为，我们不应将该条解释为仅仅是一种简单的在量刑方面的立法规定，而应将之理解为对共犯从属性理论中"最小从属性说"的明确支持。张明楷教授之所以认为该条只是一种量刑规则的主要原因在于其采纳共犯"限制从属性说"，并不承认共犯在不法层面的独立性。然而，如果不承认共犯和正犯各自独立的不法性，在许多事例中都难以获得合理的裁判结果。比如，在"教唆自杀"的情形中，A 教唆 B 自杀，B 自杀未遂，B 的自杀行为没有不法性，按照"限制从属性说"的观点，A 的教唆行为也不具有不法性。然而，A 的教唆行为已经造成他人死亡的具体危险，不对 A 科以刑事处罚显然不合理。此外，在信息网络社会中，"限制从属性说"的缺陷也已逐渐凸显。虽然本书不赞同《刑法》第二百八十七条之二是共犯正犯化的立法表现，但是笔者并不否认网络帮助行为具有"一对多""多对多"的链状属性，网络犯罪具有匿名性、分散性、隔空性等特征，倘若不承认共犯与正犯在不法层面的独立性，确实难以实现打击网络犯罪的现实需要。❷ 因此，在共犯"最小从属性说"的基础上理解《刑法》第二百八十七条之二，既能适应打击网络犯罪的迫切需要，也能与法益侵害原理相契合。

其三，对于《刑法》第二百八十七条之二的法律属性，还有学者提出了所谓的"混合归责模式说"。该说认为，一方面立法者为帮助网络犯罪行为规定了独立的罪刑条文，使其与被帮助对象触犯的罪名相脱离，这就赋予了帮助行为一定的正犯性；另一方面，成立该罪又不能完全脱离被帮助行为进行独立的不法评价，

---

❶ 张明楷：《论帮助信息网络犯罪活动罪》，载《政治与法律》2016 年第 2 期，第 5 页。

❷ 刘宪权：《网络黑产链犯罪中帮助行为的刑法评价》，载《法学》2022 年第 1 期，第 79 页。

这又反映出该罪的成立仍然具有共犯性。❶ 但在笔者看来，该说在承认帮助网络犯罪行为既具有共犯性的同时又认为其具有正犯性，显然具有逻辑上的矛盾。如前所述，根据法益侵害的实质标准，帮助网络犯罪行为仍然具有共犯属性。"混合归责模式说"只是一种模棱两可的说法，对于指导司法实践而言并无益处。

综上所述，倘若按照帮助信息网络犯罪活动罪对网络平台的不作为进行归责，仍然延续的是共犯归责路径，只不过在其犯罪构成上不能按照传统的"限制从属性说"，而应按照"最小从属性说"来解释。

2. 网络平台不作为共犯归责的限度争议

对于网络平台不作为共犯归责的限度争议主要体现为，平台不作为在多大程度上可以构成帮助信息网络犯罪活动罪的问题。就网络平台的不作为构成该罪而言，司法人员需要证明网络平台在客观上具有作为义务，实施了达到"情节严重"程度的网络帮助行为；且其在主观上须具有帮助他人实施网络犯罪的明知故意。而且根据"最小从属性说"，需要查明正犯确实实施了构成要件行为，但并不需要查明正犯的行为达到刑事不法程度，也无须查明正犯是否具有刑事责任能力。前文已经对网络平台的作为义务进行了详细论证，从当前司法实践的情况来看，还有必要对以下几个问题加以澄清。

第一，对于仅具有间接帮助性质的网络平台不作为，是否应当按照帮助信息网络犯罪活动罪对其进行刑事归责？在刑法理论中，间接帮助一般是指帮助帮助犯的情形，但在间接帮助是否具

---

❶ 王昭武：《共犯最小从属性说之再提倡——兼论帮助信息网络犯罪活动罪的性质》，载《政法论坛》2021 年第 2 期，第 165 页。

有可罚性的问题上，还存在学说上的争议。"肯定说"认为，处罚帮助犯的根据在于帮助行为使正犯行为更加容易，只要帮助行为促进了犯罪结果的实现，就应按照帮助犯处罚。"否定说"则认为，共犯属于扩张刑事处罚的事由，与直接帮助相比，间接帮助对法益侵害因果进程的促进效果较弱，应当否定其可罚性。❶本书认为，一概否认间接帮助行为可罚性的观点并不正确。在实际情形中，间接帮助对正犯行为的促进并不必然弱于直接帮助，间接帮助与危害结果之间的因果力大小应当在个案中作具体分析。倘若间接帮助只是单纯地对帮助犯进行了帮助，而没有对正犯起到帮助作用，就根本不能认为该帮助行为在刑法上有评价的意义。❷但如果间接帮助在法益侵害因果进程中起到了重要作用，就应当将之与直接帮助作同等的评价。有学者认为，在帮助信息网络犯罪活动罪的司法实践中，已经在一定程度上出现过度打击间接帮助行为的问题。比如在"郭某华案"❸、"陈某豪案"❹等案件中，行为人将自己的银行卡卖给收购人，该银行卡又被卖给犯罪分子用于网络诈骗，行为人都被判处了有期徒刑。但笔者认为，上述案件中的行为人将自己的银行卡卖给他人虽属于间接帮助行为，但涉案银行卡对于网络犯罪的实现具有关键作用，而且在网络犯罪黑色产业链中，出售银行卡的行为往往都具有间接帮助性质，仅仅因为这一点就否认其刑事可归责性显然是不合理的。其

---

❶ ［日］日高义博：《刑法总论》，成文堂 2015 年版，第 512 页。

❷ 张明楷：《论刑法修正案九关于恐怖犯罪的规定》，载《现代法学》2016 年第 1 期，第 25 页。

❸ 郭某华帮助信息网络犯罪活动罪案，广东省广州市白云区人民法院刑事一审判决书（2021）粤 0111 刑初 249 号。

❹ 陈某豪帮助信息网络犯罪活动罪案，湖南省长沙市中级人民法院二审刑事判决书（2020）湘 01 刑终 1262 号。

实，在类似案件中真正成为问题的往往是行为人是否具有刑事非难可能性的问题。❶ 相对于为网络犯罪提供间接帮助的个人而言，网络平台在犯罪实施的过程中具有更为关键的作用。无论是其提供的信息发布、信息传输与存储等技术服务，还是广告推广、支付结算等帮助，都对犯罪结果的实现发挥了重要作用。而且，对于网络平台企业而言，通常也不存在责任阻却的情形。例如，在近年来出现的"网络刷单"类案件中，发布刷单信息的行为本身并不构成犯罪，而只是破坏生产经营罪、非法经营罪等罪的帮助行为，若网络平台为了经济利益放任相关刷单信息的传播，就属于间接帮助行为，但不能因此就否定对其不作为按照《刑法》第二百八十七条之二进行归责的可能性。

第二，网络平台帮助他人实施网络犯罪的主观"明知"应当如何判定？在我国司法实践中，如何认定行为人的主观"明知"一直以来都属于司法上的疑难问题。有学者认为，在证明主观"明知"时，应将其区分为"确实知道"和"应当知道"两种情况。❷ 但行为人在事实上是否"确实知道"也只有行为人自己知道，对于司法人员来讲，其也只能结合当事人陈述和客观事实对"明知"进行推定。因此，也可以说，刑法上的"明知"都是推定意义上的"应当知道"。在 2019 年最高人民法院和最高人民检察院联合发布的《关于办理非法利用信息网络、帮助信息网络犯罪活动等刑事案件适用法律若干问题的解释》（以下简称为《信息网络犯罪的司法解释》）第十一条对可推定犯罪嫌疑人明知的情形作

---

❶ 比如，在一些案件中，网络犯罪分子通过在校园中的代理人向涉世未深的学生收购银行卡，如果将这些提供间接帮助的学生都一概认定为刑事犯罪，显然也不合理。

❷ 刘宪权：《论信息网络技术滥用行为的刑事责任》，载《政法论坛》2015 年第 6 期，第 108 页。

了具体列举。这些情形分别是：（一）在经监管部门告知后仍然实施有关行为；（二）接到举报后不履行法定管理职责；（三）交易价格或者方式明显异常；（四）提供专门用于违法犯罪的程序、工具或者其他技术支持、帮助；（五）频繁采用隐蔽上网、加密通信、销毁数据等措施或者使用虚假身份、逃避监管或者规避调查；（六）为他人逃避监管或者规避调查提供技术支持、帮助的；（七）其他足以认定行为人明知的情形。❶ 然而，笔者发现，根据该条列举的具体情形难以对网络平台是否具有帮助犯罪的"明知"故意作出判断。在绝大多数情况下，网络平台只具有放任犯罪实施的间接故意，"明知"的外在表现并不会像该条列举的情形那样明显。例如，在"快播案"中，快播公司为了拓展市场份额，获取更高的会员费、广告费放任大量淫秽色情视频在其平台中传播，其既不会与传播淫秽视频的个人进行直接交易，也不会利用技术手段刻意掩盖行为人的违法行为。❷ 结合当前司法实践的情况，笔者认为，在网络平台的一般用户已经认识到平台中存在明显违法事实的情况下，就可以推定处于管理人角色的网络平台也具有主观上的明知。在"快播案"审判前，一般用户已经能够非常容易地搜索到淫秽视频，快播公司再否认自己对犯罪事实具有明知就显然没有意义。相似地，如果一般用户都可以认识到某网络平台中已经充斥假冒伪劣产品、网络诈骗信息等内容，网络平台就不能否认具有帮助他人实施网络犯罪的明知故意。再比如，

---

❶ 《最高人民法院、最高人民检察院〈关于办理非法利用信息网络、帮助信息网络犯罪活动等刑事案件适用法律若干问题的解释〉》（法释〔2019〕15号）第11条。

❷ 吴某传播淫秽物品牟利案，北京市第一中级人民法院二审刑事裁定书（2016）京01刑终592号。

在曾经轰动全国的"魏某西之死"的事件中,● 魏某西固然死于庸医之手,但百度为了获取高额利润,放任不良医疗机构取得在其平台中的优先搜索排名权,根据"一般人认识可能性"的标准,显然不能否认百度具有对违法犯罪事实的明知。倘若能够查实涉案医院具有诈骗、敲诈勒索、故意伤害等犯罪事实,就不能否认百度的共犯刑事责任。

第三,网络平台的不作为是否达到了帮助信息网络犯罪活动罪所要求的"情节严重"程度? 2019 年最高人民法院、最高人民检察院出台的《信息网络犯罪的司法解释》第十二条对此也有规定。该条第一款规定,明知他人利用信息网络实施犯罪,为其犯罪提供帮助,具有下列情形之一的,应当认定为刑法第二百八十七条之一第一款规定的"情节严重":(一)为三个以上对象提供帮助的;(二)支付结算金额二十万元以上的;(三)以投放广告等方式提供资金五万元以上的;(四)违法所得一万元以上的;(五)二年内曾因非法利用信息网络、帮助信息网络犯罪活动、危害计算机信息系统安全受过行政处罚,又帮助信息网络犯罪活动的;(六)被帮助对象实施的犯罪造成严重后果的;(七)其他情节严重的情形。但应当注意的是,该款规定的"情节严重"的入罪标准只适用于被帮助对象的违法行为也已经达到刑事不法程度的情形。而对于被帮助对象已经实施了构成要件行为,但该行为是否达到诈骗、盗窃等具体罪名的入罪标准还不确定的情形,该司法解释还作了单独规定。该解释第十二条第二款规定,确因客观条件限制无法查证被帮助对象是否达到犯罪的程度,但相关数额总计达到

● 对于该事件的详细报道,参见《大学生魏某西生前原音重现,曾撰文谴责百度和医院》,http://china.cnr.cn/yaowen/20160502/t20160502_522040119.shtml,访问日期:2023 年 4 月 25 日。

前款第二项至第四项规定标准五倍以上，或者造成特别严重后果的，应当以帮助信息网络犯罪活动罪追究行为人的刑事责任。❶

（三）网络平台过失不作为的刑事归责

除了故意不作为，网络平台过失不作为的刑事责任问题也已引起刑法学界关注。2018 年"乐清女孩遇害案"后，即有学者提出滴滴公司应当承担过失不作为的刑事责任。❷ 2021 年"货拉拉女孩跳车死亡案"发生后，这种主张又引起社会各界的热议。然而，能否认定网络平台过失不作为的刑事责任还需要作出更为仔细的分析。

首先，即使网络平台的过失不作为事实上促进了犯罪结果的实现，也不能追究其共犯责任。我国《刑法》第二十五条规定，共同犯罪是指二人以上共同故意犯罪。理论上也认为，共同犯罪中的"共同故意"不仅要求各共犯人对参与他人的犯罪具有认识与意志，而且还要求各共犯人之间具有实施犯罪的意思联络。即使刑法理论界与实务界都承认片面共犯的存在，也即这种意思联络可以是单向度的，但对于帮助犯自身而言，其也必须具有帮助正犯的故意。因此，尽管过失帮助在事实上确实存在，但理论上一般认为，这种情形应当按照过失正犯处理。❸ 那么，对于网络平台的过失不作为在客观上促进了犯罪结果实现的场合，也不可能追究其共犯责任，如果造成严重的法益侵害结果，也只能从是否构成过失正犯的角度加以思考。

---

❶ 《最高人民法院、最高人民检察院〈关于办理非法利用信息网络、帮助信息网络犯罪活动等刑事案件适用法律若干问题的解释〉》，（法释〔2019〕15 号），第 12 条。

❷ 丁新正：《滴滴公司应该承担法人刑事责任》，http://blog.sina.com.cn/s/blog_457a80c60102xt7t.html，访问日期：2023 年 4 月 25 日。

❸ 黎宏：《刑法学》，法律出版社 2012 年版，第 292 页。

其次，网络平台过失不作为能否构成过失正犯，还应当在个案中结合具体犯罪的构成要件进行分析。我国《刑法》第十五条规定，法律有规定的才负过失犯的刑事责任。但是，哪些罪名可以由过失行为构成，其范围并不像表面上看起来那样明确。对于具体罪名是否可能由过失行为构成，较为极端的观点认为，只有在《刑法》分则的罪状中明确规定了"过失""疏忽"等字样的罪名才属于过失犯。但是这种观点显然不切实际，目前理论上的主流观点认为，虽然具体罪名的条文中没有出现"过失"等文字，但结合刑事处罚的必要性以及具体罪状的表述，也可以将一些罪名解释为过失犯。张明楷教授就认为，当刑法罪状中出现"严重不负责任"、"致使发生……事故"或"玩忽职守"的表达时，一般即应视为立法上承认过失犯的表现。❶ 但是，毕竟过失行为缺乏定型性，广泛地处罚过失犯会严重妨碍国民自由。从人权保障的角度来看，在具体罪名的条文没有明确规定过失犯罪时，只应将那些导致他人生命、身体等重大法益受到侵害的情况解释为过失犯罪。❷ 根据这一根植于自由主义的刑法原理对我国《刑法》分则条文进行检视，笔者认为，我国《刑法》并未在侵犯财产类犯罪、扰乱公共秩序类犯罪以及与淫秽物品有关的犯罪中规定过失犯罪。那么，对于网络诈骗、网络盗窃等涉财产类犯罪，网络赌博、网络谣言等涉公共秩序类犯罪，网络传播淫秽视频等涉社会风俗类犯罪，即使网络平台的过失不作为客观上促进了这些犯罪的发生，也不可能构成过失正犯。而对于网络侮辱、网络诽谤等另外一些案件，也因其未造成重大法益的侵害而不可能构成过失犯罪。与网络平台过失不作为相关的罪名只可能存在于侵犯公共安全与侵犯公民生命健康法益的罪名之中，具体来讲，只可能涉及重大责

❶ 张明楷：《刑法学（上）》（第6版），法律出版社2021年版，第369页。
❷ 张明楷：《刑法学（上）》（第6版），法律出版社2021年版，第370页。

任事故罪、过失杀人罪以及过失致人重伤罪这三个罪名。在网约车乘客被害案等造成受害人伤亡的案件中，即应考虑是否具有构成上述罪名的可能。

最后，由于网络平台犯罪属于我国刑法中的"单位犯罪"，其能否构成犯罪还应考察涉案的具体罪名是否将单位规定为犯罪主体。在网络平台故意不作为可能构成的拒不履行信息网络安全管理义务罪和帮助信息网络犯罪活动罪的情形下，这两个罪名的条文都明确规定单位可以构成犯罪主体。然而，在我国目前的刑法规定下，重大责任事故罪、过失杀人罪、过失致人重伤罪都只是自然人犯罪，未将单位纳入犯罪主体的范围。因此，认为滴滴公司应当为乘客的死亡承担过失刑事责任的观点，显然忽视了我国《刑法》的具体规定。尽管重大责任事故罪未将单位规定为犯罪主体已经遭到部分学者的有力批判，❶ 但就目前的规定而言，还不可能认定网络平台的过失不作为可以构成该罪。实际上，真正应当讨论的是，网络平台的主要负责人是否可以承担过失不作为的刑事责任。但若要认定其构成过失犯，还要对网络平台的主要负责人是否具有主观过失，其不作为与死亡结果之间是否具有因果关系进行具体论证。受篇幅所限，本书不再对此展开讨论，但从2022年7月21日，国家互联网信息办公室对滴滴公司已经作出行政处罚的事实来看，司法机关并未对多起网约车致人死亡案件追究平台主要负责人的刑事责任。❷

---

❶ 蔡仙：《论企业合规的刑法激励制度》，载《法律科学》2021年第5期，第170页。

❷ 国家互联网信息办公室认为滴滴公司违反了《网络安全法》《数据安全法》《个人信息保护法》等法律法规，依法对滴滴公司处以人民币80.26亿元罚款，对滴滴公司董事长兼CEO程维、总裁柳青各处以100万元罚款。国家互联网信息办公室网站：《对滴滴全球股份有限公司依法作出网络安全审查相关行政处罚的决定》，http://www.cac.gov.cn/2022 - 07/21/c_1660021534306352.htm，访问日期：2023年4月25日。

五、结论

平台经济作为数字时代新的生产力组织方式，在降低交易成本、提高社会资源配置效率、赋能实体经济转型发展等方面具有显著优势。[1] 目前，我国平台经济正处于快速发展期，但一系列重大恶性案件显示出，网络平台既存在为了经济利益放任网络犯罪的不作为，也存在因严重过失而未能阻止重大法益侵害结果的不作为。然而受到"中立帮助行为论"、不真正不作为犯缺乏构成要件定型性等因素的影响，对于刑法如何评价网络平台不作为的问题还存在法律适用上的不确定性。因此，本书在厘清相关理论争议的基础上对网络平台不作为刑事归责的问题展开了系统的分析。

经过分析，本书得出了以下几点结论：①对网络平台不作为进行刑事归责具有充分的理论根据，不能以"中立帮助行为论"否认网络平台不作为的刑事不法性。②不真正不作为犯的作为义务在实质上来源于对"结果发生原因的支配"，倘若网络平台本身存在安全缺陷，则作为义务源于对启动因果流程的危险源的支配，其就具有及时采取措施防止危险外溢的作为义务。如果网络平台本身没有安全缺陷，法益侵害是由违法行为人利用平台所引起，则作为义务源于对因果流程中脆弱法益的支配，其就具有停止网络服务、断开链接、协助犯罪查处等阻断法益侵害继续发生的义务。我国近年来出台的《网络安全法》《电子商务法》《个人信息保护法》等法律法规规定了网络平台在具体情形中作为义务的内容，但在刑事裁判中必须结合不真正不作为犯作为义务实质来源的理论进行说理。③网络平台不作为的正犯归责路径较为狭窄。

---

[1] 刘坤：《推动平台经济规范健康持续发展》，载《光明日报》2022 年 1 月 21 日，第 10 版。

《刑法修正案（九）》增设的拒不履行信息网络安全管理义务罪虽属于典型的真正不作为，但该罪的入罪条件较为严格，并不能将网络平台不阻断法益侵害意义上的不作为纳入打击范围，而扩大该罪正犯归责路径的立法论主张也并不妥当。④按照共犯论中的"最小从属性说"，《刑法修正案（九）》增设的帮助信息网络犯罪活动罪并非是对帮助行为的正犯化，按照该罪对网络平台不作为进行归责仍然延续的是共犯归责路径，但在入罪限度的问题上，应当按照"最小从属性说"的原理解释其构成要件。具有间接帮助性质的网络平台故意不作为也应被纳入刑法的打击范围。⑤网络平台不可能因其不作为成立过失犯罪，但在出现生命死亡、身体重伤等严重法益侵害的情形下，网络平台的直接责任人员可能构成过失犯罪。

第八章

信息网络企业的刑事合规及其归责理论的反思

一、信息网络企业的刑事合规

为了积极响应国务院优化营商环境的号召，2020 年 3 月，最高人民检察院在上海、江苏、山东等地 6 家基层检察院启动了涉案企业"合规不起诉"的改革试点。2022 年 4 月，在两年改革试点成功经验的基础上，最高人民检察院决定在全国检察机关全面推进涉案企业的合规改革。"合规不起诉"通过要求企业进行合规机制建设的方式，在合规整改合格的情况下适用刑事相对不起诉，一方面能够避免涉案企业进入刑事诉讼程序，另一方面又能切实起到预防法人犯罪的作用。对于涉案企业来讲，由于存在刑事处罚上的激励，参与合规整改的积极性较高。适用"合规不起诉"，案件处理更能取得法律效果与社会效果的统一。例如，在上海市首例"数据合规不起诉案"中，涉案公司是一家互联网大数据公司，主要为本地商户提供数字化转型服务，2019 年至 2020 年，该公司为了运营需要，在未经授权许可的情况下，非法爬取了某外卖平台的大量数据。案发后，涉案公司积极赔偿了外卖平台的损失并取得谅解。检察机关认为该公司在爬取数据后没有二次兜售牟利等行为，犯罪情节较轻，主观恶性较小，没有实体法障碍，可以开展合规不起诉工作。该公司在合规整改期间稳步规范发展，不仅员工人数大幅增长，而且全年营收与纳税数额都处于较高水平。❶ 该案的处理避免了以往"办理一起案件，垮掉一个企业，失业一批员工"的负面后果。

在传统犯罪日益"网络化"的今天，信息网络企业面临非常繁重的刑事合规义务。根据我国《刑法》分则的规定，信息网络企业可能触犯多个章节的罪名。不同类型的网络企业触犯的罪名可能稍有差异，合规整改的重点也会随之不同。比如，对于电子商务企业而言，最有可能涉及生产销售伪劣商品罪、扰乱市场秩序罪等罪名。而对于社交平台类网络企业，最有可能涉及侵犯个人信息罪、帮助信息网络犯罪活动罪、侵犯知识产权罪等罪名。若要取得"合规不起诉"的刑法优待，任何信息网络企业都将面临没有先例可循的大量合规工作。对于预防法益侵害而言，我国立法机关近年来连续出台了《网络安全法》《数据安全法》和《个人信息保护法》，目前最为迫切的是要履行信息网络安全与数据安全保护的合规义务。其一，在网络安全领域，网络服务提供者具有在发现网络服务存在安全缺陷时采取及时补救的义务、对网络关键设备和安全专用产品进行认证检测的义务、对网络用户的真

---

❶ 李翔：《以合规不起诉规范数据企业发展》，载最高人民检察院网站，https：//www.spp.gov.cn/spp/llyj/202206/t20220615_559908.shtml，访问日期：2023 年 4 月 25 日。

实身份进行管理的义务、为公安机关侦查犯罪活动提供技术支持和协助的义务，等等。其二，在数据安全领域，数据处理企业具有建立全流程数据安全管理制度的义务、采取技术措施保障数据安全的义务、开展数据处理活动以及研究开发数据新技术符合社会公共利益的义务、进行风险监测及处置的义务、对重要数据的风险评估义务与出境安全评估义务等。其三，在个人信息保护领域，信息网络企业具有在处理个人信息时取得个人同意与告知的义务、在自动化决策过程中保证透明与公正的义务、在个人信息跨境提供方面承担境内存储义务以及出境安全评估义务、在个人信息安全保障方面要履行个人信息安全管理义务、定期合规审计义务、个人信息保护影响评估义务等。

对于信息网络企业的刑事合规，检察机关将重点考察在企业内部是否建立了对上述义务的遵守机制。但是在实体法上，也不能因为有"合规不起诉"制度的存在，就扩大对企业刑事追究的范围。"合规不起诉"制度应当建立在企业在实体法上应当承担刑事责任的前提之上。那么，我们就必须首先解决一个理论问题，即科以法人承担刑事责任的正当性根据何在？以及应当采取何种归责原则科以法人刑事责任？

二、法人承担刑事责任的正当性根据

（一）"威慑预防论"及其不足

众所周知，"法人不能犯罪"是罗马法中的一条法谚。虽然中世纪欧洲国家在不同程度上恢复了团体刑事责任，但到了19世纪，"法人不能犯罪"的观念被重新确立。[1] 然而，工业革命之后，危

---

❶ ［德］马库斯·德克·达博：《法人刑事责任的比较历史与比较理论》，李本灿译，载《刑事法评论》2021年第1期，第334页。

害公共生命、财产安全的公害案件开始大量出现，在普通法中法
人犯罪制度作为"犯意原则"的例外开始出现。二战以后，为了
应对日渐严重的法人犯罪问题，法人犯罪制度在欧陆国家也逐渐
为立法所确认。我国在 1997 年《刑法》修订时将"单位犯罪"写
入总则。各国立法机关试图通过建立法人犯罪制度预防法人犯罪，
但是这种"威慑预防论"是否依然能够成为科以法人刑事责任的
正当性根据呢？

第一，虽然法人刑事责任制度究竟能否产生预防犯罪的作用
令人怀疑，但在理论上也不能完全否认该制度的威慑作用。虽然
美国早就建立了法人犯罪制度，通过刑事处罚加强对企业违法行
为的威慑，但是企业犯罪还是越来越多。2002 年美国能源巨头安
然公司的财务欺诈案以及随之而来的倒闭事件，更是在刑法学界
引发了对法人刑事责任制度在遏制犯罪方面有效性的普遍性质疑。
正如著名犯罪学家萨瑟兰所言，商人自有其商业规范，并不一定
会因为违法行为而感到尊严遭受损害，只有同时违反商业规范和
法律规范时，其个人的价值才会被否定。❶ 我国也有学者指出，我
国虽然早在 20 世纪 80 年代就建立了企业犯罪制度，但其实际效果
并不好，在市场经济的发展过程中，造成严重法益侵害的食品安
全案件、环境污染案件、证券欺诈案件、单位行贿案件、偷税漏
税案件等单位犯罪案件令人目不暇接，在有些领域违法犯罪行为
甚至已成为行业性现象。单位犯罪制度在多大程度上还有预防犯
罪的威慑效果，实在令人存疑。

然而，笔者并不赞同这种对法人刑事责任制度在威慑预防方
面的作用予以完全否定的观点。其一，法人犯罪不同于受到情绪

---

❶ ［美］E. H. 萨瑟兰：《白领犯罪》，赵宝成等译，中国大百科全书出版社 2008 年
版，第 295—298 页。

或极端主义信念影响的激情犯、政治犯，一般而言，法人内部的管理层通常由精于利弊计算的理性人组成；对于违法行为可能使法人卷入刑事指控的风险一般而言都存在清晰的认知。在确立单位犯罪制度的情况下，法人内部的主要负责人员不可能不产生面临刑事处罚的恐惧心理。其二，单位犯罪持续增多是由多种因素导致的，不能因为单位犯罪绝对数量的增加完全否定单位犯罪制度本身的有效性。一方面，随着我国市场经济的发展，由单位实施的违法犯罪活动的绝对数量也就必然增加。另一方面，单位犯罪的态势在近年来令人触目惊心，在一定程度上与我国经济发展中的地方保护主义密切相关，地方政府为了维持政绩，往往要求当地司法部门对单位犯罪采取宽松的执法态度。加之经济活动中，企业与地方政府之间存在错综复杂的利益交叉现象，单位犯罪制度就被部分地弃而不用。因此，不能说单位犯罪制度本身没有威慑犯罪的预防作用，而是想让该制度发挥预期的功效，还需要整体法治环境的支撑。

但仍然有部分学者指出，即使承认法人犯罪制度具有威慑预防的效果，是否有必要动用刑罚进行威慑也是一个问题。比如，田宏杰教授指出："对单位犯罪的死刑（吊销营业执照）和自由刑（责令停产停业）都规定于相关行政法之中，即便在财产刑方面，行政罚款也未必一定少于刑事罚金。"❶ 随着行政处罚力度的逐渐提高，其对企业违法行为的威慑效果确实未必就不如刑事制裁。近年来，在食品安全、环境保护领域的行政处罚实践中，经常可见"天价罚单"。而且在美国还存在易于操作的集团诉讼，由律师代为提起的集团诉讼往往导致公害企业需要承担巨额民事赔偿的

---

❶ 田宏杰：《刑事合规的反思》，载《北京大学学报》（哲学社会科学版）2020 年第 2 期，第 130 页。

后果。正是在这种情形下，部分美国学者从 20 世纪 90 年代开始对法人犯罪制度的威慑预防效果进行批判。❶ 但笔者认为，据此就认为可以在法人违法领域，由行政处罚、民事处罚替代刑事制裁的观点也不正确。其一，刑事定罪具有行政处罚和民事处罚所不具有的"标签"效应和道德谴责效果。对于一些大型企业而言，连进入刑事程序都会产生股价迅速下跌，债务加速到期等严重后果，更何况被刑事定罪。即使对于中小型企业，真正的企业家也会把企业声誉视为企业生命。企业被定罪就等于被贴上不良信誉的"标签"，这同样会导致企业经营风险迅速增大。❷ 我们不能仅仅从金钱处罚数额的角度衡量刑事责任与行政责任、民事责任威慑程度的高低。

第二，还有一种观点认为，从威慑预防的角度来讲，直接科以法人主要负责人员和直接责任人员刑事责任岂非更加具有威慑力，毕竟法人本身并没有对刑罚的感受能力。这种观点虽然具有一定的道理，但是在法人组织化程度越来越高的现代社会中，该观点已经不能完全满足遏制法人犯罪的现实需要。一般而言，在企业家的个人意志与企业意志难以区分的小型企业中，只要对实施违法犯罪行为的企业家进行刑事归责就可以起到预防犯罪的威慑作用。对于这类小型企业而言，刑事制裁的重点应当放在对企业管理人员的犯罪预防上，对法人科以刑事责任的必要性可能确实不大。然而，对于科层制、去中心化特征明显的现代大型企业而言，很多严重侵害法益结果的发生是由普通员工行为的集合所

---

❶ V. S. Khanna, Corporate Criminal Liability: What Purpose Does It Serve? 109 Harv. L. REV. 1477 (1996).

❷ 陈卫东：《从实体到程序：刑事合规与企业"非罪化"治理》，载《中国刑事法杂志》2021 年第 2 期，第 115 页。

导致的，具体员工个人的行为并不违法，或者即使违法也未达到构成犯罪的标准，但是由于若干员工的行为集合在一起就会产生严重的法益侵害性。在此情形下，就会出现无人对严重法益侵害承担罪责的现象。换言之，那种认为只要科以企业直接责任人员刑事责任就可以实现犯罪预防的观点，显然并未充分考虑现代企业运行的机制特征。

但笔者也认为，随着对企业违法行为民事与行政制裁制度的完善，刑事制裁的威慑效果出现了降低。在此情形下，仅仅从威慑预防的角度证成法人犯罪制度的合理性，就很难再具有充分的说服力了。

第三，不容否认的是，科以法人刑事责任还将产生相当严重的不利附随后果。有学者指出，虽然单位犯罪罪名在我国《刑法》分则中的占比约1/3，实践中企业走私、偷税漏税、生产销售伪劣产品等犯罪现象也令人触目惊心，但最终受到刑罚处罚的单位犯罪案件却十分少见，几乎不到同期刑事案件的千分之一。❶ 在我国司法实践中，许多依法应当构成单位犯罪的案件，司法机关也往往会以行政处罚的方式结案了事。❷ 出现这种现象的原因与法人犯罪制度的不利附随后果密切相关。对企业刑事定罪将迅速恶化企业的市场生存能力，很有可能导致企业破产，如果涉案企业是一些大型企业，那么就不仅会造成大量员工失业，也将会影响地方经济增长甚至对社会稳定造成威胁。这又会导致各地司法机关"选择性执法"，出现对大型企业不定罪，对小企业定罪的不公平现象。安达信公司在 2002 年的轰然倒下，直接提供了公司进入刑事诉讼程序相当于"死刑判决"的样板，仅仅进入刑事起诉程序，

---

❶ 黎宏：《组织体刑事责任论及其应用》，载《法学研究》2020 年第 2 期，第 71 页。
❷ 陈忠林、席若：《单位犯罪的"嵌套责任论"》，载《现代法学》2017 年第 2 期，第 110 页。

就可以轻易摧毁一个实力强大的公司。❶ 此外，对企业定罪会产生惩罚无辜的股东、雇员的问题。❷

但是也有学者认为，不应过分强调这种负面附随效果。实际上在对自然人刑事责任的认定过程中也会造成不可避免的附随负面后果，如对犯罪人亲属精神上或物质上的影响。❸ 在我国法律制度中，还会造成犯罪人子女在公务员考试、征兵入伍等关系人生发展的选择上失去资格。但笔者认为这种观点并不正确，与对自然人刑事责任不同的是，法人刑事责任制度的建立本身就是功利主义的产物，当然应当将功利层面的论证放在更为重要的位置。

（二）"报应论"及其谬误

在法人刑事责任制度的正当性理论出现动摇之际，有学者提出，应当从刑罚根据的报应论角度论证该制度的合理性。例如，美国学者弗里德曼（Friedman）根据康德的报应论思想指出，仅仅根据功利视角下的效率不足主张废除企业刑事责任制度的观点，忽视了"报应"这一作为刑事责任基础的最为关键的根据。即使在针对公司企业的刑事制裁中，道德谴责也仍是刑法的主要目标，而不应将预防视为刑事责任正当化的唯一根据。❹ 但笔者认为这种观点也不妥当。

---

❶ Matthew Angelo, Alexandra Babin, Jackie Carney & Ashley Alexander, Corporate Criminal Liability，57 AM. CRIM. L. REV. 513 （2020），p. 528. 美国商务部在 1999 年出台的《对商业组织起诉的备忘录》中，明确要求检察官考虑起诉商业组织可能引起的附随后果，包括是否可能对股东、养老基金的持有人、雇员、消费者等相关利益人造成不成比例的伤害。

❷ Bruce Coleman, Is Corporate Criminal Liability Really Necessary，29 Sw. L. J. 908 （1975），p. 920.

❸ 何秉松主编：《法人犯罪何刑事责任》，中国法制出版社 1992 年版，第 448—449 页。

❹ See Lawrence Friedman, In Defense of Corporate Criminal Liability，23 HARV. J. L. & PUB. POLÝ 833 （2000），p. 841 - 843.

第一，虽然"报应"是国家动用刑罚的本质与前提，但并非任何违法行为都需要动用刑罚来实现"报应"的道德需求。民事处罚和行政处罚也能实现报应的目的。从建立法人犯罪制度的历史角度来看，该制度为法律实践所承认确实存在实现"报应"价值的原因。法人犯罪制度最早在19世纪末20世纪初的公害案件中出现。在这些公害案件中，虽然社会各界都认为应当由企业承担相应的法律责任，但由于大规模的集团民事诉讼还没发展出来，通过个人的民事诉讼追究违法企业的责任在当时来讲并不可行。❶况且，在个人缺乏追究企业责任的能力和有效资源的情况下，也只有公共权力部门的介入才能够实现正义。❷此外，如果只是让企业中的个人承担责任的话，还经常会发生不能有效执行和赔偿的问题。在缺乏民事公益诉讼制度的背景下，通过刑事程序让公害企业负担刑事罚金，在当时来讲，确实是美国司法机关最为符合实际的选择。

但是，当一个国家建立了集团诉讼制度之后，这一任务就不必再由刑法来完成。从当前普通法国家司法实践的状况来看，集团诉讼已经从20世纪80年代开始渗透到各类大规模侵权纠纷之中，即使在诉讼证明最为困难的环境侵权案件中，集团诉讼也取得了广泛成功。❸我国虽然并未建立如同美国那样的集团诉讼制度，但是也已建立民事代表人诉讼、环境公益诉讼等制度，在一

---

❶ V. S. Khanna, Corporate Criminal Liability: What Purpose Does it Serve, 109 HARV. L. REV. 1477（1996），p. 1483.

❷ 如在排放有毒有害物质的案件中，受害人有时并不知道受到环境污染的伤害；有时虽然知道，却又缺乏找出具体是哪一家企业实施了环境侵权行为的能力。See Lawrence Friedman, In Defense of Corporate Criminal Liability, 23 HARV. J. L. & PUB. POLγ 833（2000），p. 836.

❸ 如今几乎每一部美国单行环境法都已对集团诉讼制度作了明确规定。参见张辉：《美国环境法研究》，中国民主法制出版社2015年版，第492页。

定程度上也能实现让公害企业承担赔偿责任的报应需求。

第二，还有部分持法人刑事责任"报应论"观点的学者认为，法人企业具有独立于法人内部成员的人格权、财产权和起诉权，从康德报应论的角度来看，就应为其自由意志行为承担刑事责任。当法人实施了犯罪行为时，就应当与自然人一样受到刑事处罚，否则就违反了法律平等原则。❶ 但笔者认为，这种以法人具有独立人格论证其应当承担刑事责任的观点也不正确。其一，法人独立人格是规范上的构造，而非自然意义上的人格。民法上关于法人人格的学说是在适应经济交往必要性的基础上逐渐诞生的，经历了从早期的"法人人格拟制说"到现代被普遍承认的"法人人格实在说"的演变。❷ 但无论哪种学说，其立论的出发点都根植于民事交往、民事法律关系构建的需要。这些学说并不当然成为法人刑事责任的前提。相反，在刑法上承认法人独立人格也只是为了符合"责任主义"原理。亦即，法人并非因为其独立人格而应承担刑事责任，而是因为在刑法上也有让其承担责任的必要，刑法理论才同民法理论一样承认法人人格的实在性。其二，从英美法人刑事责任制度的实施情况来看，普通法院的法官在追究法人刑事责任时，只是认为法人犯罪是"犯意原则"的例外，并不认为存在对法人独立人格进行论证的必要。但在大陆法系学者看来，"责任主义"原理所要求的主观主义与个人主义不能被轻易侵蚀，这一点在德国表现得最为明显。为了维持"责任主义"的纯洁性，德国在立法上仍然不承认法人犯罪制度。在继受大陆法系刑法理论的我国，虽然有必要承认法人的独立人格，但这并不是立法上

---

❶ See Lawrence Friedman, In Defense of Corporate Criminal Liability, 23 HARV. J. L. & PUB. POLy 833 (2000), p. 841.

❷ 梁慧星:《民法总论》，法律出版社 2017 年版，第 119—120 页。

构建法人犯罪制度的第一性根据。

(三) 法人刑事责任正当性根据的重新定位

既然"威慑预防论"和"报应论"都难以作为法人刑事责任发生根据的充分理由，在理论上就必须为其重新寻找更为有力的根据。本书认为，在"企业刑事合规不起诉"制度正在展开的背景下，法人刑事责任制度的存在能够实现"间接预防"犯罪的功能，在企业满足合规不起诉标准时，还能够避免企业涉诉产生的不利附随后果，在这两个方面法人刑事责任制度在功利主义的脉络之下能够重新获得正当化的理论根据。

第一，法人刑事责任制度能够激励企业建立对违法行为的内部监控机制，这对于预防犯罪具有极为重要的作用。犯罪学研究表明，法人犯罪与其自身的内部文化有着紧密的关联。美国学者萨瑟兰在 1949 年提出的"差别接触理论"对于今天的法人犯罪而言仍然具有很强的解释力。[1] 该理论认为，犯罪是相互学习的产物，潜在犯罪分子在与他人的互动过程中不仅学习到实施犯罪的技巧，还在思想上接受了对犯罪行为的态度。犯罪动机和驱动力来源于个人学习到的对犯罪的定义，假若个人学习到支持违法行为的定义多于反对违法的定义，就会产生较高的犯罪可能性，而且，白领犯罪和惯偷也有一定的相似性。在这些犯罪中经常出现累犯，刑罚对其遏制效果均不理想。此外，被起诉的此类犯罪只占实际犯罪的很少一部分，许多违法行为甚至具有行业性特征，大多数公司只是未被抓到或被起诉而已。[2] 犯罪在某些商业领域反

---

[1] Bruce Coleman, Is Corporate Criminal Liability Really Necessary, 29 Sw. L. J. 908 (1975), p. 917.

[2] [美] E. H. 萨瑟兰:《白领犯罪》，赵宝成等译，中国大百科全书出版社 2008 年版，第 280—282 页。

复发生的原因就在于，这些领域中充斥着有利于产生犯罪的文化，比如过度竞争、强调不惜牺牲任何代价获得成功等。在和同行交往过程中，违法行为属于正常现象的观念被进一步强化。❶ 而且，在一个群体中，如果个体很容易被他人替代，那么他就只能选择融入这种文化或者离开，留下来的人自然都是适应这种文化的人。❷

犯罪学理论向我们表明，预防法人犯罪的最有效措施即为改变企业内部有利于违法行为滋生的野蛮文化，塑造出有利于遵规守法的企业文化。然而，在企业内部建立一套合规机制需要持续不断地投入资源，在建立相关规范制度的同时，还需要配备一定数量的专业合规人员。法人犯罪制度的存在让企业意识到犯罪行为可能带来包括刑罚在内的严重不利后果，进而可以督促企业建立内部合规机制。美国学者查尔斯（Charles）也认为，为了避免刑事审判带来的巨大成本，法人犯罪制度可以为企业提供制订和谨慎执行合规计划的强大动力。❸ 在我国推广企业刑事合规的过程中，很多公司也表示，为了公司的长治久安，愿意付出成本建立刑事合规机制。❹

有学者提出，"学习理论"并不能完全解释法人犯罪发生的原因。❺ 对于中小型企业而言，企业犯罪的原因并不需要从企业文化的角度去寻找，企业负责人的犯罪动机就是企业犯罪的真正原因，

---

❶ Bruce Coleman, Is Corporate Criminal Liability Really Necessary, 29 Sw. L. J. 908 (1975), p. 918.

❷ 李本灿：《刑事合规制度的法理根基》，载《东方法学》2020 年第 5 期，第 30 页。

❸ Charles J. Walsh & Alissa Pyrich, Corporate Compliance Programs as a Defense to Criminal Liability: Can a Corporation Save Its Soul, 47 Rutgers L. REV. 605 (1995).

❹ 王小伟：《涉案企业合规改革试点铺开，上市公司参改意愿越来越高》，载《证券时报》2022 年 9 月 6 日，第 5 版。

❺ 朱建华：《单位犯罪主体之质疑》，载《现代法学》2008 年第 1 期，第89 页。

企业只不过是企业负责人实施犯罪的工具而已。对于这一部分企业，即使建立内部合规机制，也不可能阻止企业犯罪的发生。正如有学者所指出的，"不要指望羊圈由狼来把守"。这种观点看似正确，但实际上并不妥当。首先，在建立法人刑事责任制度的同时，并不意味着对企业负责人犯罪行为的忽视。根据我国刑法，构成单位犯罪，单位主要负责人和直接责任人员也要承担刑事责任。其次，倘若能够在中小型企业中建立起合规机制，也能够直接影响企业经营者本人的规范意识，进而起到间接预防犯罪的作用。虽然在中小型企业中，企业意志与其控制人、实际管理人的意志难以明确完全区分，合规机制的作用可能没有在大型企业中表现得那么突出，但也不能说完全没有预防作用。

第二，法人刑事责任制度的不利附随效果，也能够由于企业合规不起诉制度的推进而得到有效的遏制。正如前文所言，即使被卷入刑事诉讼程序，对于那些上市企业而言也会产生难以承受的后果。涉案企业可能会在金融市场、产品市场上迅速失去消费者的信任，其破产风险将急剧增大。而对于大型企业而言，一旦破产将会导致大量员工失业，对社会稳定也可能造成威胁。与自然人犯罪相比，法人犯罪将产生更为广泛的附随负面后果。这一点也是部分学者反对在刑法中继续承认法人刑事责任制度的重要原因。然而，在"企业合规不起诉"制度建立后，这方面的负面效应将被大幅减缓。无论犯罪前或犯罪后，只要涉案企业按照要求构建了符合标准的合规机制，就可以换取刑事诉讼不起诉的程序优待。换言之，合规不起诉制度可以为涉案企业提供建立合规内控机制的强大激励。"合规不起诉"与法人刑事责任制度相互配合，不仅能够维持刑法在预防犯罪方面的积极作用，还能够减缓对企业定罪带来的负面效果。"合规不起诉"机制的建立真正为法人犯罪制度提供了新的正当化根据。

三、法人刑事责任的归责原则

(一)"上级责任论"及其否定

上级责任原则(Doctrine of Respondent Superior),也被称为替代责任(Vacarious Liablity),是目前在美国司法实践中处于主导地位的法人刑事归责原则。根据该原则,法人承担刑事责任需要满足以下条件:①犯罪行为是企业内部成员实施的,但不问是高层管理人员还是普通基层工作人员;②该行为处于企业内部成员履行职务的范围之中;③该成员为了法人利益实施犯罪行为。❶ 从理论源流来看,替代责任原则发端于侵权法领域中的雇主责任,即"仆人过错,主人负责"的原理,本质上属于不问责任人主观过错的严格责任。在我国学界,也有部分学者支持将这一原理作为认定法人刑事责任的依据。但笔者认为这种主张并不妥当。

首先,"上级责任论"与法人刑事责任制度正当化根据的功利主义理论不协调。前文已经指出,"合规机制激励"才是法人承担刑事责任的正当化根据,法人刑事归责原则能否反映这一理论是对其进行评价的最终标准。然而,"上级责任论"并不能实现激励企业构建合规机制的目的。其一,"上级责任论"认为企业员工在职务范围内的行为都可归责于企业,这就会导致在一些情形下对企业的刑事归责可能超出科处法人刑责的正当性范围。例如,在企业已经制订并谨慎执行合规计划的情况下,若企业也要为员工

---

❶ 林志洁:《公司犯罪与刑事责任——美国刑法之观察与评析》,载《律师杂志》第333期,第48页。依据美国法院的见解,公司并不必须实际上获利,只要员工在主观上具有意思即已足。即便员工的主要目的在于为自己牟利,只要部分惠及公司即可成立此要件。

的行为承担刑事责任，就已经不可能再实现激励其构建合规机制的目的。其二，在另外一些情形下，"上级责任论"还可能造成刑事处罚范围的不足。比如，在公司员工的行为都严格遵守了企业内部的工作程序与操作规范的情形下，公司内部任一员工的行为都不构成犯罪，但几个员工行为的组合却产生了严重的法益侵害后果。若按照"上级责任论"，就可能出现无法对企业科以刑事责任的问题。但在这种情况下，正是由于企业内控机制的缺失导致了法益侵害的结果，恰恰有必要对企业科以刑事责任。因此，按照"上级责任论"对企业进行刑事归责，既可能出现打击范围过大又可能出现打击范围不足的缺陷。

其次，"上级责任论"也不符合刑法理论中的责任主义原理。责任主义是近代刑法学基于对封建刑法的批判而形成的最具根本性的刑法原理，突出体现了刑法的自由主义精神。根据这一原理，对任何人科以刑事责任都要符合"个人责任"与"主观责任"两项子原则。"个人责任"是对封建时代具有株连特征的团体责任的突破，强调个人只能因其自己的行为和过错承担刑事责任，而不能因其出生于或身处某个政治、宗教或血缘团体而受到刑事处罚。❶"主观责任"原则是对封建时代客观归责的纠正，强调只有对构成要件事实具有主观认识，并在其自由意志的支配下实施的犯罪行为，才能被科以刑事责任。然而，"上级责任论"不能完全满足这两项原则的要求。其一，上级责任论本质上是一种替代责任，并未从企业自身寻找刑事处罚的依据，而是对企业成员实施行为的替代或者说转嫁。虽然企业只有通过其成员才能对外进行活动，在企业成员的职务行为侵害他人民事权利时，让经济能力

---

❶ 张明楷：《刑法学（上）》，法律出版社 2021 年版，第 317 页。

更强的企业负担民事赔偿，更符合分配正义基础上的公平原则。❶
但与侵权法强调损害赔偿的本质不同，刑法的目的在于道义报应
和犯罪预防，一概地让企业为其员工的行为承担刑事责任，显然
违反个人责任原则。其二，"上级责任论"也未对法人本身的主观
要素进行考察，不符合主观责任原则的要求。在美国，"上级责任
原则"是不问主观罪过的严格责任，作为"犯意原则"的例外而
存在。一开始只适用于制定法明文规定的严格责任犯罪，构成这
些犯罪本来也无须主观罪过要素，这就使得法官在对法人定罪时
能够避开法人是否具有主观罪过的难题。❷ 美国国会自 19 世纪末
以来在严格责任的基础上制定了大量有关企业公害行为的犯罪化
立法，在道路交通、金融财政、税务环保、食品卫生、药物酒类
等领域都存在此类立法。但是严格责任只限定于这些行政犯领域，
作为刑事归责的例外而存在。❸ 即使在美国，这种例外规定也已受
到学界的激烈批评。在大陆法系，即使许多国家在立法上建立了
法人刑事责任制度，但通常都要借助"法人实在论"寻求与责任
主义原理的融合。德国出于对纳粹主义的反思与警惕，至今未承
认法人犯罪制度。正如有学者所指出的，德国人更为坚决地要求
保持刑事归责中"责任主义"的纯洁性，甚至从根本上对法人犯

---

❶ 王泽鉴：《侵权行为法》，北京大学出版社 2016 年版，第 498 页。

❷ 林志洁：《公司犯罪与刑事责任——美国刑法之观察与评析》，载《律师杂志》
第 333 期，第 45 页。在"纽约中央和哈德逊河铁路公司诉美国案"中，由于
《埃尔金斯法》第一条规定，公司应对其雇员的作为和不作为承担刑事责任，联
邦最高法院据此认同下级法院的判定，认为只要公司的代理人或职员的行为属于
其被授权的职务范围之内，即可认定公司构成犯罪而无须对公司是否具有主观故
意作出证明。

❸ 林志洁：《公司犯罪与刑事责任——美国刑法之观察与评析》，载《律师杂志》
第 333 期，第 50 页。

罪的概念予以了否定。❶ 换言之,"上级责任论"的转嫁责任本质决定了其难以作为法人刑事归责的逻辑前提。

(二)"同一视理论"及其批判

除了"上级责任论","同一视理论"(Identification Theory),或称"同一原则",是另一种有关法人刑事归责原则的重要理论。在英国,"同一原则"是理论与实践中的主流理论。在美国虽然"上级责任论"占据主导地位,但美国法学会于 1962 年公布的《模范刑法典》中又将"同一原则"作为法人刑事归责的一般原则,只对制定法中追究严格责任的犯罪采取"上级责任"原则。美国多数州的法院在审理法人犯罪时同时采纳"同一原则"与"上级责任原则"。❷ 我国刑法学界的主流观点认为,在我国司法实践中对单位刑事归责时主要采纳的也是"同一原则"。根据该原则,只有董事、股东和高级管理人员等在法人组织结构中具有重要地位的法人成员的行为才可以被视为法人自身的行为。❸ 但笔者认为,该论也不能成为法人刑事归责的原则。

第一,"同一原则"未能将法人责任与个人责任彻底分割,在性质上仍然属于对法人成员责任进行转嫁的"个人归责模式",这就与法人犯罪制度正当化根据的理论不符。如前所述,对于科层化、去中心化的现代大型企业,法益侵害结果并不一定由公司管理层的关键少数引起,在有些情形中,公司员工按照其内部业务程序、规范实施的业务行为本身并不违法,但若干员工行为的集

---

❶ [德] 马库斯·德克·达博:《法人刑事责任的比较历史与比较理论》,李本灿译,载《刑事法评论》2021 年第 1 期,第 341 页。

❷ See F. Brickey, Rethinking Corporate Liabilit y under the Model Penal Code, 19 Rutgers L. J. 593.

❸ 叶良芳:《论单位犯罪的形态结构——兼论单位与单位成员责任分离论》,载《中国法学》2008 年第 6 期,第 100 页。

合可能侵害重大的法益。从犯罪预防的角度来讲，真正需要纠正的是公司的内部风险控制机制，仅仅通过刑法加强对公司中高级管理人员的威慑并不一定能够起到法益保护的作用。按照"同一原则"，对法人进行刑事归责仍然需要以公司高级管理人员具有犯罪行为和罪过为前提，这显然不能适应现代社会中预防法人犯罪的实际需要。● 但我国也有学者认为，"同一原则"可被视为"单位固有责任"的一种理论形态，其将法人机关或法人的高级管理人员的意志等同于法人意志，在此意义上而言，"同一原则"与本质上具有转嫁、代位性质的"上级责任论"并不完全相同。● 在我国最高司法机关颁布的司法解释中甚至也存在将"单位决策机关的意志"直接等同于"单位意志"的规定，这些规定并不是对个人意志的转嫁，而是对单位本身意志与责任能力的认可。● 但本书认为，在我国实践中司法人员仍然是以单位决策者个人或决策机关的意志，附加"为了单位利益""违法所得去向"等要素来综合判断单位意志，实际上采取的仍然是"同一原则"中的个人责任转嫁路径。● 即使"同一原则"有向单位固有责任靠拢的倾向，但其在归责方式上仍未完全脱离个人归责模式的原型。与"上级责任论"一样，"同一原则"也不能体现法人刑事责任制度正当化根据的理论要求。

第二，虽然相比于"上级责任论"，"同一原则"缩小了法人

● 蔡仙：《组织进化视野下对企业刑事归责模式的反思》，载《政治与法律》2021年第3期，第70页。

● 李本灿：《单位刑事责任论的反思与重构》，载《环球法律评论》2020年第4期，第53页。

● 李本灿：《法治化营商环境建设的合规机制——以刑事合规为中心》，载《法学研究》2021年第1期，第180—181页。

● 相同观点参见张静雅：《二元分离模式下单位刑事责任之重构》，载《国家检察官学院学报》2022年第4期，第115页。

刑事责任的范围，但其在实践运用中也存在诸多问题。其一，"同一原则"理论难以确定哪些法人成员的意志可以被视为法人的意志。❶ 在 1997 年《刑法》修改的过程中，曾经有修改草案对单位犯罪作出了定义，即"经单位集体决定或负责人决定实施的危害社会的行为是单位犯罪行为"。但在全国人大常委会审议该草案时，有代表提出，这一定义不能全面反映单位犯罪的特征，最终该定义未被写入修改后的刑法文本之中。❷ 可见，立法机关具有将"集体意志或者负责人的意志"拟制为单位意志的倾向。我国最高司法机关长期以来也一直在考虑单位犯罪成立范围的问题，从早先强调单位集体或负责人的决定，到后来根据决策程序的内部人行为，再到负责人（实际控制人、主要负责人或授权的分管负责人）的决定、同意或默认、纵容。❸ "同一原则"内涵的范围逐渐

---

❶ 叶良芳：《论单位犯罪的形态结构——兼论单位与单位成员责任分离论》，载《中国法学》2008 年第 6 期，第 100 页。

❷ 高铭暄：《中华人民共和国刑法的孕育诞生和发展完善》，北京大学出版社 2012 年版，第 213 页。

❸ 比如，最高人民法院于 2001 年公布的《全国法院审理金融犯罪案件座谈会纪要》规定，以单位名义实施犯罪，违法所得归单位所有的是单位犯罪。2002 年最高人民法院、最高人民检察院、海关总署联合发布的《办理走私刑事案件适用法律若干问题的意见》第十八条还规定，具备下列特征的，可以认定为单位犯罪：以单位名义实施走私犯罪，即由单位集体研究决定或者由单位的负责人或被授权的其他人员决定同意；为单位牟取不正当利益，或违法所得大部分归单位所有。最高人民检察院在 2017 年发布的《办理互联网金融案件的座谈会纪要》第二十一条规定，涉互联网金融犯罪所涉罪名中，刑法规定应当追究单位刑事责任的，对同时具备下列情形且具有独立法人资格的单位，可以追究单位犯罪：犯罪活动经单位决策实施；单位的员工主要按照单位的决策实施具体犯罪活动；违法所得归单位所有，经单位决策使用，收益也归单位所有。最高人民法院、最高人民检察院联合公安部、司法部以及生态环境部于 2019 年联合印发的《关于办理环境污染刑事案件有关问题座谈会纪要》还进一步规定，符合下列条件的应当认定为单位犯罪：经单位决策机构按决策程序决定；经单位实际控制人、主要负责人或授权的分管负责人决定同意的；单位实际控制人、主要负责人或授权的分管负责人得知单位成员犯罪未加制止、追认、纵容、默许的。

从抽象到具体。但从总体上来看，也未能完全实现单位责任与个人责任的彻底分离。而且，正如有学者所指出的，各种组织的内部结构截然不同，即使处于相同职位的个体，其在不同公司中所能具有的影响力可能也相去甚远。❶ 这就导致何谓"同一"的判定始终具有很大的不确定性，给司法实务带来无法避免的操作困难。在英国的司法实践中，"同一"内涵的判断也一直是司法实务的难题。一般而言，英国法院的法官会强调只有作为法人大脑的高级管理人员才能代表单位意志。但据霍夫曼（Hoffmann）法官所言，企业中普通员工的犯意被认定为公司犯意的案件也不在少数，在现代社会生活中确有进一步扩张"同一原则"刑事处罚范围的必要。❷ 其二，与"上级责任论"一样，根据"同一原则"对法人进行刑事归责也会造成处罚不足的问题。"同一原则"仅仅将组织决策的某个环节作为归责考察的对象，而不能涵盖组织决策与运行的全部面貌。❸ 随着企业组织化程度的不断提升，企业对个人的依赖将逐渐降低，个人越来越像一台机器中的螺丝钉。❹ 当出现在一个企业内部无法找到具体的违法行为人但确实由于企业员工的集合行为产生严重的法益侵害结果时，按照"同一原则"也无法对企业进行刑事归责，然而正如上文所言，这种情况恰恰最有必要对企业进行刑事归责。

---

❶ 史蔚：《组织体罪责理念下单位故意的认定：以污染环境罪为例》，载《政治与法律》2020 年第 5 期，第 61 页。

❷ Director General of Fair Traiding v. Pioneer Concrete（UK）Ltd［1995］1AC 456；Meridian Golbal Funds Management Asia Ltd v. Securities Commission［1995］2 AC 500.

❸ 张静雅：《二元分离模式下单位刑事责任之重构》，载《国家检察官学院学报》2022 年第 4 期，第 122 页。

❹ 史蔚：《组织体罪责理念下单位故意的认定：以污染环境罪为例》，载《政治与法律》2020 年第 5 期，第 62 页。

（三）"组织体责任论"的合理性及其具体内涵

1. "组织体责任论"合理性的证明

与"上级责任论"和"同一视理论"不同的是，"组织体责任论"是一种从法人自身罪责的角度寻找刑事归责根据的理论，该论强调对法人的刑事归责并不必然需要依赖法人内部自然人的行为和意志。这种理论最早产生于美国，后又传播到大陆法系国家，并在《澳大利亚刑法典》中首先被明文规定下来。在我国刑法学界，黎宏教授是该理论的最早倡导者。其认为，在我国司法实践中倡导"组织体责任论"至少具有三个方面的现实意义：其一，该论能够说明法人在实体上的独立特征，实践中将法人责任还原为自然人责任的做法是对其责任本质的严重误判。其二，该论能够将无法查明实施违法犯罪行为的具体自然人的案件纳入刑事处罚的范围，可以避免"组织体无责"现象的出现。其三，该论还能够更为妥当地理解法人与自然人之间的关系，避免转嫁责任与罪刑法定原则的冲突。❶ 然而，笔者认为上述理由还未能完全对"组织体责任论"的科学性作出充分的理论说明。

第一，"组织体责任论"在对法人刑事归责的方法上符合法人刑事责任正当化根据理论的要求。在组织进化理论的视野下，发生法人犯罪的关键原因在于其内部缺乏针对违法犯罪行为的预防与控制机制。"组织体责任论"在刑事归责时并不认为企业内部关键人物的行为与意志是归责考察的重点，而认为法人应当被谴责的原因在于法人自身。这就在理论上与以"同一视理论"为代表的个人制裁模式作出了明确区分。一旦司法人员将法人自身导致

---

❶ 黎宏：《组织体刑事责任论及其应用》，载《法学研究》2020 年第 2 期，第 71 页。

犯罪结果发生的因素作为刑事归责的考察重点，法人在刑事制裁的威慑之下，就能将其关注点放在建立内部的犯罪预防与控制机制上来。这就能够实现现代社会条件下建立法人刑事责任制度的立法目的，通过激励法人建立合规内控机制预防法人犯罪的发生。而且，"组织体责任论"在归责方法上属于彻底的法人固有责任论，不会出现前文所述由于难以追究企业内部个人责任进而无法追究企业刑事责任的问题。对于涉案企业已经建立了风险内控与合规机制，但企业主要负责人绕过决策机制实施违法犯罪行为的情况，根据该论进行法人刑事归责的重点在于法人是否建立了有效的合规机制，所以也不会出现在此类情形中涉案企业被过度追究刑事责任的结果。但若根据"同一原则"进行归责，就极有可能认定涉案企业构成犯罪。

第二，"组织体责任论"不仅符合"责任主义"原理，也能解决在法人罪过认定过程中的实践难题。"责任主义"的要义在于让行为人个人为其自身行为承担责任，并且行为人只需为其主观意志支配下的行为负责。而"组织体责任论"正是从法人自身的角度寻找归责依据，与责任主义原理完全契合。有人可能认为，即使"组织体责任论"强调从法人本身角度考察犯罪行为的罪过，但是毕竟法人是法律的拟制物，法人本身不可能具有自然人同样的认识和意志，那么在责任的认定过程中，仍然需要通过考察法人内部自然人的认识与意志来间接认定法人对于犯罪行为的罪过。换言之，"组织体责任论"也不可能成为彻底的"法人固有责任论"，很难说会比"上级责任论"和"同一原则"更有实践价值。但笔者认为，这种观点较为片面。例如，对于法人主观过失的认定而言，并不一定非要将法人内部领导成员的过失作为认定法人过失的中介，在法人具有管理过失或组织过失的情况下，即使无法证明其主要负责人具有过失，也可以通过法人内部的组织结构、人员配置、规范制度的制定等客观方面来推定法人是否具有过失。在"组织体责任论"看来，法人内部主要负责人的过失只是认定法人具有监督、管理过失的证据而已，而不会将二者等同起来。

第三，还有人可能认为，即使承认"组织体责任论"的合理性，该论也只适合于针对大中型企业的刑事归责，而对于小型企业而言，并无强调该论的必要性。"组织体责任论"是建立在承认组织体具有"独立罪责"的基础之上，是解决实践难题的理论。对于决策链条还处于原始发展阶段的小型企业而言，企业人格与企业负责人的人格尚未截然区分，企业违法行为也基本上是由企业负责人决策并实施的，从犯罪预防的角度来讲，突出企业"独立罪责"的必要性确实意义不大。在司法实践中，只要运用"同一原则"，认定企业的主要负责人具有主观罪责，就可以认定企业构成单位犯罪。笔者承认这种观点具有一定的道理，但是仅仅从此角度就完全否认"组织体责任论"的合理性就不妥当了。正如前文所述，"组织体责任论"不仅在理论阐释层面更加贴近法人固有责任论，而且更能符合责任主义原理的内在精神。将该论应用到小企业犯罪时，其存在的必要性虽然并不十分充足，但只要我们承认即使在小型企业中建立内控合规机制也能在一定程度上遏制其主要负责人实施违法犯罪的行为，那么提倡"组织体责任论"也就具有必要性。不可否认的是，一旦在小型企业中建立起合规机制，必然会对其主要负责人产生规范教育、培养乃至监督其实施合法行为的作用。

2. "组织体责任论"的具体内涵

尽管"组织体责任论"在法人刑事归责问题上比其他理论更为科学，处于正确的理论发展方向之上，但目前在我国尚处于观念提出与学说继受阶段。❶ 就该理论的具体应用而言，必须对"组织体责任论"的内涵及其判断方法进一步明确。在"组织体责任论"内部，学界已经提出了"法人文化责任论""法人反应责任论""自我管辖能力说"等形形色色的学说，我们有必要对之作出辨析。

第一，美国学者布西（Bucy）教授提出的"法人文化责任论"是近年来影响力较大的一种理论，但是该理论存在明显的缺陷。2003 年修正的《澳大利亚刑法典》明确引入了"法人文化"概念，摒弃了普通法中长期采用的"同一原则"，将能够体现组织体罪责观念的"法人文化责任论"明确写入刑法典。根据该法的规定，"法人文化"是指组织体内普遍存在或某个部门范围内存在的态度、政策、规则或运行方式。❷ 如果能够证明公司存在一种指示、鼓励、容忍或者导致违反法律法规的文化，那么就可以说公司存在明示或暗示授权、允许的动机、认知或者疏忽。❸ 但是，这一立法采纳的法人文化概念的外延仍然非常宽泛，很难具有实际操作性。正如道斯教授所批评的，文化是一种系统性的概念，以系统论的方法来认定公司刑事责任的做法，难以为刑事司法提供起码的明确性。❹ 而且，法人文化与犯罪发生之间的因果关系也并

---

❶　黎宏：《组织体刑事责任论及其应用》，载《法学研究》2020 年第 2 期，第 78 页。

❷　Australia Criminal Code, art. 12. 3.

❸　Australia Criminal Code, art. 12. 2. The means by which such an authorisaiton or permission may be established include：12. 2（c）：proving that a corporate culture exisited within the body corporate that directed, encouraged, tolerated or led to non - conpliance with the relevant provision；（d）proving that the body corpoarte failed to create and maintain a corprate culture that required compliance with the relevant provision.

❹　Vgl. John Christina Dous, Strafrechtliche Verantwortlichkeit in Unternehmen, Peter Lang, 2009, S. 33, 转引自李本灿：《单位刑事责任论的反思与重构》，载《环球法律评论》2020 年第 4 期，第 46—47 页。

不明确。❶

第二，美国学者费斯（Fisse）提出的"法人反应责任论"也不正确。该论认为，如果企业没有采取令人满意的预防和改善措施应对已经发生的犯罪，就将这种反应不力的状态作为对其科以刑事处罚的根据。❷然而，事后的反应不力并不是符合构成要件的犯罪行为，也未产生新的犯罪结果。那么，将事后的反应作为对事前企业内部员工犯罪行为的惩罚根据，显然违反了"行为与责任同在"的刑事处罚原理。

第三，德国学者海涅提出的"组织缺陷责任论"也不妥当。该论认为，企业的刑事责任源于自身具有缺陷的组织运营系统。但是个人是否需要为错误决策承担刑事责任，有必要根据组织系统内部的复杂性，区分适用个人刑法抑或法人刑法。❸在组织结构清晰，信息以及决策权集中于最高领导人员，指示权以最直接的路径向下传递并能得到有效执行的小型公司内，传统自然人刑法的归责原则仍可适用。然而，在去中心化以及权力分化特征明显的大型公司中，企业行动能力只能通过在每个部门中的独立工作加以协作完成，如产品研发、生产以及销售之间的相互协助。这就容易产生有组织的不负责任的现象。该论认为，企业责任产生于执行企业行为的"功能系统性组织"的畸变，这种畸变使企业失去了及时扭转法益侵害进程的机会。如果一开始存在激发企业

---

❶ 黎宏：《组织体刑事责任论及其应用》，载《法学研究》2020 年第 2 期，第 80 页。

❷ See Brent Fisse, The Attribution of Criminal Liability to Corporations: A Statutory Model, 13 Sydney L. Rev., 1991, pp. 279 – 280.

❸ See Günter Heine, New development in Corporate Criminal Liability in Europe: Can Europeans Learn from the American Experience or Vice Versa? Saint Louis – Warsaw Transatlantic Law Journal, Vol. 1998, pp. 176 – 177. 转自李本灿：《单位刑事责任论的反思与重构》，载《环球法律评论》2020 年第 4 期，第 44 页。

潜能，对企业子系统进行组织，对企业的运行予以控制，进而合理控制企业运营风险的机会，但企业未能对其组织系统进行改进，最终导致企业不再有可能对紧急的法益侵害采取补救措施，这才是企业承担刑事责任的关键。[1] 该理论还认为，企业的"系统责任论"只适用于具有系统复杂性的大型企业，但如何判断一个企业达到能够承担刑事责任"系统复杂性"，该论并未作出进一步的说明。有学者对这种学说是否具有实践上的可操作性提出了质疑。然而，笔者认为问题的关键并不在于大型企业和非大型企业如何区分的问题上，何谓达到承担刑事责任能力的"系统复杂性"标准确实存在过于抽象化，难以直接运用于实践的问题，但是刑法中的许多问题也并不存在一个完全科学的判断标准，为了实践的统一性、便利性，有时也只能统一划定一个大体上合理的标准。比如，在刑事责任年龄如何划定的问题上，不同国家存在不同的标准，这些标准虽然可能与未成年人的主观认识与意志能力的实际情况不完全符合，但有必要由立法者根据本国国情规定一个能够为全社会所广泛接受的统一标准。对于企业是否达到承担刑事责任能力的标准，立法者完全可以根据企业的规模、股权结构、治理状况等因素综合划定一个切实可行的区分标准。更为重要的是，为了激励单位加强内部控制，有必要将法人自身的内部治理情况与单位刑事责任联系起来，两者的关联程度越高、联系方式越直接，对单位建立内控机制的激励效果就越好。[2]

笔者认为，法人行为是在一定组织结构与系统之下的行为，

---

[1] Vgl. Günter Heine, Die strafrechtliche Verantwortlichkeit von Unternehmen. Nomos, 1995, S. 249, 287. 转自李本灿：《单位刑事责任论的反思与重构》，载《环球法律评论》2020 年第 4 期，第 44 页。

[2] 李勇：《合规计划中须有刑法担当》，载《检察日报》2018 年 5 月 24 日，第 3 版。

法人刑事责任的判断离不开法人的管理模式、结构、等级制度、规模、复杂程度、决策程序、指挥监督过程等因素，只不过不同学说从各自的立论出发赋予各项因素不同的重要性。❶ 预防性罪责和应对性罪责分别倾向于从事前预防和事后应对的角度判断法人罪责。与"法人文化责任论"相比，"组织缺陷责任论"更为具体地将法人自身的内部治理机制与其刑事责任关联起来，更加符合法人刑事责任制度的内在合理性。但是该论的理论表述还较为晦涩，在引入我国时应当根据法人刑事责任制度的内在目的对其进行重新表述。

四、"组织缺陷责任论"视野下法人刑事责任的认定

（一）法人犯罪主观故意的认定

一般认为，不管是公司高层领导还是基层普通员工，只要其实施的行为在职务范围之中，就都可以被视为单位行为，对这一点在理论和实践中基本没有争议。但争议较大的是，成立单位犯罪的主观故意和过失应当如何认定，我国学界部分学者认为，单位犯罪只存在故意，而不存在过失的罪过形态。❷ 与此相反，有观点认为，单位犯罪只是过失犯罪，而不存在故意犯罪。❸ 近年来更有学者提出，单位犯罪只是一种归咎的责任，无所谓单位的主观故意和过失。❹ 时延安教授就指出，"不要人为地为单位构造主观

---

❶ See Eli Lederman, Models for Imposing Corporate Criminal Liability: From Adaptation and Imitation Toward Aggregation and the Search for Self – Identity, 4 Buffalo Criminal Law Review 641 (2000).

❷ 游伟：《关于法人犯罪刑事责任基础的思考》载《法学》2003 年第 8 期，第 75 页。

❸ 黎宏：《论单位犯罪的主观要件》，载《法商研究》2001 年第 4 期，第 50 页。

❹ 王志远：《企业合规改革视野下单位犯罪主体分离论》，载《比较法研究》2022 年第 5 期，第 104 页。

的故意或过失要件"。❶ 笔者认为，单位犯罪在主观罪过上不仅有故意而且也有过失。这一点在我国刑事立法上已有明确的立法表现。而且区分不同的罪过程度，是准确评价刑事责任的关键。故意是一种对法规范持敌对态度的行为，过失只是一种由于疏忽或过于自信而没有遵守规范的状态。两者的发生在可预防性和可避免性上均存在很大差异。同样是单位违反义务，内部治理或经营结构有缺陷导致犯罪结果，单位对员工犯罪长期视而不见，与单位有所预防但合规计划落实不到位导致的犯罪，显然应被科以不同的评价。❷ 而认为单位刑事责任只是一种"归咎的责任"的观点，则显然与"罪责主义"原理相悖。因此，我们讨论的重点应当放在如何判断法人故意犯罪和过失犯罪的问题上来。

首先，对于法人是否具有犯罪故意的判断，应当在"组织缺陷责任论"指导下进行。我国刑法学界的传统观点认为，单位同自然人在意思表示的形式上虽有不同特点，但任何一个单位都有自己的决策机关，单位决策机关类似人的大脑，是单位活动的神经中枢。单位犯罪指的就是由单位决策机关的故意、过失行为造成严重社会危害结果的行为。❸ 但是法人决策机关不可能在生产经营活动中随时对其成员作出具体指示，原则上应当将单位主要负责人的意思视为单位的意思。在我国的司法实践中，基本上是按照"同一原则"，将单位主要负责人的犯罪故意等同于单位的犯罪故意。然而，这种传统观点和做法显然与组织体责任论的要义格格不入。我们的思考逻辑不应是首先假定法人机关即为法人的大

---

❶　时延安：《合规计划实施与单位的刑事归责》，载《法学研究》2019 年第 9 期。

❷　史蔚：《组织体罪责理念下单位故意的认定：以污染环境罪为例》，载《政治与法律》2020 年第 5 期，第 65—66 页。

❸　陈广君：《论单位犯罪的几个问题》，《中国法学》1986 年第 6 期，第 4 页。

脑或中枢神经，并认为法人机关的任何行为、意志都可归属于法人自身。而应从法人机关作出决策是否符合法人决策程序、设立目的等方面进一步考察法人机关作出的决策是否可被归属于法人。单位意志具有整体性，不是单位成员意志的简单相加，而是需要经过一定的议事程序方能形成，且一旦形成就脱离了具体某个成员的意志。❶ 但这种观点从"组织缺陷责任论"的角度来看，其论述还不够透彻。司法人员还应当从刑事处罚必要性的角度来考察是否有必要将法人机关的意志等同于法人的意志，这样才能实现设立法人刑事责任制度的功能性目的。

其次，根据"组织缺陷责任论"，那些并非由于法人内控机制缺陷所导致的法益侵害结果，不应作为法人刑事归责的基础。其一，对于并未获得法人授权的行为，不能视为法人行为，也不能认为法人对于这些行为具有主观故意。例如，在"雀巢公司侵犯个人信息案"中，雀巢公司的销售人员向卫生主管部门的公职人员行贿的行为，就未经过公司授权，即使这种行为客观上确实扩大了公司的经济利益，也只能将之视为具体员工的个人行为，不能认定雀巢公司对之具有故意。❷ 其二，对于内部成员故意绕过法人内控程序的行为，也不能认定法人具有故意。例如，在公司领导层集体决定走私的情形中，如果公司领导层集体在决策与执行的过程中故意绕过已经设定的风险评估程序、独立董事审查程序等内控机制，即使该违法行为是由公司董事会作出的，也不应认为法人本身对之具有犯罪故意，而只应认定公司管理人员构成共

---

❶ 陈泽宪主编：《新刑法单位犯罪的认定与处罚》，中国检察出版社 1997 年版，第 58 页。

❷ "雀巢公司侵犯个人信息案"，甘肃省兰州市城关区人民法院判决书，(2016) 甘 0102 刑初 605 号。

同犯罪。再比如，在"伪造签章案"中，公司部门经理为了节省开支伪造董事长签章，越过决策程序将污水直接对外排放，即不能认为公司具有主观故意。反之，倘若违法排污行为经由法人机关根据决策程序作出并经其内部人员具体加以执行，那么即可推定法人对该行为具有主观上的直接故意。

值得指出的是，黎宏教授认为，当单位领导的决策完全背离单位基本宗旨和目的时，也不能认为单位具有犯罪故意。❶ 张静雅博士也认为，如果单位内部关键人员的行为已经偏离单位的宗旨和目标，就不能将该人员的意志上升为单位意志。❷ 但笔者认为，这种观点过于限缩单位故意的成立范围。一方面，任何单位都是将合法目的设立为成立宗旨，如果认为任何违法行为都不符合单位设立的目的，进而否定单位具有对违法行为的故意，那么也就等于否认了存在单位故意犯罪的可能性。另一方面，一般而言，单位决策人员或经其授权的人员最能领会和理解单位设立的目的，将其违法行为推定为单位故意实施的行为，也符合实际情况。❸

最后，当法人的内控机制对员工实施违法行为具有默认、放纵的情况时，可以推定法人具有放任犯罪发生的间接故意。在具体案件中，即使并不存在对违法行为的单位决策，但若调查发现单位内部的管理制度、政策倾向对于犯罪发生具有因果关系时，即可认定单位存在放任犯罪发生的故意。如在"美国诉皇家加勒比海游轮公司案"中，实施违法排污行为的职员非但未受到公司

---

❶ 黎宏：《组织体刑事责任论及其应用》，载《法学研究》2020年第2期，第84—85页。
❷ 张静雅：《二元分离模式下单位刑事责任之重构》，载《国家检察官学院学报》2022年第4期，第128—129页。
❸ 黎宏：《组织体刑事责任论及其应用》，载《法学研究》2020年第2期，第84页。

的惩罚，反而因此获得了奖金，这就说明在该公司中存在一种为了追求利润不择手段的企业文化与制度。在现实中，这种鼓励、放任违法行为的默认机制在一些急功近利的企业中广泛存在。从企业的运营模式、奖惩制度以及相关违法犯罪的事后处理方式、违法犯罪行为在企业内部的普遍程度等方面完全可以推定单位是否具有实施犯罪的间接故意。❶ 在类似案件中，将刑事责任归属于任何个人都不能真正预防违法犯罪行为的继续发生，那么，认定法人具有承担刑事责任的主观故意也就符合"组织缺陷责任论"的内在要求。

（二）法人犯罪主观过失的认定

我国学界长期以来存在否定单位犯罪可以由过失构成的观点。有学者认为，单位犯罪都是为了本单位利益实施的犯罪，具有牟利的目的性，不应认为存在单位过失犯罪。❷ 还有学者认为，对法人的过失行为科以刑罚难以收到犯罪预防的效果，因此欠缺刑法非难的必要性。❸ 笔者认为，虽然在大多数单位犯罪的情形中，单位对于违法犯罪行为具有直接或者间接的故意，但只承认单位故意犯罪而不承认过失犯罪的观点未注意到组织体进化过程中单位过失形态的变化。在科层制、去中心化的现代大中型企业中，很多犯罪并非是由单位主要负责人决策与指导实施的，而是单位内部成员按照有缺陷的内部工作程序、规范实施的业务行为所引起

---

❶ United States v. Royal Caribbean Cruises, Ltd., 11 F. Supp. 2d 1359 (S. D. Fla. 1998); Royal Caribbean Cruise Ltd.; New York Times, July 22, 1999, at A10.

❷ 赵能文：《单位犯罪与自然人犯罪的处罚标准宜统一》，载《法学》2015年第1期，第144页。

❸ 游伟：《关于法人犯罪刑事责任基础的思考》，载《法学》2003年第8期，第75页。

的。如果只考虑单位故意犯罪，而否认单位过失犯罪，将会造成法益保护的漏洞。但问题的关键是，如何认定法人犯罪的过失形态。

其一，不能将单位成员的过失一概等同于单位本身的过失。有的观点认为，当企业成员过失引发不法结果发生时，可以直接判定企业内部监督管理体系以及规章制度存在过失，进而认定法人成立过失犯罪。❶ 但是，根据"组织缺陷责任论"，法人的过失责任来源于法人内控机制的缺陷，不能将企业成员的过失直接认定为法人本身的过失。如果适当的法人内控机制能够阻止法益侵害结果的发生，但单位由于疏忽大意或过于自信而没有建立，或者出于节约成本等方面的考虑而未建立且最终导致犯罪结果发生的，才可以追究法人的过失责任。而对于那些法人已经建立了适当的风险内控机制，但由于法人成员（无论是法人领导层成员还是普通员工）的过失行为导致法益侵害结果发生的，就只能认定具体自然人存在过失，而不能认定法人也应承担过失的刑事责任。

其二，具体来看，法人过失又可被进一步区分为监督过失、选任过失两种类型，在这两种类型中，法人是否建立适格的合规计划以及该计划的实际履行情况都将影响法人过失的认定。首先，如果法人已经建立了风险内控机制，但在法人的日常生产经营过程中，该机制未能得到有效执行，就应推定法人具有监督上的过失。❷ 应当注意的是，如果法人内部的风险控制机制在运营中的缺

---

❶ 蔡仙：《组织进化视野下对企业刑事归责模式的反思》，载《政治与法律》2021年第3期，第72页。

❷ 黎宏：《组织体刑事责任论及其应用》，载《法学研究》2020年第2期，第82页。

漏已经长期存在，甚至可能认定法人具有对犯罪行为予以放任的间接故意。比如，对于网约车平台企业而言，其内控投诉机制长期处于低效运转的状态，在乘客遇害案件发生后，平台企业仍然不根据合规计划对存在缺陷的内控机制加以改善，则可以认定其对此后发生的法益侵害事件承担间接故意的刑事责任。其次，在选任过失的情形中，如果法人在人员选任的审查机制方面存在缺陷，导致被录用或委托的人不具有从业资格或相关专业能力，进而导致重大法益侵害结果发生的，法人就应当为此承担过失责任。比如，在"宿迁永盛公司污染环境案"中，该案法官就认为永盛公司未能选用具有法定资质的人员，对环境受到污染的后果具有主观过失。❶ 但该案法官还未能将法人过失与其在选人用人机制上的缺陷联系起来，存在理论阐述不足的缺陷。当然，在法律适用的过程中还需要根据过失犯的构成要件进行具体认定是否成立法人犯罪，而在我国《刑法》中处罚单位过失犯罪的罪名较少。

五、结论

在犯罪日益"网络化"的今天，为了预防法益侵害的发生，信息网络企业迫切需要构建预防犯罪的内部合规制度。然而，"合规不起诉"制度的存在不应成为检察机关扩大对企业刑事追究范围的缘由。对涉案企业的"合规不起诉"必须建立在坚实的实体法基础之上。鉴于此，本书首先对信息网络企业的合规义务进行了梳理，进而将法人刑事责任制度的正当性根据以及法人刑事归责原则的理论作为研究重点。

经过分析，本书得出了以下几点结论：①信息网络企业建立

---

❶ 朱来宽、许红会：《宿迁宣判一起污染环境案》，载《人民法院报》2014 年 9 月 11 日，第 3 版。

内部合规制度并履行合规义务是预防犯罪的最佳方式，目前最有必要构建在网络安全、数据安全以及个人信息保护方面的合规体系。②随着民事损害性赔偿制度、集团诉讼制度的完善，"报应刑论"已经不能再为法人刑事责任制度提供正当化根据，我们应当在功利主义的脉络下探寻法人刑事责任的理据，但根据"差异交往理论"，"威慑预防论"也难以成为法人犯罪制度的正当性根据。在"合规不起诉"的背景下，"激励企业构建合规机制"可以成为法人刑事责任制度新的正当化根据。③在法人刑事责任的归责原则问题上，"上级责任论"与"同一原则"在性质上都属于"转嫁责任"，不仅与"责任主义"原理不符，而且也不能契合法人刑责正当化根据理论的要求。"组织体责任论"将法人在预防违法犯罪内控机制上的不足作为刑事归责的考察重点，在性质上属于"单位固有责任论"，较为彻底地实现了单位意志与单位内部成员意志的划分。该论符合法人犯罪制度的立法目的，值得被提倡。④与"法人文化责任论""反应责任论"等相比，"组织缺陷责任论"最能体现法人刑事责任制度的立法目的，更为适合将之作为"组织体责任论"的具体内涵。根据该论，不应将并非由于法人内控机制缺陷所引起的法益侵害作为刑事归责的基础。当法人的内控机制对员工的违法行为具有默认、放纵的效果时，也可以推定法人具有犯罪的间接故意。不能将法人成员的过失一概等同于法人本身的过失。应当将法人是否建立并履行适格合规计划的情况作为其是否具有监督过失或选任过失的考察因素。

第三部分

跨国网络犯罪的
比较法与国际法问题研究

第九章

比例原则下"电子通信数据留存"之限度

——《欧盟2006/24号指令》无效案

欧盟法院（大法庭）

案号：C–293/12；C–594/12

2013年7月9日庭审，2014年4月8日判决

根据《欧盟运行条约》第267条，爱尔兰最高法院、奥地利宪法法院分别于2012年1月27日和2012年11月28日作出提起"先予判决"请求的决定。欧盟法院于2012年6月11日和2012年12月19日先后收到上述请求。两案被合并审理，案号分别为C–293/12、C–594/12。

法庭组成：斯克瑞斯（主席），莱纳茨（副主席）；蒂扎诺，拉波尔塔，冯·丹维茨，尤哈斯，博格·巴尔泰，费恩隆德，克鲁斯·维拉卡，罗萨斯，阿瑞斯蒂斯，伯尼科特，阿巴吉耶夫，托阿德尔和瓦伊达（法官）

佐审官：克鲁斯·维拉隆

书记官：马拉切克

一、基本案情

本案中的两起"先予裁决"请求，均要求欧盟法院对《欧盟2006/24 号指令》的效力进行审查。该指令由欧盟议会和欧盟理事会于 2006 年 3 月 15 日表决通过，全称为《关于公共电信服务提供商和公共网络服务提供商留存在提供服务过程中产生或处理的数据并修改〈欧盟 2002/58 号指令〉的指令》。*

C – 293/12 号案中的"先予裁决"起因于，在爱尔兰国内法院的诉讼中，原告要求该国最高法院废除有关留存电子通信数据的国内立法及行政措施。原告方为：爱尔兰数据权利有限公司。共同被告为：爱尔兰交通、海洋和自然资源部部长；司法、平等和法律改革部部长；加达·西奥卡纳专员；总检察长。

C – 594/12 号案中的"先予裁决"起因于，奥地利凯龙特纳州政府、赛特林格先生、乔尔先生及其他 11 128 名原告，分别向该国宪法法院提起违宪之诉，要求判决转化《欧盟 2006/24 号指令》的国内立法违宪。

二、法条背景

（一）《欧盟 95/46 号指令》

欧盟议会和理事会于 1995 年 10 月 24 日通过的第 95/46 号《个人数据保护及流动自由的指令》（以下称为《95/46 号指令》）

---

* 本部分在《苏州大学学报》（法学版）2018 年第 3 期经典判例栏目中发表过，收入本书时又作适当修订。OJ 2006 L 105，p. 54.

的宗旨是保护人的基本权利和自由，尤其强调加强对数据处理过程中的隐私权保护。❶

关于数据安全，该指令第 17 条第 1 款规定："各成员国应要求数据控制者必须采取适当的技术和组织措施确保个人数据的安全，防止数据的非法或意外毁坏、丢失或改变，以及未经授权的进入与披露。当需要在网络中转移个人数据时，相关安全措施应当更加完善。成员国应建立与受保护数据的性质以及潜在风险相匹配的安全保护措施，在具体实施时可以考虑目前的技术水平和成本。"

（二）《欧盟 2002/58 号指令》

欧盟议会和理事会于 2002 年 7 月 12 日通过的《电子通信领域个人数据处理与隐私保护的 2002/58 号指令》的目的是协调成员国的相关规定，确保公民基本权利和自由得到同等水平的保护，尤其强调对数据处理过程中隐私权和数据保密权的保护。同时，该指令旨在确保电子通信数据、电信设备以及相关服务能够在欧盟范围内自由流通。该指令第 1 条第 2 款规定，为了实现该条第 1 款的目的，该指令将对《95/46 号指令》进行补充和具体化。欧盟议会和理事会于 2009 年 11 月 25 日通过的《2009/136 号指令》将该指令进行了修正。❷

关于数据安全，该指令第 4 条规定："（1）电信服务提供商须采取适当的技术和组织措施保障数据的安全性。在必要情形下，还应与网络服务提供商共同采取安全保障措施。电信服务提供商应提供与风险相匹配的安全保护，但在具体实施时，可将技术现状与成本考虑在内。在符合《95/46 号指令》的前提下，上述措施

---

❶ OJ 1995 L 281，p. 31.

❷ OJ 2009 L 337，p. 11.

应至少能够保证：个人数据只被法律授权的人基于合法目的进入；并能防止存储或传输中的个人数据遭受意外或非法毁坏、丢失、改变，或者未经授权的存储、处理、进入与披露。此外，还应保证相关安全政策得到落实。成员国主管机关应能够对上述安全措施进行审查，并应发布在此方面的最佳实践。（2）当存在突破网络安全的风险时，电信服务提供商必须将相关风险通知用户。如果某项风险在电信服务提供商应对措施的范围之外时，其还应将可能的救济措施及相关成本告知用户。"

关于数据保密，该指令第5条第1款和第3款规定："（1）成员国应通过国内法保证电子通信内容与流量数据的保密性。除了第15条第1款的规定外，应禁止在未获得用户同意的情况下，通过偷听、偷录等方式对通信的内容和数据进行截取或监控。在不违反保密原则的前提下，本款不阻止对于正常通信而言所必要的技术性存储。（3）各成员国应确保，只有当获得用户或使用者同意并作出充分告知后，才能进入或存储用户或使用者最终设备上已经存储的信息。本款规定亦不阻止对于正常通信而言所必要的技术性存储或进入。"

该指令第6条第1款规定："在不违反本条第2款、第3款、第5款以及第15条第1款的前提下，当被处理或存储的通信数据对于正常通信而言已不再必要时，必须予以删除或作匿名化处理。"

该指令第15条第1款规定："成员国可以在国内法中对本指令第5条、第6条、第8.1条、第8.2条、第8.3条、第8.4条和第9条中规定的权利和义务进行限缩，但是任何限缩都应建立在保卫国家安全、公共安全，以及预防、调查或起诉刑事犯罪的目的之上。同时，任何限缩措施都应符合必要性、适当性和比例性原则。在此基础上，成员国可以通过国内法规定在一定期间内留存通信数据。即使如此，也应符合欧盟法的一般原则，包括《欧盟条约》第 6 条第 1 款和第 2 款的规定。"

（三）《欧盟 2006/24 号指令》

欧盟委员会在咨询来自执法部门及电信业界的代表以及数据保护专家的意见后，于 2005 年 9 月 21 日提出一份关于通信流量数据留存政策选项的影响评估报告。❶ 该报告构成了《2006/24 号指令》的立法基础。

《2006/24 号指令》立法说明（recital）的第 4 段指出："《2002/58 号指令》第 15 条第 1 款规定，成员国可以对该指令第 5 条、第 6 条、第 8 条第 1 款至第 4 款、第 9 条规定的权利义务的内容予以限缩。但是任何此类限制必须建立在保卫国家安全、国防、公共安全，或者预防、调查和起诉刑事犯罪等公共利益目的之上。并且此类措施必须符合必要性、适当性和比例性原则的要求。"

该指令立法说明的第 5 段第 1 句指出："部分成员国在国内法中已经规定，出于预防、调查和起诉刑事犯罪的目的，服务提供商应对通信流量数据加以留存。"

该指令立法说明的第 7 段至第 11 段指出："（7）欧盟司法与内务委员会在 2002 年 12 月 19 日强调，电子通信方式日益重要，相关通信数据在预防、调查和起诉刑事犯罪过程中将发挥非常有价值的作用，对于打击有组织犯罪而言更是如此。（8）欧盟理事会于 2004 年 3 月 25 日通过的《反恐怖主义宣言》中要求欧盟理事会研究通信数据留存规则。（9）《欧洲人权公约》第 8 条规定，❷任何人享有其私生活和通信被尊重的权利。只有依照法律规定在

---

❶　COM（2005）438 final，the proposal for a directive.

❷　1950 年 11 月 4 日签订于罗马。

必要情况下,权力部门才可以对其作出限制,比如,基于保护国家安全、公共安全以及防止犯罪和社会失序的目的,或是为了保护他人的权利和自由。在多个成员国的国内执法过程中,电子通信数据已经被证明是极其有效的调查工具。对于打击有组织犯罪、恐怖主义犯罪等严重犯罪行为,其价值更加突出。因此,应保证在符合相关规定的条件下,执法机关可以在一定期间内获得被留存的数据。(10)欧盟理事会在 2005 年 7 月 13 日发表谴责伦敦恐袭的宣言中,再次重申应尽快建立电信数据留存的共同规则。(11)鉴于通信流量数据及位置数据对于调查和起诉刑事犯罪的重要性,有必要在共同体层面上规定电信服务提供商或网络服务提供商在一定期间内留存这两类数据。"

该指令立法说明的第 16 段、第 21 段和第 22 段指出:"(16)《95/46 号指令》第 6 条规定服务提供商应保证数据的质量,第 16 条、第 17 条规定服务提供商应保证数据的保密性和安全性。这些规定完全适用于根据本指令要求予以留存的数据。(21)鉴于本指令旨在协调各成员国国内的数据留存规则,并且考虑到成员国立法不能有效保证为了调查和起诉严重犯罪的目的能够有效获得这些数据,而基于本指令的适用范围和效果,上述目的能够在共同体层面上得到更好的实现,因此根据《欧盟条约》第 5 条之辅助性原则制定本指令。并且根据该条之比例原则,本指令的规定将不超过为了实现上述立法目的之必要限度。(22)本指令尊重基本权利,遵守《欧盟基本权利宪章》中规定的基本原则。尊重按照《宪章》第 7 条、第 8 条中规定的公民私生活和通信受保护权以及个人数据受保护权。"

在上述背景下,本指令规定电信网络服务提供商具有留存在提供服务过程中产生或处理的通信数据的义务。其中第 1 条至第 9

条，第 11 条和第 13 条的规定如下：

第1条 主题和范围

1. 本指令旨在协调各成员国关于电信数据留存的规定，保证在调查和起诉严重犯罪时有权机关能够获得这些数据。

2. 本指令适用于任何法人、自然人的通信流量数据和位置数据，以及辨认用户或登记使用人身份所必需的数据。本指令对电子通信的具体内容，以及使用电子通信网络查询的内容不适用。

第2条 定义

1.《95/46 号指令》《2002/21 号指令》以及《2002/58 号指令》中的定义对于本指令也应适用。

2. 就本指令而言：

（a）"数据"，是指通信流量数据和位置数据，以及辨认用户或使用者身份的必要数据；

（b）"使用者"，是指不论出于个人还是商业目的使用公共电信服务的任何法人或自然人，其并不必然是电信服务的实际购买人；

（c）"电话服务"，是指呼叫服务（包括语音、语音邮件、会议和数据呼叫），增值服务（包括呼叫转移）以及信息和多媒体服务；

（d）"用户身份"，是指订购或者连接进入互联网或通信服务时被分配的唯一识别码；

（e）"区域识别码"，是指移动电话发出或结束通话位置的蜂窝编码；

（f）"失败呼叫尝试"，是指通话已连接成功但无应答，或被网络管理介入的状态。

第3条 数据留存义务

1. 通过限缩《2002/58 号指令》第 5 条、第 6 条、第 9 条的规定，成员国应保证电信服务提供商或网络服务提供商按照本指令的规定留存在其提供服务过程中产生或处理的第 5 条列明的数据。

2. 第 1 款的规定包括对失败呼叫尝试的相关数据，但不包括未连接成功的相关数据。

第 4 条　获取数据

成员国应确保其国内有权机关只在根据其法律明确规定的情况下，方可进入获取根据本指令所留存的数据。成员国应按照必要性和比例性原则，在其国内法中规定进入留存数据的程序和条件。这些规定还应遵循欧盟法乃至相关国际公法规则，特别应参考经由欧洲人权法院解释的《欧洲人权公约》的规定。在循序必要性和比例性的要求下，获取留存数据的程序和条件应由各成员国在其国内法中作出规定。此类国内法应符合相关欧盟法或国际公法，尤其是经过欧洲人权法院解释的《欧洲人权公约》的相关规定。

第 5 条　留存数据的类别

1. 成员国应确保对下列数据予以留存。

（a）追踪和辨认通信来源的数据。（1）对于固定电话和移动电话：（i）主叫号码；（ii）用户或登记使用人的姓名和地址。（2）对于互联网接入，电子邮件和网络电话：（i）被分配的用户识别码；（ii）进入公共电话网络时被分配的用户身份识别码和电话号码；（iii）在通信时被分配网络地址、用户身份识别码或者电话号码的用户或登记使用人的姓名和地址。

（b）辨认通信目的地的数据。（1）对于固定电话和移动电话：（i）被叫号码；在涉及呼叫转移等增值服务时，也包括呼叫中转号码；（ii）用户或登记使用人的姓名和地址。（2）对于电子邮件和网络电话：（i）用户身份识别码或网络电话中被叫方的电话号码；（ii）用户或登记使用人的姓名和地址以及通信接受方的用户身份识别码。

（c）辨认日期、时间和通信时长的数据。（1）对于固定电话和移动电话：通信开始和结束的日期与时间。（2）对于互联网接入，电子邮件和网络电话：（i）互联网接入的上线和下线的日期和时间，动态或静态网络地址以及用户或注册使用者的身份识别码；（ii）电子邮件或网络电话上线和下线的日期和时间。

（d）辨认通信类型的数据。（1）对于固定电话和移动电话：使用的电话服务类型。（2）对于电子邮件和网络电话：使用的网络服务类型。

（e）辨认用户通信设备的信息。（1）对于固定电话：主叫和被叫电话号码。（2）对于移动电话：（i）主叫和被叫电话号码；（ii）主叫方国际移动用户识别码（IMSI）；（iii）主叫方国际移动设备识别码（IMEI）；（iv）被叫方国际移动用户识别码；（v）被叫方国际移动设备识别码；（vi）如存在预付费匿名服务，则包括初始激活此项服务的日期和时间以及蜂窝区域识别码。（3）对于互联网接入、电子邮件和网络电话：（i）拨号接入的主叫号码；（ii）通信发出的数据用户线或其他终端。

（f）辨认移动通信设备位置的数据。（1）通信开始时的蜂窝区域识别码；（2）通信过程中的蜂窝区域识别码。

2. 有关通信内容的数据不得被留存。

第 6 条　留存期间

各成员国应保证第 5 条所列数据，从通信之日起至少被留存 6 个月，但不得超过 2 年。

第 7 条　数据安全和保护

在不违反《95/46 号指令》和《2002/58 号指令》的前提下，

各成员国应保证电信服务提供商和网络服务提供商遵守以下数据安全与保护的原则：

（a）留存的数据应保持与网络上的数据同等质量，并得到同等程度的安全保护；

（b）应采取适当的技术和组织措施，防止留存数据的意外或非法损毁、丢失或更改，或者未经授权或非法的存储、处理、进入与披露；

（c）保证只有经过特别授权的人才能接触留存数据；

（d）除了已经被保存的数据以外，其他数据应在留存期结束后被彻底删除。

第 8 条　存储要求

成员国应保证，在接到合法请求后，留存数据以及其他相关的必要信息能够被无不适当迟延地传输给相关部门。

第 9 条　监管部门

1. 成员国应指定一个或多个部门负责其领土内留存数据的安全。

2. 上款提及的数据安全部门应该独立履行其监管职责。

第 11 条　修改《2002/58 号指令》

下列内容应被添加到《2002/58 号指令》第 15 条中，作为第 1 款之后的独立一款（第 1a 款）："第 1 款对于《2006/24 号指令》为了实现其第 1 条第 1 款的目的所具体要求留存的数据不予适用。"

第 13 条　救济、责任和处罚

1. 成员国应采取必要措施，确保《95/46 号指令》第 3 章所建立的国内司法救济，责任和处罚的规定，能够充分适用于根据本指令留存的数据。

2. 成员国应采取必要措施保证，实施本指令的国内法所禁止的进入或转移留存数据的行为，将受到有效、适当和具有震慑力的行政或刑事处罚。

三、要求先予裁决的具体问题

（一）C－293/12 案

2006 年 8 月 11 日，"数据权利公司"向爱尔兰最高法院起诉，质疑该国关于电子通信数据留存的立法和行政措施的有效性。其要求该国最高法院确认《2006/24 号指令》及其国内于 2005 年颁布的《刑事司法法》的第 7 编（恐怖主义犯罪）无效。

爱尔兰最高法院认为，在欧盟法院对《2006/24 号指令》的效力进行审查前，其不能对该案所涉及的问题作出裁判。因此决定暂停国内程序，并将下列问题提交到欧盟法院，要求先予裁决以下问题：

1. 《2006/24 号指令》第 3 条、第 4 条、第 6 条对原告使用移动电话的权利进行限制，是否违反《欧盟条约》的第 5 条第 4 款？也就是说，限权措施对于追求其立法目的而言，是不是适当的、必要的和成比例的？

2. 具体来说：（1）《2006/24 号指令》是否与《欧盟运行条约》第 21 条规定的公民在欧盟境内的自由迁徙与居住的权利产生冲突？（2）《2006/24 号指令》是否与《宪章》第 7 条以及《欧洲人权公约》第 8 条规定的隐私权产生冲突？（3）《2006/24 号指令》是否与《宪章》第 8 条规定的个人数据受保护权产生冲突？（4）《2006/24 号指令》是否与《宪章》第 11 条及《欧洲人权公约》第 10 条规定的自由表达权产生冲突？（5）《2006/24 号指令》是否与《宪章》第 41 条规定的善治原则产生冲突？

3. 根据《欧盟条约》第 4 条第 3 款规定的忠诚合作原则，达到何种程度时，成员国法院需根据《宪章》对转化《2006/24 号指令》的国内措施进行审查和评估？

（二）C – 594/12 案

该案起因于奥地利卡隆特纳州政府、赛特林格先生、乔尔先生和其他 11 128 名原告分别向该国宪法法院提起的违宪之诉。他们共同要求废除其国内 2003 年通过的《电信法案》第 102a 条的规定。❶ 该款是为了转化《2006/24 号指令》，于 2003 年经联邦立法修改而来。❷ 原告认为该款的规定构成对公民数据受保护权的侵犯。

奥地利宪法法院认为，《2006/24 号指令》对几乎所有人的通信数据进行留存，可能与《宪章》中规定的权利产生冲突。该指令规定的数据留存规则并未考虑被留存数据之人的行为与犯罪事实之间的关联，对于他们而言，其私生活信息和个人数据将被权力部门掌控并在多重目的上使用。他们将被置于更大的风险之中。此外，可获取数据人员的数量也没有被规定下来。因此，奥地利宪法法院质疑《2006/24 号指令》的规定违反了关于基本权利保护的比例原则。

鉴于此，奥地利宪法法院决定暂停其国内审理程序，并将下列问题提请欧盟法院做先予裁决：

（1）关于欧盟机构行为之效力。《2006/24 号指令》第 3 条至第 9 条的规定是否与《欧盟基本权利宪章》的第 7 条、第 8 条以及第 11 条的规定产生冲突？

（2）关于条约解释。①对于《宪章》第 8 条的解释，《95/46

---

❶ Telekommunikationsgesetz 2003.

❷ Bundesgesetz, mit dem das Telekommunikationsgesetz 2003 – TKG 2003 geändert wird, BGBl I, 27/2011.

号指令》以及关于个人数据保护与自由流动的《2001/45 号条例》,❶ 是否具有同等的解释作用? ②根据《宪章》第 52 条第 3 款末句的规定,"欧盟法"和数据保护具体指令之间的关系如何? ③《95/26 号指令》和《2001/45 号条例》都对《宪章》中个人数据受保护权作了限制,"次级法"中对基本权利的限制在解释《宪章》第 8 条时应当被考虑吗? ④《宪章》第 52 条第 4 款是不是第 53 条"维持更高保护水平"原则的延伸? 也就是说,根据《宪章》的规定,对基本权利进行限制的次级法是否应接受更严格的审查? ⑤根据《宪章》第 52 条第 3 款、序言第 5 段以及第 7 条的规定,欧洲人权法院作出的判例能否对《宪章》第 8 条的解释产生影响?

四、对提请"先予裁决"问题的考虑

(一) C-293/12 案第 2 个问题的第 (2) 项至第 (4) 项及 C-594/12 案的第 1 个问题

C-293/12 案的第 2 个问题的第 (2) 项至第 (4) 项和 C-594/12 案的第 1 个问题,在实质上都是要求欧盟法院根据《宪章》第 7 条、第 8 条、第 11 条对《2006/24 号指令》的效力进行审查。因此这些问题应被一同考虑。

1. 《宪章》第 7 条、第 8 条、第 11 条与审查《2006/24 号指令》的效力是否相关

根据《2006/24 号指令》第 1 条及其立法说明的第 4 段、第 5 段、第 7 段至第 11 段以及第 21 段和第 22 段,该指令的主要目的是预防、调查和起诉严重犯罪,协调各成员国关于留存电子通信数据的规定,但应符合《宪章》第 7 条和第 8 条的规定。

---

❶ OJ 2001 L 8, p.1.

《2006/24号指令》第3条要求电信服务提供商或网络服务提供商对该指令第5条所列数据进行留存，以保证有权机关在必要情况下可获得留存数据。该条与《宪章》第7条规定的私生活和通信受保护权，第8条规定的个人数据受保护权以及第11条规定的自由表达权的规定存在潜在的冲突。

在此方面，电信服务提供商或网络服务提供商根据《2006/24号指令》第3条、第5条的规定，必须留存下列类型的数据：跟踪和辨认通信来源和目标的数据；辨认通信日期、时间、时长和类型的数据；辨认用户通信设备和移动通信位置的数据。具体而言，用户或登记使用人的姓名、地址、主叫号码、被叫号码以及网络IP地址都将被留存。通过这些信息，有关部门可以掌握用户或登记使用人及其通信对象的身份、通信时间、通信位置，以及在某一时间段内与特定人通信频率的数据。

因此，数据被留存人的私生活情况，如日常生活习惯、永久或临时居住地、日常或特殊活动、社会关系及其所处社会环境等信息，都可以被非常准确地监控。

虽然《2006/24号指令》第1.2条和第5.2条不允许对通信的具体内容以及通过网络查询的内容进行留存，但是不难想象，该规定可能对电子通信方式本身造成不良影响，并进而对《宪章》第11条规定的自由表达权产生侵害。

该指令有关留存数据，以及有权机构进入留存数据的规定，将直接影响对个人私生活造成影响，也就影响到《宪章》第7条规定的权利。此外，该指令的数据留存规则也在《宪章》第8条的调整范围内，因为其涉及对个人数据的处理。❶

---

❶ Cases C-92/09 and C-93/09 Volker und Markus Schecke and Eifert EU：C：2010：662，p. 47.

因此，本案中要求先予裁决的问题，既与《2006/24 号指令》是否符合《宪章》第 7 条的规定有关，也与是否符合《宪章》第 8 条的规定有关。

综上考虑，对于回答 C－293/12 号案第 2 个问题的第（2）项至第（4）项以及 C－594/12 号案的第 1 个问题而言，根据《宪章》第 7 条和第 8 条的规定对《2006/24 号指令》的效力进行审查是恰当的。

2. 《2006/24 号指令》是否侵犯了《宪章》第 7 条、第 8 条规定的基本权利

正如佐审官在其意见书的第 39 段、第 40 段中所指出的，《2006/24 号指令》关于通信数据留存的规定，偏离了《95/46 号指令》和《2002/58 号指令》共同建立起的个人数据隐私与安全保护体系。这两个指令规定在通信结束后，除了向用户提供通信账单所必需的数据外，用户的其他通信数据应被删除或作匿名化处理。

证明公民隐私权是否被侵犯，无须考察相关私生活信息的敏感度，也无须考察被侵权人的生活是否变得不便利。❶

那么，《2006/24 号指令》第 3 条和第 6 条要求电信服务提供商或网络服务提供商留存与个人私生活相关数据的规定本身，即已构成对《宪章》第 7 条规定的公民隐私权的侵犯。

此外，有权机关获取留存数据导致对公民隐私权的再一次侵犯。❷也就是说，《2006/24 号指令》的第 4 条和第 8 条的规定进一步侵

---

❶ See, to that effect, Cases C－465/00, C－138/01 and C－139/01 Österreichischer Rundfunk and Others EU：C：2003：294, p. 75.

❷ See, as regards Article 8 of the ECHR, Eur. Court H. R., Leander v. Sweden, 26 March 1987, §48, Series A no 116; Rotaru v. Romania ［GC］, no. 28341/95, §46, ECHR 2000－Ⅴ; and Weber and Saravia v. Germany (dec.), no. 54934/00, §79, ECHR 2006－Ⅺ.

犯了《宪章》第 7 条保护的隐私权。

同样地,因为《2006/24 号指令》规定的数据留存规则涉及对个人数据的处理,其构成对《宪章》第 8 条规定的个人数据受保护权的侵犯。

正如佐审官在其意见书第 77 段和第 80 段中指出的,我们也认为,《2006/24 号指令》对《宪章》第 7 条、第 8 条保护的公民基本权利的侵犯不仅是广泛的,而且也是特别严重的。另外也如同佐审管在其意见书第 52 段和第 72 段中指出的,在未获告知的情况下,留存和使用用户和登记使用人的通信数据,将可能使他们产生受到持续监控的心理感受。

3.《2006/24 号指令》侵犯基本权利的行为能否被正当化

《宪章》第 52 条第 1 款规定,任何对《宪章》中规定之权利与自由的限制都须经由法律作出,尊重权利的本质,符合比例原则,并且对于追求公共利益或保护他人的权利与自由而言确属必要。

(1)是否尊重权利本质。

应当承认,《2006/24 号指令》虽然对《宪章》第 7 条规定的隐私权造成了严重侵犯,但是该指令确实对隐私权的实质予以了尊重,也即根据该指令第 1 条第 2 款的规定,任何电子通信的具体内容不得被留存。

同样地,该指令也对《宪章》第 8 条规定的个人数据受保护权予以了尊重。根据其第 7 条的规定,按照在不违反《95/46 号指令》和《2002/58 号指令》的前提下,各成员国应保证电信服务提供商和网络服务提供商遵守一系列的数据安全与保护的原则。根据这些原则,各成员国应保证采取适当的技术和组织措施,以防范数据的意外或非法损毁、丢失或更改。

（2）是否符合公共利益。

至于该指令建立的数据留存规则是否出于公共利益目的，我们认为，虽然表面上看，该指令旨在统一各成员国的通信数据留存规则，然而在实质上而言，正如该指令第1.1条所阐释的，其目的在于确保在调查和起诉严重犯罪时相关通信数据可以被有权机关获得。也可以说，《2006/24号指令》的实质目的是打击严重犯罪并进而维护公共安全。

欧盟法院在其以往判例中已经清楚地阐明，为了维持国际和平与安全的目的打击恐怖主义构成一项公共利益。❶ 同样地，欧盟法院也认为出于维护公共安全的目的打击严重犯罪也构成一项公共利益。❷ 况且，《宪章》第6条规定的公民权利的范围，不仅包括自由权也包括安全权。

应当提及的是，《2006/24号指令》立法说明的第7段指出，欧盟司法与内务理事会在2002年12月19日的结论中指出，电子通信方式日益重要并能够为犯罪活动提供更多的机会，因此，留存电子通信数据对预防和打击严重犯罪（尤其是有组织犯罪）而言，具有至关重要性。

鉴于上述考虑，我们认为《2006/24号指令》建立的留存电子通信数据的规则，确实具有追求公共利益的目的。

（3）是否符合比例原则。

论述至此，我们将对侵犯基本权利的行为是否符合比例原则进行审查。

---

❶ See, to that effect, Cases C－402/05 P and C－415/05 P Kadi and Al Barakaat International Foundation v Council and Commission EU：C：2008：461, p. 363, and Cases C－539/10 P and C－550/10 P Al－Aqsa v Council EU：C：2012：711, p. 130.

❷ See, to that effect, Case C－145/09 Tsakouridis EU：C：2010：708, pp. 46－47.

欧盟法院在既有判例中认为，比例原则要求欧盟机构之行为必须不超过为了追求立法目的之必要和适当的限度。❶

根据比例原则对欧盟机构的行为进行司法审查，我们认为，当受侵犯的权利属于公民基本权利时，欧盟立法机构的自由裁量权将受到严格的限制。其应对立法措施将侵犯权利的领域、权利的性质以及侵权行为本身的严重性及其追求的目的等要素予以充分考虑。❷

本案中，由于个人通信数据对于私生活受保护权的实现具有重要作用，并且《2006/24 号指令》对该权利侵犯程度非常严重，欧盟立法机关的自由裁量权应受到严格限制。对欧盟立法机构的相关立法的司法审查也应在更加严格的意义上进行。

那么，该指令规定的数据留存措施相对于该指令所追求的目的而言，是不是适当的呢？我们认为，在电子通信方式日益重要的背景下，电子通信数据已经成为调查和起诉刑事犯罪的关键性工具，能够为打击重大犯罪提供额外的手段。因此，留存相关通信数据的措施对于追求该指令的目的而言是适当的。

乔尔和赛特林格先生以及葡萄牙政府在其各自的书面意见中指出，《2006/24 号指令》并不包含所有的电子通信方式，并且存在某些通信方式允许匿名进行。我们认为虽然这一事实可能降低数据留存规则的有效性，但是却并不能证明该规则对于其所追求

---

❶ See, to that effect, Case C - 343/09 Afton Chemical EU：C：2010：419，paragraph 45；Volker und Markus Schecke and Eifert EU：C：2010：662，p. 74；Cases C － 581/10 and C －629/10 Nelson and Others EU：C：2012：657，p. 71；Case C －283/11 Sky Österreich EU：C：2013：28，paragraph 50；and Case C － 101/12 Schaible EU：C：2013：661，p. 29.

❷ See, by analogy, as regards Article 8 of the ECHR, Eur. Court H. R. , S. and Marper v. the United Kingdom ［GC］, nos. 30562/04 and 30566/04，§ 102, ECHR 2008 － V.

的目标而言是不适当的。佐审官在其意见书的第 137 段也持这一观点。

关于该指令规定的数据留存措施的必要性，我们认为该措施对于打击严重犯罪，尤其是有组织犯罪和恐怖主义犯罪而言，确实是非常重要的。然而不管其所保护的公共安全利益多么重要，并不能证明该措施本身对于实现上述目的是必要的。

就私生活受尊重权而言，根据欧盟法院的判例，保护公民基本权利的原则要求对个人数据受保护权的任何偏离或限制都应在"严格必须"的条件下进行。❶

我们认为《宪章》第 8 条第 1 款规定的个人数据受保护权，与第 7 条规定的私生活受尊重权的实现具有紧密联系。

因此，欧盟相关立法必须对数据留存措施的具体适用范围与方法作出清晰准确的界定，并能够提供留存数据不被滥用、非法使用或进入的最低程度的保护。❷

根据《2006/24 号指令》的规定，个人电子通信数据将被服务提供商自动处理，并且也存在明显的违法进入的风险，因此，对留存数据的保护需求更为迫切。❸

那么，留存措施是否被限制在严格必需的范围内了呢？按照该指令第 3 条和第 5 条第 1 款的规定，所有的固定电话、移动电话、互联网接入，电子邮件和网络电话的流量数据都需要被留存。也就是说，该指令适用于所有种类的人们广泛使用的电子通信方

---

❶ Case C –473/12 IPI EU：C：2013：715, paragraph 39 and the case – law cited.

❷ See, by analogy, as regards Article 8 of the ECHR, Eur. Court H. R., Liberty and Others v. the United Kingdom, 1 July 2008, no. 58243/00, §62 and 63; Rotaru v. Romania, §57 to 59, and S. and Marper v. the United Kingdom, §99.

❸ See, by analogy, as regards Article 8 of the ECHR, S. and Marper v. the United Kingdom, §103, and M. K. v. France, 18 April 2013, no. 19522/09, §35.

式。并且根据该指令第 3 条的规定，所有用户和登记使用人的通信数据都在该指令的调整范围内。因此，我们认为该指令将侵犯全体欧盟公民的基本权利。

就是否符合严格必要性而言，首先应该注意到，该指令虽然追求打击严重犯罪的目标，但是数据留存的规定适用于所有的人、所有的电子通信方式以及所有的通信流量数据，而未作出任何类型上的区别、限制，也不存在任何例外性规定。

该指令以宽泛的方式适用于所有使用电信服务的人，被留存数据的人与潜在犯罪之间是否具有联系在所不问。也就是说，即对那些没有任何证据显示其行为与严重犯罪具有联系的人也同样地适用。并且由于该指令没有任何例外规则，这就造成对在法律上负担有职业性通信保密义务的人，指令上的数据留存规定也同样适用。

此外，虽然该指令旨在打击严重犯罪，但是没有任何条文显示将被留存的通信数据需要和潜在的公共安全威胁具有联系。具体地说，该指令没有规定留存的数据需与严重犯罪相关，亦即与一定时间、一定区域或特定的人群相关。

《2006/24 号指令》也没有规定有权机关进入与使用这些数据的任何客观标准。相比于《宪章》第 7 条、第 8 条规定的基本权利受侵犯的程度和严重性，该指令不能被证明是正当的。与此相反，该指令甚至在第 1 条第 1 款将"严重犯罪"概念的内涵留待各成员国国内法自行确定。

进一步地，该指令也未规定有权机关获取与使用留存数据的实体性及程序性条件。该指令第 4 条是关于进入数据的条款，然而令人遗憾的是，该条却并没有明确规定必须严格地基于预防、调查或起诉明确指明的严重犯罪的目的，进入或使用留存的数据。

该条仅仅要求各成员国根据必要性和比例原则自行规定进入和使用留存数据的程序和条件。

尤其是该指令没有规定有权进入和使用留存数据之人员数量的客观标准，以此将进入与使用留存数据的行为限制在实现立法目的所"严格必须"的范围内。最重要的一点是，不存在一个独立的法庭或行政部门对进入数据的行为进行独立的事先审查，以保证对留存数据的进入被限制在严格必需的范围内。并且，该指令也没有要求成员国具有制定此类措施的义务。

《2006/24 号指令》第 6 条规定相关数据被留存至少 6 个月以上，但是并未根据留存数据的有用性或与特定人的相关性，而对不同数据的留存期间进行区分。

此外，该指令虽然规定数据留存期间在 6 个月至 24 个月，但是却未规定确定具体留存期间长短的任何客观标准，以保证符合"严格必须"的要求。

因此，我们认为，《2006/24 号指令》没有清晰而准确的规则对侵犯《宪章》第 7 条和第 8 条权利的行为进行规范。可以认为，在欧盟法律秩序下，该指令广泛而严重地侵犯了公民的基本权利，但是却缺乏相应的规则保证对基本权利的侵犯被限制在"严格必须"的限度内。

就留存数据的安全保护而言，《2006/24 号指令》也未能达到《宪章》第 8 条所要求的保护水平，以防止对留存数据的滥用、非法进入或使用。首当其冲的是，该指令第 7 条没有专门的规定，来适应留存数据的巨量性、敏感性及存在非法进入风险的特征。该指令也未要求成员国负有规定此类特殊制度的义务。

该指令第 7 条与《2002/58 号指令》第 4 条第 1 款以及《95/46 号指令》第 17 条第 1 款第 2 项，都不能确保服务提供商采取高水平的技术和组织措施以保护数据的安全，但却允许服务提供商在采取相应措施时考虑其操作成本。尤其应指出，《2006/24 号指令》未保证在留存期结束后，被留存的数据将被不可逆转性地删除。

该指令未要求将电子通信数据留存在欧盟境内。这将造成根据《宪章》第 8 条第 3 款规定的独立机构不能对被留存在欧盟境外的数据进行安全监管。我们认为，基于欧盟法的监管对于保护个人数据的安全而言是至关重要的。❶

综合上述考虑，根据《欧盟基本权利宪章》第 7 条、第 8 条和第 52 条第 1 款的规定，《2006/24 号指令》的规定已然超出了比例原则的限度。

我们认为，没有必要再根据《宪章》第 11 条审查该指令的有效性。

我们对 C - 293/12 号案第 2 个问题的第（2）至第（4）项，和 C - 594/12 号案的第 1 个问题的回答是：《2006/24 号指令》无效。

（二）C - 293/12 号案的第 1 个问题，第 2 个问题的第（1）项、第（5）项和第 3 个问题，以及 C - 594/12 号案的第 2 个问题

如同上述，已没有必要再回答 C - 293 - 12 号案的第 1 个问题，第 2 个问题的第（1）项、第（5）项和第 3 个问题，以及 C - 594/12 号案的第 2 个问题。

因先予裁决程序是成员国法院主审程序的环节之一，具体费用

---

❶ See, to that effect, Case C - 614/10 Commission v. Austria EU：C：2012：631, p. 37.

由各国国内法院决定，非主审程序当事方提交意见书的费用除外。

五、判决结果

综上所述，欧盟法院（大法庭）判决如下：

欧盟议会和欧盟理事会于 2006 年 3 月 15 日通过的第 2006/24 号《电子通信数据留存指令》，亦即《关于公共电信服务提供商和公共网络服务提供商留存其提供业务过程中产生或处理之数据并修改〈欧盟 2002/58 号指令〉的指令》无效。

第十章

跨境电子取证国际立法的立场之争与协调进路

一、问题的提出

近年来跨国网络犯罪活动日益猖獗，给各国的国家安全、国民的人身财产安全造成了严重威胁。然而由于领土主权原则的限制，各国执法机关在跨境获取电子证据时，往往面临不同国家之间司法管辖权的冲突，这就给侦查与起诉跨国网络犯罪带来了严重障碍。为了提升惩治跨国网络犯罪活动的有效性并防止不同国家之间因管辖权问题而引起外交冲突，国际社会迫切需要在跨境电子取证问题上尽快构建一项统一的国际规则。但是由于各国对于"数据主权"的观念还存在不同理解，对于如何平衡"数据安全"与"数据自由"两种价值的问题也未达成共识，这项国际立法工作的进展并不顺利。以美国为首的西方国家积极倡导越过主权国家的数据"跨境直接调取"模式，而中国、俄罗斯等发展中国家则坚持通过"刑事司法协助"程序展开电子证据跨境获取的国际合作。这两种不同立场正处于尖锐的对立状态之中。如果不能对双方立场进行协调，就难以继续推进跨境电子取证的国际立法，并让国际社会在打击跨国网络犯罪方面继续陷于无政府状态之中，这种局面只会损害国际社会的共同利益并进一步助长网络犯罪分子的嚣张气焰。鉴于此，本书将跨境电子取证国际规则的建构作为研究主题。

在跨境电子取证国际立法问题的研究上，我国学界已经作出了较为充分的基础性理论研究，但目前的研究成果还存在以下一些缺陷。其一，现有的大部分文献要么将重点放在对域外跨境电子取证最新立法的评价上，要么将论述方向定位在中国司法实践部门跨境电子取证的对策建议上，而在如何推进相关规则的国际立法方面则关注较少。其二，现有研究成果在问题分析的深入性上还难以令人感到满意。虽然大部分文献能够详细梳理欧美与中俄在跨境电子取证规则上的立场之争，但却很少能够从国家利益的角度对产生这种立场之争的原因作出实质性分析。此外，在司法实践中，跨国电子取证会面临不同的情况，在国际规则建构的过程中必须针对不同情形展开讨论，但现有研究在此方面的精细程度也有不足。因此，本书首先对欧美与中俄在跨境电子取证问题上的规则分歧作出梳理与总结，进而探讨双方持有不同立场的根本原因。在此基础上，笔者试图从不同价值观念的协调与不同场景下具体规则的构建两个方面提出问题解决之道。

二、欧美与中俄在跨境电子取证国际立法中的规则之争

（一）欧美积极主张以属人管辖为基础的"跨境直接调取"模式

1. 《布达佩斯网络犯罪公约》及其议定书的规定

《布达佩斯网络犯罪公约》（Convention on Cybercrime，以下简

称《布达佩斯公约》）是由欧洲理事会（Council of Europe）主导制定并于 2001 年开放签署的一部包括实体法与程序法规则的国际性公约。目前，该公约已经有包括欧盟成员国、美国、日本、加拿大等国在内的 68 个成员国，在一定程度上能够反映美国、欧盟等西方国家在跨国电子取证规则上的基本立场。该公约第 32 条规定："缔约方可以不经另一缔约方的授权：a. 进入可公开访问的（publicly available，open source）已存储的计算机数据，无论这些数据的地理位置在哪儿；b. 经过数据权利人合法且自愿同意后，还可以直接调取存储于他国的数据。"❶ 有国内学者认为，该条规定明确授权一国执法机构在他国领土疆域内收集电子证据。❷ 但从该条规定来看，一国执法机关只有得到数据权利人合法且自愿的同意才可以获取网络服务提供者控制的位于另一国领域内的电子数据。正是考虑到这一规定在及时、有效打击跨国网络犯罪上的不足，欧洲理事会又于 2015 年在其下属的网络犯罪公约委员会（cybercrime convention committee，T－CY）中成立了云证据工作组（Cloud Evidence Group），专门负责在成员国之间推进跨境数据调取法律规则的研究工作。云证据工作组在 2016 年的研究性报告中指出，在目前状况下，绝大多数的网络犯罪受害人都不能期待正义的到来，主要原因在于，基于领土的属地管辖权以及云计算带来的数据存储新特征导致犯罪侦查机关很难有效获取位于其他国家境内的电子证据。❸ 鉴于此，欧洲理事会于 2017 年 6 月 14 日启动了《网络犯罪公约关于加强合作和披露电子证据的第二项附加

---

❶ Convention on cybercrime, Article 32.

❷ 陈丽：《跨境电子取证的中国应对》，载《国家检察官学院》2022 年第 5 期，第 30 页。

❸ See Explanatory report to the second additional protocol to the convention on cybercrime on enhanced co－operation and disclosure of electronic evidence, p. 2, para. 10.

议定书》的起草工作。截至 2023 年 5 月 8 日，已经有 36 个国家签署了该议定书。❶ 该议定书第 6 条第 1 款规定："每一缔约国应采取必要的立法和其他措施，授权其主管机构为具体的刑事调查或诉讼的目的，向在另一缔约国领土上提供域名注册服务的实体发出请求，要求该实体提供其所拥有或掌握的信息，以满足识别或联系该域名注册人的需要。"❷ 该议定书第 7 条第 1 款还规定："各缔约国应采取必要的立法和其他措施，授权其主管机构有权向位于另一缔约国境内的服务提供者直接发出数据调取令，以便在缔约国在刑事调查或诉讼过程中需要用户信息的情况下，披露该服务提供者拥有或掌握的特定用户的注册信息。"❸ 欧洲理事会在该议定书的立法说明中指出，对于刑事调查和诉讼程序而言，及时获取位于境外的电子证据具有极其重要的意义，这两个条文旨在建立授权一国执法机关向另一国网络服务提供者直接调取域名注册信息和用户注册信息的制度。❹《布达佩斯公约》及其议定书作为由欧洲理事会主导制定的网络犯罪国际性公约，已经显示出西方发达国家试图构建电子证据"跨境直接调取"的规则立场。

2. 美国《澄清合法使用境外数据法案》的规定

《布达佩斯公约》"第二议定书"虽然肯定了缔约国执法机关向位于另一缔约国境内的网络服务提供者直接调取电子证据的权

❶ *See* official website of the Councile of Europe, https：//www. coe. int/en/web/cybercrime/second – additional – protocol, last visited on May 8th, 2023.

❷ Second additional protocol to the covention on cybercrime on enhanced cooperation and discloure of electronic evidence, starasbourg, 12. V. 2022.

❸ *Ibid*.

❹ Explanatory report to the second additional protocol to the convention on cybercrime on enhanced co – operation and disclosure of electronic evidence, p. 17, para. 90.

力，但根据其规定，缔约国执法机关有权直接调取电子数据的范围仍然非常狭窄，并不能达到美国等国家的立法要求。这就导致美国、欧盟在《布达佩斯公约》以外又纷纷展开域内立法，进一步扩大跨境电子取证的授权范围。美国于 2018 年出台《澄清合法使用境外数据法案》（Claryfying Lawful overseas use of data act, CLOUD Act，以下简称《云法案》）的起因在于其司法部门面对"微软诉美国案"的现实需要。在该案中，美国纽约联邦地方法院签发一份调查令，要求微软公司交出一起毒品案件中犯罪嫌疑人电子邮件的内容和账号信息，但该嫌疑人电子邮件的内容信息存储于爱尔兰的服务器中，微软公司认为美国法院签发的调查令不能适用于爱尔兰领土，因此拒绝交出数据。2016 年 7 月，美国联邦第二巡回法院也作出该案中的调查令没有域外效力的裁决，并认为美国联邦调查局（FBI）应当通过国际刑事司法协助程序收集跨境电子证据。❶ 随后，美国政府将该案上诉至联邦最高法院，但在该案审理进程中，美国议会却以非常迅捷的方式紧急通过了《云法案》，明确授权美国执法部门在刑事案件的调查和起诉过程中可以向处于美国法律管辖权之下的数据控制者直接调取任何与被调查案件相关的电子数据。该法案第 103 节第 a 款第 1 项规定："电子通信服务或远程计算服务提供者应遵照本章的规定保存、备份或披露在其占有、保管或控制之下的电子通信记录或者其他和用户或注册者相关的任何信息，而不论该通信、记录或其他信息是否位于美国境内。"❷ 与《布达佩斯公约》相比，《云法案》在跨境电子取证的规则设计上又有明显突破。其一，对于美国执法

---

❶ 梁坤：《基于数据主权的国家刑事取证管辖模式》，载《法学研究》2019 年第 2 期，第 189 页。

❷ Claryfying Lawful overseas use of data act, SEC. 103 (a) (1).

部门有权向哪些网络服务提供者直接调取电子证据的问题，美国司法部在《云法案立法目的与影响评估白皮书》中指出，美国执法机关的管辖权并非仅限于在美国注册的企业，或者总部位于美国的企业，也并非限制于美国人所有的企业，域外的网络服务提供者如果向美国本土提供服务，并被认为与美国具有"实质联系"（sufficient contacts），也将受到《云法案》的管辖。❶ "实质联系"的认定应建立在事实调查的基础上，将提供服务的性质、数量和质量等要素加以综合考虑。❷ 其二，在跨境调取数据的范围方面，《云法案》并未对可以调取数据的类型作任何限定，而是概括地规定美国执法部门凭借调查令可以要求通信服务提供者交出任何其所占有或控制的与犯罪相关的通信、记录或信息数据。美国司法部也指出，根据美国法官颁发的调查令，可以要求通信服务提供者披露包括通信的内容数据以及任何与用户或订阅者相关的记录和信息。❸ 考虑到跨境调取数据对于一国国家安全、一国国民隐私权的潜在侵犯可能性，《布达佩斯公约》"第二议定书"还将可以直接调取数据的范围限制在域名注册数据与用户注册信息两个方面，而《云法案》则明确地将其触角伸向了用户通信的内容这一最为敏感的数据类型。而且，《云法案》通过对"属人要素"的扩张性解释，明显扩大了美国"长臂管辖"的域外范围。正如有学者所言，数据存储于何地已不重要，更重要的是美国政府对控制数据的企业是否能够主张属人管辖权。❹ 这种通过国内立法强行推

---

❶ Promoting public safety, privacy, and the rule of law around the world: the purpose and impact of the CLOUD Act, White Paper, April 2019. p. 8.

❷ Ibid, White Paper, April 2019. p. 8.

❸ Ibid, White Paper, April 2019. p. 15.

❹ 陈丽：《跨境电子取证的中国应对》，载《国家检察官学院》2022 年第 5 期，第 30 页。

进单方域外取证的方式带有典型的美式霸权色彩，对其他国家的领土主权与司法管辖权构成了严重威胁。

3.《欧盟与刑事问题相关的电子证据调取和保全令条例》的规定

在美国国会于 2018 年初紧急通过《云法案》之后，欧盟也不甘示弱，于 2018 年 4 月 17 日提出了《欧盟与刑事问题相关的电子证据调取和保全令条例草案》（"Proposal for a Regulation of the European Parliament and of the Council on European Production and Preservation Orders for Electronic Evidence in Criminal Matters"，以下简称《欧盟电子证据条例》），明确其在跨境电子取证规则上的基本立场。该条例试图通过构建跨境电子证据调取令（production order）和保存令（preservation order）两项制度强化打击网络犯罪的力度。与《云法案》一样，其也采取"属人管辖"优先于"属地管辖"的思路，突破数据存储地所在国领土疆界的限制，授权欧盟各成员国的执法机关采取单方域外取证的方式，绕过主权国家而直接向有管辖权的网络服务提供者提出保存或调取与刑事案件相关电子证据的要求。该条例第 1 条即规定："一个欧盟成员国的有权机关可以要求在欧盟境内提供服务的网络服务提供者，提交或者保全电子证据，而不论电子数据位于何处。"❶ 目前，该条例已于 2023 年 1 月 25 日在欧盟理事会中通过，一旦生效其可能产生的"长臂管辖"效果将不亚于《云法案》。其一，受到该条例管辖的网络服务提供者也不限于在欧盟成立的企业或在欧盟境内拥有代表处的企业，其将管辖范围扩展到任何向欧盟境内提供服务

---

❶ Proposal for a regulation of the european parliament and of the council on European production and preservation orders for electronic evidence in criminal matters, art. 1.

的服务提供者。❶ 在该条例的立法建议中，欧盟委员会认为，"数据存储地"已经不再是一国行使管辖权的关键性连接要素（determining connecting factor），数据存储于何处通常是由服务提供者在商业基础上单独决定的，不能将之作为对数据行使控制权的当然理由。❷ 其二，该条例第4条更是明确规定，欧盟成员国的有权机关根据电子证据调取令可以要求服务提供者提供的数据不仅包括注册数据（subscriber data）和登录数据（access data），还可包括业务数据（transactional data）和内容数据（content data）。❸ 其三，为了促进欧盟电子证据调取令的及时执行，该条例第9条规定，网络服务提供者在接到调取令后10日内，应将所要求的数据直接传送给发出提交令的有权机关或指明的其他法律执行机构。在紧急情况下，网络服务提供者应在接到提交令后6个小时内将相关数据转交给请求方。❹《欧盟证据条例》延续了美国《云法案》中的规则设计，进一步巩固了电子取证的"跨境直接调取"模式，对包括中国、俄罗斯在内的坚持属地管辖优先的国家产生了明显的压力。

---

❶ Proposal for a regulation of the european parliament and of the council on European production and preservation orders for electronic evidence in criminal matters, p. 13.

❷ Proposal for a regulation of the european parliament and of the council on European production and preservation orders for electronic evidence in criminal matters, p. 13.

❸ Proposal for a regulation of the european parliament and of the council on European production and preservation orders for electronic evidence in criminal matters, art. 4. 根据该条例第2条的规定，所谓"业务数据"是指，提供网络服务过程中产生的数据，如信息的来源地和终点地、数据处理的设备地点、日期、时间、时长、大小、路径、格式等。而"内容数据"，包括任何电子形式存储的数据，如文本、声音、视频、图像等。

❹ Proposal for a regulation of the european parliament and of the council on European production and preservation orders for electronic evidence in criminal matters, art. 9.

（二）中俄坚守属地管辖优先的"国际刑事司法协助"模式

1. 俄罗斯的立场及《联合国打击网络犯罪公约草案》

俄罗斯一贯反对欧美在跨境电子取证问题上属人管辖优先的做法。早在 2000 年俄罗斯就曾因美国执法机关的单边域外取证行为与之发生外交冲突。在一起刑事案件中，美国联邦调查局使用技术手段获取犯罪嫌疑人的账户和密码，跨境远程登录位于俄罗斯境内的计算机系统并提取了涉案数据。这一举动遭到俄罗斯的强烈抗议，其以非法入侵计算机系统为由对涉事的联邦调查局调查员提起了刑事指控。❶ 在《布达佩斯公约》的制定过程中，俄罗斯也明确表示，其不愿加入该公约的原因之一即为，该公约允许他国政府在不经本国允许的条件下直接跨境获取位于另一国境内的数据，这样的规定明显侵犯一国领土主权，而且还给侵犯他国国民的人权和自由留下隐患。❷ 在西方国家极力推动其他国家加入《布达佩斯公约》之际，俄罗斯于 2017 年 10 月 11 日单方面向联合国大会提交了《联合国合作打击网络犯罪公约草案》（Draft United Nations Convention on Cooperation in Combating Cybercrime）。该草案明确强调领土主权原则，其第 3 条规定："该公约不应授权任何成员国在另一成员国的领土范围内行使管辖权。"❸ 包括中国、白俄罗斯、塔吉克斯坦等在内的发展中国家对该草案表示拥护。在 2019 年第 75 届联合国大会上，联合国大会表决通过了"有关

---

❶ See Russell G. Smith, Peter Grabosky & Gregor Urbas, Cyber Criminals on Trial, Cambridge University Press, 2004, p. 58.

❷ ［俄］罗加乔夫·伊利亚·伊戈列维奇：《网络犯罪国际立法需与时俱进》，载《人民日报》2018 年 1 月 12 日，第 23 版。

❸ Draft United Nations Convention on Cooperation in Combating Cybercrime, art. 3.

打击为犯罪目的使用信息和通信技术"的第74/247号决议，正式授权在联合国体制内成立法律起草小组，推进联合国名义下的网络犯罪公约的立法工作。2021年7月30日，俄罗斯又向联合国大会提交了《联合国打击为犯罪目的使用信息和通信技术的公约（草案）》（Draft United Nations Convention on Countering the Use of Informaiton and Communicaitons Technologies for Criminal Purposes），再次确认保护网络空间主权与禁止他国干涉的原则性立场，明确坚持应通过国际刑事司法协助程序获取位于他国领土内的电子数据。然而考虑到传统刑事司法协助程序确实存在冗长、低效的现实缺陷，该草案也通过设计更为便捷的刑事司法协助程序，促进境外电子证据的快捷获取。❶

2. 中国立场及近年来的国内立法

针对跨境电子取证规则，我国一向强调在维护国家网络空间主权、数据主权的基础上展开平等互惠的国际合作。❷外交部长王毅在2020年9月8日"抓住数字机遇、共谋合作发展"国际研讨会中提出反映中国立场的《全球数据安全倡议》。该倡议第5条明确指出：尊重他国主权、司法管辖权和对数据的管理权，不得直接向企业或个人调取位于他国的数据。同时该倡议第6条原则性地主张，应通过司法协助等渠道解决执法活动中跨境数据调取的需求。

在我国司法实践中，最高人民法院、最高人民检察院和公安

❶ 比如，该草案的第66条提出应当在公约成员国之间建立7×24小时的司法协助网络。更多具体的规则内容可参见王立梅：《论跨境电子证据司法协助简易程序的构建》，载《法学杂志》2020年第3期，第89—91页。

❷ 洪延青：《法律战漩涡中的执法跨境调取数据：以美国、欧盟和中国为例》，载《环球法律评论》2021年第1期，第49页。

部曾于 2016 年联合发布《关于办理刑事案件收集提取和审查判断电子数据若干问题的规定》（以下简称《规定》），该规定第 9 条规定："对于原始存储介质位于境外或者远程计算机信息系统上的电子数据，可以通过网络在线提取。为进一步查明有关情况，必要时，可以对远程计算机信息系统进行网络远程勘验。进行网络远程勘验，需要采取技术侦查措施的，应当依法经过严格的批准手续。"这一规定与前述欧美的主张具有相似性，也肯定了一国执法机关在一定条件下可以采取单方域外取证的方式获取境外存储的数据，这就与我国在外交场合下的基本立场产生冲突。❶ 2019 年公安部又单独出台了《公安机关办理刑事案件电子数据取证规则》（以下简称《规则》），将上述规定作了修改。该规则第 23 条即规定，公安机关只能对公开发布的电子数据或境内远程计算机信息系统上的电子数据进行网络在线提取。这就明确禁止了公安机关单方域外电子取证的权力，将我国执法机关的境外电子取证的实践行为调整到刑事司法协助的路径上来。

与此同时，为了抵制欧美单方面"跨境直接调取"境外数据的霸权行为，我国近年来还通过"阻断立法"（Blocking legislaiton）的方式消解其长臂管辖给我国领土与司法主权带来的消极影响。2018 年全国人大常委会出台了《中华人民共和国国际刑事司法协助法》，该法第四条第三款规定："非经中华人民共和国主管机关同意，外国机构、组织和个人不得在中华人民共和国境内进行本法规定的刑事诉讼活动，中华人民共和国境内的机构、组织和个人不得向外国提供证据材料和本法规定的协助。"2021 年全国人大常委会通过的《数据安全法》和《个人信息保护法》也都用专条规定，未

---

❶ 相同观点可参见梁坤：《跨境远程电子取证制度之重塑》，载《环球法律评论》2019 年第 2 期，第 132 页。

经我国主管机关的批准，任何境内组织、个人不得向外国司法或者执法机构提供存储于我国境内的数据以及个人信息。❶ 这两部法律将我国在跨境电子取证问题上的基本立场予以法律化，一定程度上能够对美国《云法案》以及欧盟的《电子证据条例》的域外管辖产生积极抵制的效果。❷ 此外，我国还通过确立数据"本地化存储"规则强化了我国执法机关获取电子证据的实际能力。❸

三、欧美与中俄对于跨境电子取证规则持有不同立场的原因探析

（一）欧美推行"跨境直接调取"模式的原因

美国和欧盟都积极主张"跨境直接调取"模式，虽然在动机方面二者存在具体差异，但是我们也可以发现双方在现实需要与国家利益方面的一些共同原因。其一，必须承认的是，传统刑事司法协助模式难以实现打击跨国网络犯罪活动的侦查与取证需求。一方面，电子证据具有无形性、脆弱性、易被篡改性等不同于传统物证、书证的特征，加剧了司法机关在证据保全与认定实践中的困难；另一方面，正如美国司法部在《云法案立法目的与影响评估白皮书》中所指出的，由于"云存储"技术的广泛运用，同一信息不仅可能被同时自动存储在若干国家的云存储服务器当中，而且这些数据还会在不同存储服务器之间实时自动地流转，这就

---

❶ 《数据安全法》第三十六条；《个人信息保护法》第四十一条。

❷ 但也不可否认，在不同国家法律冲突的背景下，跨国网络服务企业将面临"双向夹击"的艰难处境。

❸ 2016 年出台的《网络安全法》第三十七条规定，关键信息基础设施的运营者在中国境内运营中收集和产生的个人信息和重要数据应当在我国境内存储。因业务需要，确需向境外提供的，应当按照国家网信部门会同国务院有关部门制定的办法进行安全评估。

使传统意义上向某个国家提请刑事司法协助以获取相关犯罪信息的实践变得难以实施。❶ 即使能够向一个确定的国家提起刑事司法协助,刑事司法协助程序也往往过于复杂和冗长,难以为跨境电子取证提供一个有效的解决方案。例如,美国的司法实践表明,司法协助请求一般在 10 个月以上才能完成。❷ 这一"倒 U 形"司法协助程序对于及时、有效打击跨国网络犯罪而言,显然效能不足。❸

其二,美国不遗余力地推进电子数据"跨境直接调取"规则,显然与其雄厚的互联网技术与产业实力相关。有统计表明,美国亚马逊、微软、谷歌、IBM 四家互联网企业在全球云计算服务市场上的份额接近 70%,其中仅亚马逊一家就占到了 37%。❹ 根据《云法案》的规定,美国执法部门有权向美国企业以及在美国本土提供服务的企业直接强制性地调取电子数据。通过对全球性互联网巨头的管辖,美国政府具有掌控全球绝大部分数据的实际能力,实现全球数据向美国回流的目的。❺ 而对于欧盟而言,虽然其境内的互联网产业发展相对滞后,在欧盟注册成立的全球性网络企业

---

❶ Promoting public safety, privacy, and the rule of law around the world: the purpose and impact of the CLOUD Act, White Paper, April 2019, p. 9.

❷ 冯俊伟:《跨境电子取证制度的发展与反思》,载《法学杂志》2019 年第 6 期,第 29 页。

❸ 按照我国的国际刑事司法协助程序,所谓"倒 U 形"构造,是指我国基层公安机关首先提出司法协助请求,再由省级公安机关审核后报送公安部,公安部审核后根据与被请求国刑事司法协助条约的规定,与对方国家的主管机关联系,被请求国主管机关审核后交由其地方执法部门具体开展取证工作,相关证据取得后,经由原渠道返回给我国公安部门。

❹ See United Nations Conference on trade and development, "digital economy report 2019", available at: https://unctad.org/system/files/official – document/der2019_en.pdf.

❺ 何波:《中国参与数据跨境流动国际规则的挑战与因应》,载《行政法学研究》2022 年第 4 期,第 96 页。

较少，但由于欧盟与美国具有相同的政治意识形态，在隐私保护方面也遵循相似的标准，这就为欧盟直接调取存储于美国的电子数据提供了可能性。为了更为便利地获取互联网行业巨头存储于美国的数据，欧盟也需要推进数据的"跨境直接调取"模式。

其三，美国极力主张电子数据"跨境直接调取"模式，还与其在数据全球流动中的经济利益密切相关。在信息数据时代，数据自由流动是数字产业发展最为重要的引擎。学界一般认为，数据自由跨境流动不仅能够提升商业效率，而且还能为大数据产业、人工智能产业的发展提供条件，为促进科研创新、解决社会疑难问题提供智能化的解决方案。❶ 有研究指出，数据跨境流动在 2005 年到 2015 年使全球 GDP 增长了约 10%，2015 年数据流的附加值估计为 2.8 万亿美元，已超过货物贸易的贡献。❷ 对于美国而言，由于其在互联网技术、数字产业上具有全球领先的实力，促进数据在全球范围内自由流动最能实现其国家利益。在近年来美国主导签订的双边或多边协定中，其都坚持将"数据跨境自由流动"与"贸易自由"的议题捆绑在一起，通过主张彻底的数据跨境自由流动，支持其先进的数字技术企业发展全球市场。❸ 在美墨加协定（USMCA）、美韩自由贸易协定、美日自由贸易协定等贸易协定中，都采用专章形式规定数据在贸易区内的自由流动原则。❹ 在跨境电子取证的规则立场上，积极推行"跨境直接调取"模式，在

---

❶ 许可：《自由与安全：数据跨境流动的中国方案》，载《环球法律评论》2021 年第 1 期，第 29 页。

❷ 许可：《自由与安全：数据跨境流动的中国方案》，载《环球法律评论》2021 年第 1 期，第 29 页。

❸ 刘金瑞：《迈向数据跨境流动的全球规制》，载《行政法学研究》2022 年第 4 期，第 79 页。

❹ 薛亦飒：《多层次数据出境体系构建与数据流动自由的实现》，载《西北民族大学学报》（哲学社会科学版）2020 年第 6 期，第 66 页。

一定意义上与其在全球层面推广"数据自由流动"的战略遥相呼应，能够实现美国利益的最大化。欧盟也认可数据自由流动对于经济发展、社会创新的重要推动作用，但由于其在数字经济领域明显落后于美国，所以并不像美国那样过度强调"数据自由流动"原则，而是在同意该原则的基础上，更为强调对个人基本权利的保护。

（二）中俄坚守"刑事司法协助"模式的缘由

中俄在跨境电子取证问题上坚持"刑事司法协助"模式的内在动因可以归纳为以下几个方面。其一，中俄与欧美之间缺乏政治互信，"刑事司法协助"建立在尊重他国领土主权与司法主权的基础之上，能够最大限度地维护一国的国家安全。2013 年美国前中央情报局雇员斯诺登将美国政府实施对全球大规模监控的"棱镜计划"（PRISM）公之于众，美国情报部门通过在大型跨国网络公司的应用中设置后门的方式实施对全球公民的无差别大规模网络监听，包括微软、雅虎、谷歌、苹果、脸书等美国 9 大网络科技企业都牵涉其中，监控规模之大引起全球震惊。"棱镜门"事件不仅显示出美国具有在全球范围内收集与分析信息数据的强大实力，而且也反映出其在国际交往中为了本国安全而置他国国家安全、国民人权于不顾的自我利益取向的本质。正如俄罗斯在 2019 年 7 月发布的《打击为犯罪目的使用信息和通信技术专题报告》中所指出的，允许单边跨境调取电子证据，可能让少数国家不受控制地收集世界各地网络用户的个人数据，与国家主权原则、不干涉他国内政原则相冲突。❶ 在"棱镜门事件"之后，中俄等国明显更

---

❶ General Assembly of the United Nations, Countering the use of information and communicaitons technologies for criminal purposes, Report of the Secretary - General 30 July 2019, A/74/130, p. 59.

加重视维护本国的网络安全，将承认与尊重一国的网络空间主权作为国际合作的基本前提。

其二，一个更为直接的原因在于，美国《云法案》在授权本国执法部门直接跨境调取电子数据的同时，却严格控制存储于美国本土的数据流向境外。通过设置"适格政府"（qualifying government）条款，《云法案》确立了高标准的数据出境规则。根据《云法案》的规定，只有满足该法案规定条件的"适格政府"，才能通过与美国签订行政协议的方式实现对存储于美国境内数据的直接调取。然而，所谓的"适格政府"，不仅需要是《布达佩斯公约》的缔约国且其国内法的相关规定已经符合《布达佩斯公约》第1章与第2章的要求。而且，一个"适格政府"还需要符合美国认可的人权保护标准与数据自由流动原则，比如适格外国政府应当保护言论自由、结社自由与和平集会的自由；承诺促进和保护信息在全球范围内的自由流动等。❶ 这些严苛的条件几乎将中俄阻拦在"适格政府"的可能范围之外，即使中俄也授权国内执法机关直接跨境调取电子证据的权力，其也难以对等地获取存储于美国境内的数据。正如有学者所指出的，《云法案》不仅为了满足美国跨境电子取证的需要，而且还暗藏输出美国意识形态、美式全球数据治理理念的政治动机。为了反制美国《云法案》的不利影响，中俄等国也只有坚守"刑事司法协助"模式，并通过"数据本地化存储"制度的构建，将数据尽量控制在本国领土范围之内，为跨国网络犯罪案件中电子证据的调取争取主动权。

其三，对于中俄等新兴发展中国家而言，反对刑事案件中数据"跨境直接调取"规则也与数据产业的全球竞争密切相关。数

---

❶ See CLOUD Act, § 2523. Executive agreements on access to data by foreign governments.

据作为数据挖掘与分析的原料，被喻为信息工业时代的"石油"。❶一国能否掌握产生于本国的数据，能否吸引更多的域外数据存储在本国境内，对于一国数字产业的发展至关重要。毋庸置疑的是，全球范围内数据的自由流动必然有利于美国网络企业攫取更大的全球市场份额。作为互联网技术、数据产业的后发国家，倘若放任数据不受限制地流向境外，必然减少本国企业开发利用数据资源的机会，降低本国数字经济的竞争力。❷尽管在某些西方学者看来，中俄的做法具有"重商主义"的倾向，与自由贸易的原则不符。但是正如在传统货物贸易中也没有绝对自由一样，一国在本国主权范围内维护本国数字产业发展机会的行为具有正当性。考虑到美国在半导体、金融等多个领域压制中国发展的现实背景，中俄等国也有将对数据的管理权牢固控制在本国手中的必要性。❸

四、跨境电子取证国际立法进程中基本价值观念的协调

经上文分析可知，欧美与中俄在跨境电子取证的问题上表现出尖锐的规则对立。欧美主张"跨境直接调取"模式，在对数据不作任何分类的基础上，试图将任何类型的数据等纳入单方跨境调取的范围之中。中俄的主张又过度坚守"国际刑事司法协助"模式，不允许任何未经主权国家同意基础上的数据跨境调取。两种不同模式在实质上反映了欧美与中俄在"数据安全"与"数据自由"两种价值观念的关系问题上存在不一致的见解。笔者认为，

---

❶ 孟小峰、慈祥：《大数据管理：概念、技术与挑战》，载《计算机研究与发展》2013 年第 1 期。

❷ 何波：《中国参与数据跨境流动国际规则的挑战与因应》，载《行政法学研究》2022 年第 4 期，第 97 页。

❸ 陈文玲：《美国在几个重要经济领域对华遏制的新动向》，载《人民论坛·学术前沿》2023 年第 5 期，第 81 页。

在推进跨境电子取证国际立法的进程中首先应当对不同的价值观念进行协调。

（一）应当坚持承认与尊重"数据主权"原则

国际法中的"领土主权原则"认为，一个主权国家对于其领土上的任何人、物或事都具有属地管辖权，未经主权国家同意，任何国家不得在他国领土上行使权力。❶ 欧美推行的数据"跨境直接调取"规则，实际上是对国际法中的领土主权原则适用于网络空间的否定。而我国主张的"数据主权"原则却认为，传统的领土主权原则可以适用于网络空间，一国对其领土内存储的任何数据都具有优先的属地管辖权，有权自主决定对境内数据的利用、存储与国际合作的具体方式。❷ 欲建立公正合理的跨境电子取证国际规则，必须对部分西方国家提出的"数据主权否定论"加以彻底反驳。

第一，"数据主权"源于"网络主权"，一国对网络空间具有主权已经在实践中得到了国际社会的广泛认同，逻辑上就应肯定"数据主权"原则。❸ 众所周知，在互联网发展的早期阶段，"网络空间自由论"曾经甚嚣尘上。被称为"网络空间杰斐逊"的约翰·巴洛（John P. Barlow）在 1996 年瑞士达沃斯论坛上曾经发布《网络空间独立宣言》（A declaration of independence of cyberspace），大声疾呼网络空间不受政府统治，在网络空间中没有国家主权存在

---

❶ See the Case of the S. S "Lotus" (France v. Turkey), Series A – No. 10 A. W. Sijthoff's Publishing Company, Leyden 5, 18 (PCIJ. 1927).

❷ 齐爱民、盘佳：《数据权、数据主权的确立与大数据保护的基本原则》，载《苏州大学学报（哲学社会科学版）》2015 年第 1 期，第 67 页。

❸ 郭烁：《云存储的数据主权维护——以阻断法案规制"长臂管辖"为例》，载《中国法律评论》2022 年第 6 期，第 73 页。

的余地。● 这种否定网络空间主权的思想是一种极端自由主义思想的反映。甚至美国国防部也曾公开声明，网络空间是一个类似外层空间和公海的"全球公域"（global commons）。● 但是当互联网在 20 世纪 90 年代进入商业化应用之后，违法犯罪活动也几乎同时迅速网络化，给国家安全、国民人身与财产安全带来了严重威胁，即使美国这样曾大肆宣扬网络空间自由的国家也制定了大量网络监管立法，以实际行动放弃了网络空间无主权论的立场。由西方国家国际法学者主导编纂的《塔林手册》（Tallinn Manual）也明确肯定了尊重一国网络空间主权的原则。● 一般认为，网络空间由硬件层、协议层和内容层三个层面组成，数据属于网络空间内容层的核心组成部分。● 既然承认一国对网络空间拥有主权，逻辑上就不能否认"数据主权"的概念。

第二，数据虽然具有"无形性""流动性"和"可复制性"等特征，但其并不构成否认"数据主权"概念的当然理由。有些西方学者认为，"无形性"和天然的"跨国移动性"决定了主权国家不能对数据进行有效管辖，而"可复制性"决定了数据不能为一国所独占，因此以国家领土疆界为标准的传统主权原则难以适用于数据。● 这种观点显然并不正确。正如张晓君教授所言，数据

● ［美］约翰·巴洛：《网络独立宣言》，李旭、李小武译，高鸿钧校，载《清华法治论衡（第 4 辑）》，清华大学出版社 2004 年版，第 511 页。

● 黄志雄：《互联网监管的"道路之争"及其规则意蕴》，载《法学评论》2019 年第 5 期，第 134 页。

● Michael N. Schmitt ed. Tallinn Manual on the International Law Applicable to Cyber Warfare, Cambridge University Press 2013，p. 16.

● 冉从敬、刘妍：《数据主权的理论谱系》，载《武汉大学学报（哲学社会科学版）》2022 年第 6 期，第 24 页。

● See Andrew K. Woods, Against Data Exceptionalism, 68 standford law review 729, p. 756.

虽然具有无形性，但数据具有一定的物理属性，网络数据的存储设施必然放置在某个国家的领土之内，这就决定了国家主权原则能够适用于一国领土范围内存储的任何数据。❶ 在云存储时代，虽然数据还可能在同一时间在多个地点被自动存储和复制，但这并不能改变数据归属以及司法管辖权判断的实质标准。❷ 数据的"可复制性"也只是强调其在经济价值方面不具有一般财产的排他性，但不能忽视的是，除了负载经济利益，数据还负载国家的安全利益、国民的隐私利益等多种法益。那么，数据的"可复制性"就不会当然构成一国放弃对其管控的主权权力。还有观点认为，"数据具有天然的流动性，当不同国家和地区的人们发送电子邮件、跨国交流时不可避免地发生数据跨境传输，数据被切割为一个个的数据包，通过 TCP/IP 协议而实现非歧视性的传输。如果对数据流动施加过多限制，甚至施加类似传统商品的管制措施，正常的国际交流都将面临障碍"❸。该观点指出了信息网络时代数据自由流动对跨国通信与商业交易的重要性，但其并没有反对国家主权原则在数据流动领域的适用，而只是反对那些过度和不适当的国家管制。

（二）应当明确"数据安全"优先于"数据自由"的原则

美国在近年来的自由贸易谈判中极力强调"数据自由"原则，推广"以自由为原则，安全为例外"的条款设计，在跨境电子证

---

❶ 张晓君：《数据主权规则建设的模式与借鉴——兼论中国数据主权的规则构建》，载《现代法学》2020 年第 6 期，第 137—138 页。

❷ See Andrew K. Woods, Against Data Exceptionalism, 68 Standford Law Review 729, pp. 756 – 760.

❸ See Jennifer Daskal, The Un – Territoriality of Data, 125 Yale Law Journal 326, p. 367.

据调取的问题上，更是否认他国的数据主权，强制推行直接跨境调取的单方取证规则，明确地将"数据自由"原则凌驾于"数据安全"原则之上。有国内学者认为，我国于 2021 年通过的《数据安全法》在事实上确立了"数据自由"与"数据安全"相互平行的双原则。❶ 但笔者认为，在推进数据治理国际立法的进程中，必须明确坚持"数据安全"优先的原则，在保障"数据安全"的基础上促进数据的有序、高效跨境流动。

首先，"数据安全"关系到一国的国家安全，在国家安全得不到保障的前提下强调数据自由流动的经济与社会价值，无异于不切实际的侈谈妄言。在大数据时代，"数据安全"的内涵已经不再局限于数据的"完整性""保密性"和"可用性"等"静态安全"，还包括数据在流动与汇聚过程中可能对一国的国家、社会以及个人安全构成严重威胁。❷ 通过大数据技术对积累起来的数据进行搜索、比对、关联分析，可能挖掘出在通常条件下无法获得的安全情报与涉密信息。例如，健身应用 Strava 曾于 2018 年 1 月发布了基于 2 700 万用户运动数据的"全球热力地图"，据此分析出美军在阿富汗军事基地的准确位置。❸ 在"剑桥分析事件"中，剑桥分析公司不当获取了 8 700 万脸书（Facebook）用户数据并被指控通过舆论操纵美国 2016 年的总统大选。❹ 另外，对于刑事案件

---

❶ 许可：《自由与安全：数据跨境流动的中国方案》，载《环球法律评论》2021 年第 1 期，第 27 页。

❷ 齐爱民、盘佳：《数据权、数据主权的确立与大数据保护的基本原则》，载《苏州大学学报》（哲学社会科学版）2015 年第 1 期，第 68 页。

❸ 刘金瑞：《数据安全范式革新及其立法展开》，载《环球法律评论》2021 年第 1 期，第 9 页。

❹ 澎湃新闻：《8700 万用户数据外泄丑闻曝光一年半后，脸书终于认罚了》，https://www.thepaper.cn/newsDetail_forward_4827468，访问日期：2023 年 4 月 17 日。

中的跨境数据流动而言，诸如恐怖主义案件、危害国家安全的案件，即使相关数据的规模不大，由于其本身承载信息内容的敏感性，对于一国的国家安全也具有重要意义。虽然笔者也认为，促进数据的全球自由流动具有重要的经济与社会价值，但是正如何志鹏教授所言。"现代国际社会的全球化程度还没有从根本上动摇主权国家在国际社会的利益结构、权威结构、秩序结构中的主导和核心地位"。● 在威斯特伐利亚式的国际社会中，主权国家将国家安全作为国际合作的先决条件具有理所当然的正义性。在国家安全尚且得不到有效保障的前提下，奢谈数据自由流动的积极价值是不切实际的。

其次，美国在各个领域提出"数据自由"原则优先的主张具有明显的伪善性。与美国曾经提出"网络空间全球公域论"的观点一样，其极力主张"数据自由"原则也同样植根于其本国利益，而非单纯为了促进国际社会公共利益的实现。美国是互联网的诞生地，在技术、产业、规则话语权等各个方面都占据着明显的优势地位。通过推行数据跨境自由流动原则，美国能够为其互联网跨国企业争取最为宽松的监管环境，进而保持其在全球数字市场和网络空间的主导地位。● 然而吊诡的是，当中国互联网企业逐渐成长起来之后，美国又开始利用各种机制限制中国企业的发展，不愿分享其所掌握的数据，与其主张的数据自由原则相悖。例如，在外资安全审查领域，美国政府从特朗普当选时任总统开始系统性地对中国互联网企业提出具有限制、排除效果的安全审查政策，

● 何志鹏：《超越国家间政治——主权人权关系的国际法治维度》，载《法律科学》2008 年第 6 期，第 22 页。
● 刘金瑞：《迈向数据跨境流动的全球规制》，载《行政法学研究》2022 年第 4 期，第 79 页。

防止中国政府通过在美国经营的中国企业访问或掌握美国人的数据。❶ 以国家安全受到威胁为理由，TikTok 最近也被禁止在美国的政府网络系统中使用。❷ 事实上，美国已经建立了非常完善的国内数据安全出境审查制度。正如有学者所言，美国所谓的数据自由指的是数据流向美国的自由，而非从美国流出的自由。❸

最后，"数据安全"优先于"数据自由"的原则在国际社会中已具有广泛共识。❹ 虽然各国对"数据安全"内涵的理解存在差异，但事实上除美国之外的绝大多数国家都同意在国际立法中将"数据安全"作为优先价值。欧盟虽然也赞同数据自由流动的原则，但在数据自由与人权保护发生冲突的时候仍然将充分保护个人数据安全与隐私作为数据流动的前提。❺ 欧盟于 2018 年出台的《欧盟一般数据保护条例》（GDPR），以严格的标准强化个人信息出境的安全管制，被国际社会视为隐私保护的典范之作。加拿大为了保护其公民的个人数据安全，要求所有涉及个人数据的外包业务均应在加拿大境内完成，同时加拿大政府必须选择国内的云服务商处理涉及本国公民的个人数据。❻ 澳大利亚在 2012 年《澳大

---

❶ 洪延青：《数据跨境流动的规则碎片化及中国应对》，载《行政法学研究》2022年第 4 期，第 63 页。

❷ 冯硕：《TikTok 被禁中的数据博弈与法律回应》，载《东方法学》2021 年第 1 期，第 77 页。

❸ 魏宁：《美国数据出境管理体制及中国因应》，载《国际经济法学刊》2022 年第 4 期，第 25 页。

❹ 丁晓东：《数据跨境流动的法理反思与制度重构》，载《行政法学研究》2023 年第 1 期，第 62 页。

❺ 邓崧：《基于数据主权的数据跨境管理比较研究》，载《情报杂志》2021 年第 6 期，第 119 页。

❻ Kristina Irion，"Government Cloud Computing and National Data Sovereignty"，4 Policy & Internet 40，Vol. 4，p，59。

利亚健康记录法》中，明确禁止将个人的健康信息转移至境外。❶
而我国和俄罗斯等国也看重数据自由流动对国家安全的威胁。无
论如何，当"数据安全"与"数据自由"相冲突时，将前者置于
更为优先的价值位阶之上符合绝大多数国家的利益期待。在与数
据相关的国际立法中，将保障"数据安全"基础上数据的高效流
动作为一项基本原则，具有国际社会的"重叠共识"，能够得到国
际社会的普遍认可。

（三）在"数据分类分级"的基础上促进"数据自由"
价值的实现

虽然笔者主张跨境电子取证国际立法应当坚持安全优先的原
则，但不容否认的是，传统"国际刑事司法协助"程序过于复杂
和冗长，难以满足打击跨国网络犯罪过程中及时获取域外电子证
据的现实需求。为了在"数据安全"基础上促进"数据自由"价
值的实现，一条有效的路径是着手构建"数据分类分级"制度，
"避免平均用力而舍重取轻"。❷ 同时在"数据分类分级"制度基
础上提升跨境电子取证的效率，也能够缓解不同国家法律冲突给
跨国网络服务提供者带来的合规压力。❸

然而问题还在于，基于商业贸易、刑事案件侦查等不同目的
的跨境数据流动在"数据分类分级"制度的设计上可能存在不同
的要求，那么为了实现跨境电子取证的目的，如何设计数据的分
类分级方案呢？对此问题，我国学界尚存在不同观点。有学者认

---

❶ 彭錞：《论国家机关处理的个人信息跨境流动制度》，载《华东政法大学学报》
2022 年第 1 期，第 34 页。
❷ 郑曦：《刑事数据出境规则研究》，载《法律科学》2022 年第 2 期，第 142 页。
❸ 梁坤：《长臂执法背景下的数据出境管制》，载《国家检察官学院学报》2022 年
第 5 期，第 43 页。

为，可以直接按照我国《数据安全法》对数据的分类分级方法划分需要出境的刑事数据，无须另行设计新的分类分级方案。据此，即应根据数据的属性划分为不同行业、不同领域中的数据，并根据数据的重要程度将之划分为核心数据❶、重要数据❷和一般数据。核心数据与重要数据都与国家安全以及社会公共利益具有紧密关联，除此之外的数据都被划为一般数据。我国实践部门已经在金融征信、地图测绘、科学研究、医疗健康、生物识别等多个领域中对核心数据、重要数据作出了具体认定。但是不考虑跨境电子取证的自身特点，而完全适用一般性的数据出境分类分级与出境评估制度，是否能够契合实践的需要还存在疑问。其一，《数据安全法》在数据分类方面，主要依赖各个行业、各个部门对本领域中产生的数据进行分类，并没有专门考虑出于跨境电子取证需要的数据分类。其二，《数据安全法》对数据的分级着重考量的是数据出境与国家安全、公共利益之间的关系，而几乎没有考虑数据对于个人隐私权、信息权的影响。然而在跨境电子取证的司法实践中，外国司法或执法机关在大部分情况下调取的都是个人信息数据。

还有学者指出，从理论上来讲可以根据数据所处的诉讼阶段将刑事数据分成侦查数据、检察数据和审判数据，该分类有利于探究不同阶段中数据在秘密性以及封闭性方面的差异。还可以根据数据取得的方式将之分为秘密取得的数据、通过公开途径取得的数据和经同意取得的数据，不同方式取得的数据在传输、共享、

---

❶ 根据《数据安全法》第二十一条的规定，核心数据是指关系国家安全、国民经济命脉、重要民生、重大公共利益的数据。

❷ 根据国家互联网信息办公室 2022 年出台的《数据出境安全评估办法》第十八条的规定，重要数据是指一旦遭到篡改、破坏、泄露或者非法获取、非法利用等，可能危害国家安全、经济运行、社会稳定、公共健康和安全等的数据。

公开等方面有不同的限制。❶ 但笔者认为，这两种分类也不妥当。两者都未根据数据承载的法益内容进行分类分级，这就不能在制度设计时充分考虑国家安全、个人隐私权保障以及经济利益等不同面向的价值关切，进而也就不能在此基础上协调欧美与中俄之间的不同立场。因此，我们认为应当坚持数据承载法益的不同类型，将其区分为个人数据与非个人数据，前者关涉个人隐私法益，后者关涉国家安全等公共法益。在此基础上，还应根据承载法益的密集程度对个人数据与非个人数据作进一步的分级，将个人数据区分为敏感个人数据与非敏感个人数据，将非个人数据分为核心数据、重要数据与一般数据。参考我国《个人信息保护法》的规定，"敏感个人信息"是指一旦泄露或者非法使用，容易导致自然人的人格尊严受到侵害或者人身、财产安全受到危害的个人信息。包括生物识别、宗教信仰、特定身份、医疗健康、金融账户、行踪轨迹等信息，以及不满 14 周岁未成年人的个人信息。❷ 但在《欧盟电子证据条例》中，数据被区分为用户注册数据（subscriber data）、登录数据（access data）、业务数据（transactional data）以及内容数据（content data）。❸ 笔者认为，能够达成共识的是，通信内容数据属于敏感个人数据，而登录数据与业务数据属于非敏感个人数据。但是并非任何用户注册数据都可被定性为非敏感个人数据，如果用户注册信息中包含了生物识别、宗教信仰等信息，也应被认定为敏感个人数据。在对数据按照上述标准分类分级之后，即可设计更为精细的跨境电子取证制度，通过平等互惠的双

---

❶ 郑曦：《刑事数据出境规则研究》，载《法律科学》2022 年第 2 期，第142 页。

❷ 《个人信息保护法》第 28 条。

❸ 欧盟《电子证据提交令和保存令条例（草案）》的分类方式。Proposal for a regulation of the european parliament and of the council on European production and preservation orders for electronic evidence in criminal matters，art. 2.

边或多边谈判逐渐扩大可直接跨境调取的数据范围。

五、不同场景下跨境电子取证规则的类型化构建

除了对数据进行分类分级之外，若要促进跨境电子取证国际立法的进展，还需结合司法实践中跨境电子取证的不同场景对具体规则的构建作出更为详细的探讨。从目前的实践状况来看，本书认为可以根据跨境电子取证对东道国主权权利侵犯程度的差异，对具体场景采取三分法来展开类型化规则构建的讨论，即数据处于公开状态下的跨境取证、数据处于非公开状态下的跨境取证以及数据位置不明确时的跨境取证。

（一）"公开数据"的跨境取证

"公开数据"，一般是指从微博、公共论坛、贴吧、评论区等公开网页中可以获得的信息数据。在我国公安部门的执法实践中，侦查人员通常通过直接登录境外的公开网页，并通过截图、录像、拍照等方式获取这些网页中的数据。❶ 在推进国际立法的进程中，对于"公开数据"的跨境取证规则，各国之间可能并不会出现太大争议。早在 2001 年的《布达佩斯公约》中，就已存在这种情形下的规则。该公约第 32 条第 a 项规定："缔约方可以不经另一缔约方的授权进入可公开访问的（public available）已存储计算机数据，无论这些数据的地理位置在何处。"❷ 我国公安部于 2019 年出台的《规则》第 23 条也规定，对公开发布的电子数据可以通过网络在线提取。我国有学者认为，这种取证方式无须采用特殊的侦查措施，不会构成对其他国家安全的威胁，也不会对境外个人的隐私

---

❶ 叶媛博：《我国跨境电子取证制度的现实考察与完善路径》，载《河北法学》2019 年第 11 期，第 110 页。

❷ Convention on cybercrime, Article 32.

造成威胁，即使存在境外取证的司法行为，也不会明显违反国际法。❶ 但笔者认为，在法律上完全可以将这种情形视为"域内取证"，而非"域外取证"，虽然存在一国司法人员登录境外网站的行为，但其在境内完成截图、录像等取证行为。为了减少国家之间发生冲突的概率，应当在国际立法中明确这种取证方式属于"域内取证"。

然而，对于需要犯罪嫌疑人的账号密码才能登录的"暗网"（dark net）❷ 中的数据是否属于"公开数据"，则尚存很大争议。2014 年网络犯罪公约委员会发布的《跨境电子数据取证指引注释》将该约第 32 条中的"公开数据"解释为"公众可获得的公开数据"，该解释将"公众可获得性"作为公开数据的本质特征。然而在恐怖主义犯罪、毒品犯罪等严重罪行不断向"暗网"潜行的现实背景下，是否仍应固守"公众可获得性"作为判断"公开数据"的标准就成为问题。在《网络行动国际法塔林手册 2.0 版》中，专家们虽然肯定一国不得在未经国际法授权或外国政府同意的条件下行使域外执行管辖权，但却认为只要数据在有关国家可以获取，就可以认为一国司法机关仍然行使的是"域内管辖权"。❸ 例如，如果一国执法机关能够利用虚假身份，获得一个服务器在境外、但可被本国的一名或多名用户访问的封闭在线论坛的登录凭证，在专家们看来，从本国境内进入论坛时，该国行使的就是域

---

❶ 叶媛博：《我国跨境电子取证制度的现实考察与完善路径》，载《河北法学》2019 年第 11 期，第 118 页。

❷ "暗网"是指以互联网为基础，使用匿名通信技术搭建的，需要使用特殊的软件和特殊方式才能访问的加密网络系统。暗网通常使用多级代理机制对用户隐私进行保护，对传输的数据进行层层加密，由各个中继节点依次进行解密。

❸ 迈克尔·施密特主编：《网络行动国际法塔林手册 2.0 版》，黄志雄等译，社会科学文献出版社 2017 年版，第 107 页。

内执行管辖权。❶ 笔者认为，可以将此类暗网、封闭在线论坛等不能公开获取的数据视为"准公开数据"（quasi public available data），并类推适用对于"公开数据"的跨境直接提取规则。其一，虽然进入暗网等封闭性网站有一定的难度，但对于拥有一定计算机技术的人来讲，获取暗网中的信息数据与在公开网页中获取信息数据几乎没有差别。其二，虽然获取犯罪嫌疑人在暗网等封闭性网站中的数据需要登录凭证，但只要这些封闭性网站、论坛没有得到一国国内法基于国家安全理由的特别保护，他国执法人员直接提取其中的数据通常就不会侵害他国的国家利益。主权是与利益密切关联的概念，没有利益损害在规范上就不能被认为会导致对他国主权的侵犯。其三，暗网中数据的隐私利益稀薄，即使暗网用户存在对隐私权保护的期待，但由于其未适用国内法保护的信息通信工具进行交流，而且这些网站通常用于违法犯罪活动，因此这些网站中的隐私利益达不到值得法律保护的程度。既然此类数据与国家安全、公民个人隐私权的保护几乎无关，那么将之解释为"公开数据"也就不会造成国家之间的冲突。❷

（二）"非公开数据"的跨境取证

"非公开数据"，一般是指通过浏览公开网页、数据库等公开途径无法获取的数据。按照上文所述，"准公开数据"虽然也不易为普通公众所获取，但其不应被认定为"非公开数据"。在司法实践中，"非公开数据"对于刑事案件的侦破往往起着关键性的作用。但由于这些数据不能通过公开网页提取，也不能通过获取犯

---

❶ 迈克尔·施密特主编：《网络行动国际法塔林手册 2.0 版》，黄志雄等译，社会科学文献出版社 2017 年版，第 107—108 页。

❷ 梁坤：《基于数据主权的国家刑事取证管辖模式》，载《法学研究》2019 年第 2 期，第 204 页。

罪嫌疑人的登录凭证获取，因此，在实践中一国司法机关只能通过技术侦查手段突破他国网络技术的封锁强行获取，或者通过向控制数据的网络服务提供者发出司法令状的方式依法调取。

1. 通过技术侦查手段获取境外"非公开数据"

在我国司法实践中，通过"技术侦查"手段获取电子证据的方式通常被称为"公安黑客"。虽然 2016 年最高人民法院、最高人民检察院和公安部联合发布的《规定》肯定了公安机关可以采取技术侦查措施对境外数据进行网络远程勘验的权力，但 2019 年公安部出台的《规则》明确禁止了这种做法。为了打击跨国网络犯罪，我国公安部门在实践中可能仍然存在利用技术手段获取境外电子证据的情况，❶ 其他国家的司法机关可能也存在通过该手段强行获取存储于他国境内电子数据的行为，但这种方式不可能在取得国际法上的正当性。只要承认领土主权原则适用于网络空间，一国执法机关未经他国政府同意采取秘密手段侵入他国境内网络系统的行为就严重侵犯了他国的领土主权。有人可能认为，在事关人命的紧急情况下，一国执法机关可以在不通知他国政府的情况下，直接侵入境外计算机系统获取当中存储的与犯罪相关的信息数据。笔者也认为，在这种紧急情况下，为了保护生命突破主权领土的限制迅速展开案件侦查具有理论上的正当性。但也应考虑技术侦查措施本身具有强烈的侵犯性，不仅严重侵犯一国的领土主权与司法主权，而且这种强制性措施本身暗含对公民权利的严重侵犯的可能性。虽然在目前国际政治互信程度不高的背景下，若要建立一项普遍性的紧急情况下的跨境直接获取非公开数据的

---

❶ 谢登科：《电子数据网络在线提取规则反思与重构》，载《东方法学》2020 年第 3 期，第 96 页。

规则还有相当大的困难，但若条件允许，建立这种制度对于打击跨国网络犯罪而言十分必要。

2. 向网络服务提供者直接调取境外"非公开数据"

经上文分析可知，中俄与欧美在跨境取证国际立法中争议的焦点即为，一国司法机关是否可以直接向网络服务提供者调取存储于境外的电子数据。2017 年开放签署的《布达佩斯公约》"第二议定书"规定，缔约国执法机关在刑事案件的调查和起诉过程中可以向网络服务提供者直接调取存储于境外的域名信息（domain name registration information）和用户注册信息（subscriber information）。❶ 欧美对该公约仍不满意，又分别在《云法案》和《欧盟电子证据条例》中将司法机关可以直接调取数据的范围扩展到任何类型的与案件相关的信息。中俄则坚决反对未经数据存储国同意的单方跨境取证行为，坚持主张应通过"国际刑事司法协助"途径获取境外数据。由于本书认为在规范评价上，可将"公开数据"的跨境取证视为"域内取证"，那么各方争议的重点就落在"非公开数据"的跨境直接调取规则之上。

正如上文所述，欧美在不对数据进行分类的基础上，构建单方域外电子取证的国内法制度，显然是对他国数据安全关切的漠视。这种类型的电子证据"跨境直接调取"模式不可能得到绝大多数国家的同意，从而难以成为一项国际规则。而中俄坚持的"刑事司法协助"模式，又因难以适应打击跨国网络犯罪的实际需要，也有可能不被国际社会广泛接受。因此，本书提出应当在"数据分类分级"制度的基础上，协调"数据安全"与"数据自

---

❶ Second additional protocol to the covention on cybercrime on enhanced cooperation and disclocure of electronic evidence, starasbourg, 12. V. 2022, article. 6 and article 7.

由"两种价值，并据此展开具体规则的设计。

第一，如果"非公开数据"属于个人信息数据，那么应当首先判断其属于敏感个人数据还是非敏感个人数据。敏感个人数据直接关系到个人的隐私以及人身、财产安全，因此应当受到更为严格的出境管制。按照我国互联网信息办公室 2022 年出台的《数据出境安全评估办法》的规定，自上年 1 月 1 日起累计向境外提供 10 万人个人信息或者 1 万人敏感个人信息的数据处理者向境外提供个人信息，应当通过所在地省级网信部门向国家网信部门申报数据出境安全评估。❶ 该条以个人信息的数量为标准，1 万人以下的敏感个人信息的出境并不需要经过安全评估程序。但是按照我国《个人信息保护法》的规定，个人信息处理者因业务等需要，确需向境外提供个人信息的，还需要满足以下几个条件：其一，还应当按照网信办的规定经专业机构进行个人信息保护认证；其二，按照网信办制定的标准合同与境外接收方订立合同，约定双方的权利和义务；其三，应当向个人告知并取得其单独同意。❷ 但是这两部国内法确立的个人信息跨境提供和出境评估制度主要考虑的是商业实践的需要，而没有对刑事案件中跨境电子取证的特点加以具体考量。笔者认为，对于网络服务提供者掌握的与刑事案件相关的敏感个人数据，原则上应当通过"刑事司法协助"的途径获取。与商业流通中的个人敏感数据稍有差异的是，刑事案件中的个人敏感数据的泄露与滥用不仅有侵害个人权益的可能，而且在与国家安全相关的刑事案件中，这些个人敏感数据还会涉及国家利益的维护。当然，各国也应建立更为高效的刑事司法协助程序，在一国主管部门审查后尽快作出是否能够向境外提供的

---

❶ 《数据出境安全评估办法》第 4 条。
❷ 《个人信息保护法》第 38 条、第 39 条。

决定。而对于非敏感的个人数据，原则上可以参照我国的立法模式，根据个人信息的数量标准，在一定数量之下的非敏感个人数据可以直接提供给外国司法机关。

第二，如果"非公开数据"不属于个人信息数据，则应根据核心数据、重要数据与一般数据的分级具体考虑跨境调取规则的建立。核心数据直接关系到国家安全、国民经济的命脉，因此原则上不能向境外提供。❶ 重要数据虽然也与国家安全、经济运行、社会稳定等重大公共利益相关，但经过出境安全评估，确认不会对一国国家利益造成损害后也可向境外提供。但笔者认为，作为一项国际规则，这类数据也不宜直接由网络服务提供者提供给另一国的司法机关，而应在"刑事司法协助"的框架下对境外提供。因为这类数据通常在刑事案件的侦破过程中并不属于需要紧急提供的证据，国际刑事司法协助程序的冗长期限并不会构成打击跨国犯罪的关键障碍。对于核心数据与重要数据以外的一般数据，原则上则可以在平等互惠的基础上提供给另一国家的司法机关。当然，在推进跨国电子取证国际立法进程中，还应注意协调各国不同立场的方式方法，可以首先设定一个不允许任何国家提出保留的最低标准，并建立定期审议机制，逐渐扩大可直接调取的数据范围。

（三）"数据位置不明"时的跨境取证

在跨国电子取证的司法实践中，还可能出现"数据位置不明"的情况。例如，犯罪分子在"暗网"中进行犯罪活动，在执法机关启动侦查活动时，往往难以确定所要追踪的信息数据具体存储于何处。此外，由于"云存储"技术的广泛应用，犯罪分子在使

---

❶ 相同的观点参见郑曦：《刑事数据出境规则研究》，载《法律科学》2022 年第 2 期，第 142 页。

用网络服务过程中产生的电子数据可能被同时存储在多个国家境内，侦查机关通常也不确定所要获取的数据是否处于本国境内。在此类情形下，一国执法机关能否按照其国内法采取监听、拦截等技术手段正常展开执法活动呢？对此问题，也有形成明确国际规则的必要。

本书认为，当出现"数据位置不明"情形时，一国执法机关可以按照其国内法的规定正常展开侦查活动。其一，在"暗网"犯罪中，犯罪分子利用 Tor 加密技术将其 IP 地址层层隐藏，倘若不允许一国执法机关实施包括网络监听在内的侦查活动，无异于放弃对此类犯罪的刑事打击。其二，在"数据位置不明"的前提下展开执法活动，也只是在理论上具有侵犯他国领土与司法主权的潜在可能性，而并不代表一国执法机关的侦查行为必然造成对他国主权的侵犯。其三，即使一国执法机关的网络监听行为已经进入另一国境内的计算机网络系统，但实施监听行为的执法机关在启动侦查行为时并不知道正在追踪的犯罪行为处于哪个国家境内，因此在主观上不具有侵犯他国主权的恶意。根据由《联合国宪章》所确立的"善意原则"，❶ 这种行为也应当为数据存储地国所容忍而不认为是违反国际法的行为。美国与欧盟在其域内立法中已经明确规定了这方面的行为规则。比如，美国为了应对"暗网"犯罪，已于 2016 年修改了《美国联邦刑事程序规则》，允许数据位置不确定的情况下，执法机关的侦查取证活动按照国内法的规定正常展开。❷ 欧盟于 2014 年出台的《欧洲调查令指令》（European

---

❶ 王佩琼：《善意原则与联合国宪章诠释》，载《新闻出版交流》1999 年第 5 期，第 20 页。

❷ 梁坤：《基于数据主权的国家刑事取证管辖模式》，载《法学研究》2019 年第 2 期，192 页。

Investigation Order in criminal matters）第 31 条也规定，若实施通信窃听（communicaiton interception）的成员国在授权实施监听行为时不清楚调查目标的地理位置，则应在意识到窃听行为发生在另一成员国境内后立即通知该国。收到通知的一方应在收到通知后的 96 小时内毫无迟延地提出异议。若无异议，该监听或拦截可继续进行。❶ 笔者认为，相比于美国的规定，欧盟的规则更为尊重国家的领土与司法主权，可以作为构建国际规则的参考。

六、结论

跨国网络犯罪在近年来日益猖獗，而且随着网络技术的发展网络犯罪呈现出向"暗网"等封闭性网站发展的趋势，为了有效打击跨国网络犯罪，各国司法机关共同面临跨境电子取证的迫切需求。然而在欠缺一项统一的国际规则的背景下，各国的跨境电子取证工作面临不同国家司法管辖权的冲突，这就给打击跨国网络犯罪带来了严重障碍。有鉴于此，本书将跨境电子取证规则的国际立法作为研究主题，试图在厘清相关理论争议的基础上进一步思考跨境电子取证规则的具体建构。

经过分析，本书得出了以下几点研究结论：①目前，在推进跨境电子取证国际立法的进程中，规则争议的焦点在于一国执法机关是否可以直接向网络服务提供者调取境外数据的问题上。欧美积极主张属人管辖基础上的"跨境直接调取"模式，而中俄则坚持认为应通过"刑事司法协助"途径获取境外数据。②欧美与中俄持有不同立场的原因是多元的，既与跨境电子取证的现实需要有关，也与不同国家在网络数据方面的技术与产业实力有关，

---

❶ Directive 2014/41/EU of the European Parliament and of the Council of 3 April 2014 reguarding the European Investigation Order in criminal matters, article 31.

同时还和各自的价值意识形态具有不可分割的关系。③欧美与中俄的规则立场都值得商榷，前者在不区分数据类型的基础上推行"跨境直接调取"规则，具有理想主义的一面；而后者完全坚守低效的"刑事司法协助"模式，似乎不太满足打击跨国网络犯罪的现实需要。④为了推进相关规则的国际立法，首先有必要对美国强烈主张的"数据自由"原则与中俄主张的"数据安全"原则进行协调。在当前的国际背景下，有必要承认"数据主权"原则，并在"数据安全"原则优先的基础上肯定"数据自由"原则的价值。可以通过"数据分类分级"的制度安排，实现两种价值的精细化平衡。⑤在规范评价上，应当将"公开数据"以及"准公开数据"的在线网络提取视为"域内取证"而非"域外取证"。对于"非公开数据"，不能采取技术手段跨境获取，而应在"数据分类分级"的基础上有条件地向网络服务提供者调取。在"数据位置不明"的情况下，一国可以按照国内法实施包括网络监听在内的侦查取证活动，但一旦知道相关数据位于其他国家时，即应停止监听行为并通知他国，并转入"刑事司法协助"程序获取相关信息数据。

后 记

　　本书是教育部人文社会科学研究青年基金项目"跨国网络行动的国家责任问题研究"（17YJC820070）的研究成果。笔者自 2017 年获得该项目资助后，即开始着手网络犯罪领域的刑法与国际法问题的研究。由于近年来国际社会在意识形态等领域的矛盾不断升级，相关国际立法难以推进，这给本课题的研究带来了不小的困难。在此背景下，笔者将更多精力用于与网络犯罪相关的基本理论问题的研究，进而对我国以及跨国司法实践中的难点、热点问题展开专题性分析。在研究过程中，笔者一般遵循首先归纳实践问题，再分析产生实践问题的内在理论原因，进而通过对问题的类型化区分提出解决方案的写作思路。本书对"网络秩序法益""数据法益""数据主权"等基础理论作出了较为全面的阐述，在"网络诽谤""网络盗窃""跨国网络取证"等具体实践领域也提出了较为精细化的问题解决方案。这些研究成果可以为学术研讨抛砖引玉，也可为实践部门解决疑难问题提供参考。

　　在本课题研究的展开过程中，笔者在品尝学术研究艰辛的同时，也逐渐对学术之品行、学术之目的有了更多思考。这为笔者继续从事学术研究活动提供了宝贵的经验。在笔者陷入研究困顿之时，得到了本院方新军院长、朱谦教授等众多师友的支持与鼓舞，在日常相处、讨论过程中，笔者也汲取到了不少学术与人生智慧，在此一并致谢。感谢知识产权出版社彭小华老师对于本书出版的鼎力相助。当然，还要感谢笔者的家人给予的无尽支持。在课题研究期间，幸得小女，更是令笔者感到温暖备至。

周杰

2023 年 4 月 25 日